地质环境多变区域地铁工程施工技术

乔　勇　雷学才◎著

线装书局

图书在版编目（CIP）数据

地质环境多变区域地铁工程施工技术 / 乔勇，雷学才著. -- 北京 ：线装书局, 2023.7
ISBN 978-7-5120-5519-3

Ⅰ. ①地… Ⅱ. ①乔… ②雷… Ⅲ. ①工程地质环境－地下铁道－工程施工 Ⅳ. ①U231

中国国家版本馆CIP数据核字(2023)第119038号

地质环境多变区域地铁工程施工技术
DIZHI HUANJING DUOBIAN QUYU DITIE GONGCHENG SHIGONG JISHU

作　　者：乔　勇　雷学才
责任编辑：白　晨
出版发行：线装書局
　　　　　地　　址：北京市丰台区方庄日月天地大厦 B 座 17 层（100078）
　　　　　电　　话：010-58077126（发行部）010-58076938（总编室）
　　　　　网　　址：www.zgxzsj.com
经　　销：新华书店
印　　制：三河市腾飞印务有限公司
开　　本：787mm×1092mm　　　　1/16
印　　张：14
字　　数：330 千字
印　　次：2024 年 7 月第 1 版第 1 次印刷

线装书局官方微信

定　　价：68.00 元

前　言

城市化进程的加快，带来了城市地面交通压力的增大，近年来，地铁建设如火如荼，极大地缓解了地面交通的压力。2023 年 4 月 28 日，深圳地铁线网总客流量为 885.13 万人次，再次刷新历史最高客流纪录；2022 年，深圳地铁线网全年总客流量约为 17.5 亿人次，日均客流量为 518.74 万人次 [94]。截至 2022 年 12 月，深圳地铁已开通运营线路共有 16 条，分别为：1 号线、2 号线、3 号线、4 号线、5 号线、6 号线、6 号线支线、7 号线、8 号线、9 号线、10 号线、11 号线、12 号线、 14 号线、16 号线、20 号线；全市地铁运营线路总长 547.548 千米，车站 312 座（换乘站不重复计算），构成覆盖深圳市罗湖区、福田区、南山区、盐田区、宝安区、龙华区、龙岗区、坪山区、光明区 9 个市辖行政区的城市轨道网络，截至 2022 年底，深圳地铁运营里程为 547.548 千米。

地铁的施工方法众多，其中盾构法施工在地铁建设中，具有影响交通小，施工工期短等明显的优点，因而被广泛采用。但是盾构法施工仍不可避免，引起周围地层位移及地表沉降，而这会对邻近地下结构及地面建筑物产生不利的影响，引发一系列环境土工问题。因此，研究盾构法施工过程中引起的地层位移、地面沉降、衬砌应力以及对周围邻近地下结构的影响，对于盾构法隧道施工的合理设计和在施工过程中采取必要的防护措施都有很好的指导作用。

全书着眼于复杂环境条件下地铁土建工程施工技术创新，主要从遗留换乘节点地铁车站、区间叠线隧道下穿高速铁路盾构掘进、超大断面隧道群、上跨既有地铁大断面小间距矩形隧道顶管等施工关键技术方面进行研究，解决了复杂环境条件下地铁车站和区间隧道施工技术问题。

本书以具体的工程实践为出发点，总结了许多创新工艺和技术，图文并茂、深入浅出、简繁得当，可作为城市轨道交通建设管理、监理、设计、施工、监测和咨询等各参建方技术与管理人员的参考用书，也可以作为高等院校土木工程和铁道工程等相关专业教师和学生的参考用书。

作为该项工程前半程的建设单位分管者和全部工程的见证者，非常感谢默默无闻辛勤努力工作的同行们对深圳市城市轨道交通快速发展所做的技术创新和无私奉献！

编委会

目 录

第一章 隧道地质复杂程度分级与复杂地质条件形成

第一节 绪论

隧道，或称隧洞，是指修建于地面以下地层岩石、土体中的，供运输或引水、输水用的线状洞室。

隧道工程建设，主要包括隧道工程地质勘察、基于工程地质勘察的隧道设计和依据设计开展的隧道施工。因此，在隧道工程建设中，隧道工程地质勘察起到至关重要的作用。

随着现代科学技术的进步，先进勘察技术、勘察设备及勘察方法不断涌现。在积极采用新技术、新设备、新方法开展隧道工程地质勘察工作理念的引导下，先进勘察技术、勘察设备和勘察方法在隧道工程地质勘查中得到了广泛的应用，如遥感技术和全数字摄影地形测绘技术及设备在工程地质测绘中的应用，原位测试技术及设备在岩土物理力学参数测试中的应用，水平钻机的应用，包括直流电测深、可控源音频大地电磁、地震反射、地震层析成像等地球物理勘探技术及设备的应用，对隧道工程地质勘察质量的提高，确保隧道工程施工的安全，起到了积极的推进作用。

隧道施工技术的进步，如新奥法的引进和矿山法的发展、盾构法隧道修建技术、沉埋管段法水下隧道修建技术、动态施工技术等，为山岭隧道修建技术水平的提高、越江跨海隧道的修建提供了技术保证。

隧道施工地质灾害防治技术的进步，对隧道施工避免遭遇可能导致施工地质灾害发生的不良地质体——致灾构造时地质灾害的发生，降低因隧道施工遭遇可能导致地质灾害发生的不良地质体——致灾构造时地质灾害发生造成的损失，确保隧道施工安全，起到了重要作用。

隧道施工机械化设备的采用，最大限度地减少了隧道施工掌子面施工人员的数量，对减少因隧道洞内地质灾害发生造成的人员伤亡损失起到了极为重要的作用。

隧道施工技术进步、隧道施工机械化设备的采用、施工地质灾害防治技术的进步，我国经济实力的提高和经济发展对交通路网建设、水电清洁能源建设需求的提升，以及西部大开发战略的实施，采用长大深埋隧道穿越地质复杂地区的情况越来越多（表1-1~表1-3），对我国长大隧道工程建设起到了推波助澜的作用。

随着穿越地质复杂地区长大深埋隧道越来越多，隧道施工可能遭遇的地质灾害将越来越严重，势必对隧道工程地质勘察的准确性和精度要求更高。隧道施工机械化设备的采用，尽管最大限度地减少了隧道施工掌子面施工人员的数量，对减少因隧道洞内地质灾害发生造成的人员伤亡损失起到了极为重要的作用，但机械化设备对地质条件变化的适应性差。特别是遭遇可能导致施工地质灾害发生的不良地质体——致灾构造时灵活性低，极易发生设备被卡、被掩埋甚至被毁事件，对隧道施工围岩变形控制要求极严。需要准确掌握施工掌子面前方地质情况，以便提前对不良地质体——致灾构造进行处置，确保施工机械设备的安全。

长大深埋隧道穿越地质复杂地区山高坡陡，人迹罕至，交通极为困难，或地质构造发育甚至交叠，或地层受构造运动、岩浆作用、变质作用变动严重，给隧道工程地质勘察带来极大的困难，彻底查清隧道工程施工遭遇的可能导致施工地质灾害发生的不良地质体——致灾构造难度极大。

随着以人为本、确保工程建设区环境生态不被破坏的建设理念的进一步实施，加大对隧道工程建设中地质灾害的防控力度，确保隧道洞内施工人员的人身安全，避免因隧道洞内地质灾害发生引发的隧道上方地表生态环境的破坏，已成为社会大众所关注的重要问题。

因此，在隧道工程地质勘察的基础上，开展地质复杂隧道施工地质预报，探测预报工程地质勘察确定的和工程地质勘察遗漏的隧道施工可能遭遇的可能导致施工地质灾害发生的不良地质体）——致灾构造的分布位置、性质和规模，为隧道施工不良地质体——致灾构造处置工程措施决策、灾害应急方案制定提供科学依据，既是隧道施工地质灾害及其诱发隧道上方地表生态环境灾害防控的需要，更是确保隧道洞内施工人员人身安全的需要。

表1-1　截至2018年年底我国已建及在建特长铁路隧道（大于10km）统计表

序号	隧道名	线路名	长度/km	单／双洞、线
1	香山隧道	包兰铁路	20.605	双洞单线
2	青天寺隧道	包兰铁路	21.17	双洞单线
3	冒天山隧道	包西铁路	14.915	单洞单线
4	庆兴隧道	包西线（西延段）	10.24	单洞双线
5	渭河隧道	宝兰客专线	10.016	单洞双线
6	古城岭隧道	宝兰客专线	10.365	单洞双线
7	吴家岔隧道	宝兰客专线	10.456	单洞双线
8	麦积山隧道	宝兰客专线	13.947	单洞双线
9	笔架山隧道	宝兰客专线	14.751	单洞双线
10	朱家山隧道	宝兰客专线	14.95	单洞双线
11	兴国隧道	昌赣客运专线	10.345	单洞双线
12	万安隧道	昌赣客运专线	13.928	单洞双线
13	西武岭隧道	昌景黄高铁	12.637	单洞双线
14	上河坝隧道	成贵高铁	13.12	单洞双线
15	二峨山隧道	成昆扩能	10.355	单洞双线
16	安禄隧道	成昆扩能	13.187	单洞双线
17	营盘山隧道	成昆扩能	17.891/17.934	双洞单线
18	三峨山隧道	成昆铁路峨米复线	10.352	单洞双线
19	吉尔木隧道	成昆铁路峨米复线	11.132	单洞双线
20	大坪山隧道	成昆铁路峨米复线	11.344	单洞双线
21	老鼻山隧道	成昆铁路峨米复线	13.579	单洞双线
22	月直山隧道	成昆铁路峨米复线	14.085	单洞双线
23	德昌隧道	成昆铁路峨米复线	14.280	单洞双线
24	小相岭隧道	成昆铁路峨米复线	21.775	单洞单线
25	盐边隧道	成昆铁路米攀复线	11.298	单洞双线
26	总发隧道	成昆铁路米攀复线	11.973	单洞双线
27	冉家湾隧道	成昆铁路米攀复线	12.754	单洞双线
28	垭口隧道	成昆铁路米攀复线	12.754	单洞双线
29	保安营一号隧道	成昆铁路米攀复线	13.339	单洞单线
30	民太隧道	成昆铁路永广复线	11.342	单洞双线
31	妥安隧道	成昆铁路永广复线	13.371	单洞双线
32	骄子山隧道	成昆铁路永广复线	13.406	单洞双线

序号	隧道名	线路名	长度/km	单/双洞、线
33	跃龙门隧道	成兰铁路	19.981/20.042	双洞单线
34	金瓶岩隧道	成兰铁路	12.773	单洞双线
35	杨家坪隧道	成兰铁路	12.815	双洞单线
36	柿子园隧道	成兰铁路	14.069	进口单洞双线出口双洞单线
37	榴桐寨隧道	成兰铁路	14.214	双洞单线
38	上漳隧道	成兰铁路	14.798	双洞单线
39	云屯堡隧道	成兰铁路	22.923	单洞双线
40	岷山隧道	成兰铁路	25.047	双洞单线
41	平安隧道	成兰铁路	28.426	双洞单线
42	建平隧道	赤喀客运专线	11.340	单洞双线
43	三营隧道	大兰铁路	13.625	单洞单线
44	兰坪隧道	大兰铁路	15.775	单洞单线
45	红豆山隧道	大临铁路	10.616	单洞单线
46	大麦地隧道	大临铁路	11.650	单洞单线
47	新华隧道	大临铁路	12.332	单洞单线
48	林保山隧道	大临铁路	14.076	单洞单线
49	杉阳隧道	大瑞铁路	13.390	单洞单线
50	大柱山隧道	大瑞铁路	14.484	单洞单线
51	大坡岭隧道	大瑞铁路	14.728	单洞单线
52	保山隧道	大瑞铁路	16.097	单洞单线
53	石羊山隧道	大瑞铁路	17.59	双洞单线
54	秀岭隧道	大瑞铁路	17.623	单洞单线
55	高黎贡山隧道	大瑞铁路	34.538	双洞单线
56	恒山隧道	大西客运专线	14.765	单洞双线
57	大梁山隧道	大张客运专线	13.395	单洞双线
58	当金山隧道	敦格铁路	20.125	单洞单线
59	长隆隧道	佛莞城际铁路	15.259	双洞单线
60	杨梅山隧道	福厦客运专线	10.669	单洞双线
61	梅花山隧道	赣瑞龙线	13.778	单洞双线
62	龙南隧道	赣深高铁	10.240	单洞双线
63	阿尔金山隧道	格库铁路	13.195	单洞单线

续表

序号	隧道名	线路名	长度/km	单/双洞、线
64	松山湖隧道	莞惠城际线	38.813	双洞单线
65	祥和隧道	广大铁路复线	10.22-	单洞双线
66	普棚一号隧道	广大铁路复线	13.795	单洞双线
67	珠江隧道	广佛环线	36.043	双洞单线
68	东江隧道	广惠城际线	13.123	双洞单线
69	秀宁隧道	广昆线	13.187	单洞双线
70	丰顺隧道	广梅汕客运专线	14.407	单洞双线
71	汕头海湾隧道	广梅汕铁路广澳港区铁路	10.310	单洞双线
72	狮子洋隧道	广深港高速线	10.18	双洞单线
73	深港隧道	广深港高速线	35.655	双洞单线
74	太和隧道	广州东北货车外绕线	12.936	单洞双线
75	高青隧道	贵广铁路	10.953	单洞双线
76	洛香隧道	贵广铁路	11.232	单洞双线
77	黄岗隧道	贵广铁路	12.245	单洞双线
78	两安隧道	贵广铁路	12.62	单洞双线
79	宝峰山隧道	贵广铁路	13.58	单洞双线
80	同马山隧道	贵广铁路	13.929	单洞双线
81	天平山隧道	贵广铁路	14.012	单洞双线
82	三都隧道	贵广铁路	14.618	单洞双线
83	岩山隧道	贵广铁路	14.695	单洞双线
84	永兴一号隧道	贵南高铁	10.130	单洞双线
85	永顺隧道	贵南高铁	11.001	单洞双线
86	朝阳隧道	贵南高铁	12.734	单洞双线
87	都安隧道	贵南高铁	15.152	单洞双线
88	瑶山隧道	贵南高铁	17.2	单洞双线
89	九万大山四号隧道	贵南客运专线	15.485	单洞双线
90	九万大山一号隧道	贵南客运专线	17.012	单洞双线
91	雁门关隧道	韩原线	14.085	单洞双线
92	余家山隧道	汉十城际铁路	10.125	单洞双线
93	天目山隧道	杭黄高铁	12.013	单洞双线
94	白罗山隧道	杭绍台城际铁路	10.006	单洞双线

序号	隧道名	线路名	长度/km	单／双洞、线
95	东茗隧道	杭绍台城际铁路	18.233	单洞双线
96	麻谷岭隧道	杭温客运专线	10.570	单洞双线
97	闽清隧道	合福高速线	10.518	单洞双线
98	古田隧道	合福高速线	10.627	单洞双线
99	三清山隧道	合福高速线	11.85	单洞双线
100	北武夷山隧道	合福客专	14.646	单洞双线
101	金寨隧道	合武铁路	10.766	单洞双线
102	大别山隧道	合武铁路	13.256	单洞双线
103	敖包梁隧道	呼准鄂铁路	14.123	单洞双线
104	雪峰山一号隧道	沪昆高速线（长昆段）	11.67	单洞双线
105	大独山隧道	沪昆高速线（长昆段）	11.882	单洞双线
106	岗乌隧道	沪昆高速线（长昆段）	13.187	单洞双线
107	壁板坡隧道	沪昆高速线（长昆段）	14.756	进口单洞双线
108	三联隧道	沪昆线（六沾段）	12.214	单洞双线
109	吴淞口长江隧道	沪通铁路	12.230	单洞双线
110	黄岩隧道	怀邵衡铁路	17.030	单洞双线
111	鹅岭隧道	吉衡线	10.445	单洞单线
112	克什克腾隧道	集通铁路电气化改造	10.735	单洞双线
113	青阳隧道	济青高速铁路	10.140	单洞双线
114	将军岭隧道	金台铁路	12.808	单洞单线
115	泽雅隧道	金温线	12.03	单洞双线
116	大瑶山隧道	京广线	14.295	单洞双线
117	梨花顶隧道	京沈高铁	12.243	单洞双线
118	辽西隧道	京沈高铁	13.205	单洞双线
119	北台子隧道	京沈客运专线	10.130	单洞双线
120	东伍岭隧道	京沈客运专线	11.033	单洞双线
121	胡营西山隧道	京沈客运专线	11.332	单洞双线
122	新八达岭隧道	京张城际铁路	12.010	单洞双线
123	正盘台隧道	京张高铁	12.974	单洞双线
124	北天山隧道	精霍线	13.61	单洞单线
125	秀山隧道	昆玉河线（玉蒙段）	10.302	单洞单线
126	米林隧道	拉林铁路	11.560	单洞单线

序号	隧道名	线路名	长度/km	单／双洞、线
127	岗木拉山隧道	拉林铁路	11.660	单洞单线
128	巴玉隧道	拉林铁路	13.073	单洞单线
129	贡多顶隧道	拉林铁路	13.590	单洞单线
130	桑珠岭隧道	拉林铁路	16.449	单洞单线
131	达嘎拉隧道	拉林铁路	17.324	单洞单线
132	宗嘎一号隧道	拉日铁路	10.41	单洞单线
133	盐锅峡隧道	兰合铁路	10.860	单洞单线
134	福川隧道	兰新客专线	10.649	单洞双线
135	高家山隧道	兰新客专线	12.643	单洞双线
136	达坂山隧道	兰新客专线	15.918	单洞双线
137	乌鞘岭隧道	兰新铁路	20.05	双洞单线
138	龙池山隧道	兰渝铁路	11.256	单洞双线
139	枫相院隧道	兰渝铁路	12.129	单洞双线
140	化马隧道	兰渝铁路	12.576	单洞双线
141	长寿山隧道	兰渝铁路	12.625	单洞双线
142	胡麻岭隧道	兰渝铁路	13.608	单洞双线
143	天池坪隧道	兰渝铁路	14.528	单洞双线
144	黑山隧道	兰渝铁路	15.764	单洞双线
145	哈达铺隧道	兰渝铁路	16.591	双洞单线
146	西秦岭隧道	兰渝铁路	28.236	双洞单线
147	木寨岭隧道	兰渝铁路	19.025/19.068	双洞单线
148	新乌鞘岭隧道	兰张高速铁路	17.295	双洞单线
149	圆宝山隧道	丽香铁路	10.606	单洞单线
150	中义隧道	丽香铁路	1 .745	单洞单线
151	乌蒙山二号隧道	六沾铁路	12.26	单洞双线
152	象山隧道	龙厦铁路	15.917	双洞单线
153	车赶隧道	吕临线	11.818	单洞单线
154	屏边隧道	蒙河铁路	10.381	单洞单线
155	连云山隧道	蒙华铁路	10.702	单洞单线
156	段家坪隧道	蒙华铁路	10.723	单洞双线
157	阳山隧道	蒙华铁路	11.668	单洞双线
158	如意隧道	蒙华铁路	11.920	单洞双线

序号	隧道名	线路名	长度/km	单/双洞、线
159	大中山隧道	蒙华铁路	14.533	单洞双线
160	九岭山隧道	蒙华铁路	15.371	单洞双线
161	集义隧道	蒙华铁路	15.417	单洞双线
162	西安岭隧道	蒙华铁路	18.069	双洞单线
163	中条山隧道	蒙华铁路	18.410	双洞单线
164	崤山隧道	蒙华铁路	22.771	双洞单线
165	沙甸隧道	弥蒙铁路	10.600	单洞单线
166	七星峰隧道	牡佳高铁	10.291	单洞双线
167	北岭山隧道	南广铁路	11.636	单洞双线
168	五指山隧道	南广铁路	12.208	单洞双线
169	中天山隧道	南疆铁路	22.449/22.467	双洞单线
170	东风隧道	南昆客专线	11.296	单洞双线
171	新哨隧道	南昆客专线	11.512	单洞双线
172	革朗隧道	南昆客专线	11.573	单洞双线
173	坡录元隧道	南昆客专线	11.926	单洞双线
174	长庆坡隧道	南昆客专线	12.676	单洞双线
175	新莲隧道	南昆客专线	12.843	单洞双线
176	富宁隧道	南昆客专线	13.625	单洞双线
177	六郎隧道	南昆客专线	14.09	单洞双线
178	石林隧道	南昆客专线	18.208	单洞双线
179	南门口隧道	南三龙铁路	10.301	单洞双线
180	干山隧道	南三龙铁路	10.743	单洞双线
181	南戴云山隧道	南三龙铁路	12.169	单洞双线
182	野三关隧道	宁蓉线（宜凉段）	13.838	双洞单线
183	东秦岭隧道	宁西铁路	12.268	单洞双线
184	妥乐隧道	盘兴客运专线	13.492	单洞双线
185	莲花山隧道	浦梅铁路	10.497	单洞单线
186	新关角隧道	青藏线（西格段）	32.69	双洞单线
187	南洋隧道	衢宁铁路	11.253	单洞单线
188	庆元隧道	衢宁铁路	11.292	单洞单线
189	松阳隧道	衢宁铁路	13.166	单洞单线
190	安民隧道	衢宁铁路	13.856	单洞单线

序号	隧道名	线路名	长度/km	单/双洞、线
191	常乐山隧道	衢宁铁路	14.597	单洞单线
192	鹫峰山一号隧道	衢宁铁路	16.646	单洞单线
193	鹫峰山二号隧道	衢宁铁路	17.596	单洞单线
194	东崤山隧道	三洋铁路	12.192	单洞单线
195	南吕梁山隧道	山西中南部	23.440/22.470	双洞单线
196	珠江口隧道	深茂铁路	14.050	单洞双线
197	神木隧道	神瓦铁路	12.574	单洞单线
198	太行山隧道	石太高铁	27.848	双洞单线
199	南梁隧道	石太客专线	11.526	进口单洞双线
200	长梁山隧道	朔黄铁路	12.782	单洞双线
201	琶洲隧道	穗莞深城际琶洲支线	17.204	双洞单线
202	太平隧道	穗莞深城际铁路	14.490	双洞单线
203	襄垣隧道	太焦高速铁路	10.156	单洞双线
204	榆社隧道	太焦高速铁路	10.670	单洞双线
205	太谷隧道	太焦高速铁路	11.486	单洞双线
206	神农隧道	太焦高速铁路	11.540	单洞双线
207	珏山隧道	太焦高速铁路	13.387	单洞双线
208	泽州隧道	太焦高速铁路	13.14	单洞双线
209	二青山隧道	太兴铁路	15.851	单洞单线
210	离石隧道	太中线	10.236	单洞双线
211	兴旺峁隧道	太中线	11.055	单洞双线
212	横山隧道	太中线	11.448	单洞双线
213	绥德隧道	太中线	12.125	单洞双线
214	吴堡隧道	太中线	12.31	单洞双线
215	吕梁山隧道	太中线	20.785	双洞单线
216	付营子隧道	唐张线	10.023	单洞双线
217	五道梁隧道	唐张线	11.72	单洞双线
218	白草鞍隧道	唐张线	11.794	单洞双线
219	关山隧道	天平铁路	15.634	单洞单线
220	六盘山隧道	天平铁路	16.719	单洞单线
221	范家山隧道	瓦日线	10.19	单洞双线
222	隰县隧道	瓦日线	10.512	单洞双线

序号	隧道名	线路名	长度/km	单/双洞、线
223	临县隧道	瓦日线	10.632	单洞双线
224	石楼隧道	瓦日线	12.807	单洞双线
225	发鸠山隧道	瓦日线	14.573	单洞双线
226	太岳山隧道	瓦日线	16.194	单洞双线
227	南太行山隧道	瓦日线	18.125	双洞单线
228	霞浦隧道	温福铁路	13.099	单洞双线
229	大瑶山1#隧道	武广高铁	10.081	单洞双线
230	浏阳河隧道	武广高铁	10.115	单洞双线
231	黄家梁隧道	西成客专	11.618	单洞双线
232	金家岩隧道	西成客专	12.029	单洞双线
233	何家梁隧道	西成客专	12.405	单洞双线
234	清凉山隧道	西成客专	12.553	单洞双线
235	福仁山隧道	西成客专	13.101	单洞双线
236	小安隧道	西成客专	13.43	单洞双线
237	得利隧道	西成客专	14.167	单洞双线
238	大秦岭隧道	西成客专	14.846	单洞双线
239	老安山隧道	西成客专	15.161	单洞双线
240	秦岭天华山隧道	西成客专	15.988	单洞双线
241	天华山隧道	西成客专	15.989	单洞双线
242	秦岭翠华山隧道	西康线	11.271	单洞单线
243	秦岭隧道	西康线	18.456	双洞单线
244	永寿梁隧道	西平铁路	17.161	双洞单线
245	新永寿梁隧道	西银铁路	10.797	单洞双线
246	早胜三号隧道	西银铁路	11.171	单洞双线
247	贾塬隧道	西银铁路	11.870	单洞双线
248	庆阳隧道	西银铁路	13.936	单洞双线
249	彬县隧道	西银铁路	14.251	单洞双线
250	大南山隧道	夏深铁路	12.697	单洞双线
251	新大巴山隧道	襄渝线	10.658	双洞单线
252	棋盘石隧道	向莆铁路	10.808	单洞双线
253	宝台山隧道	向莆铁路	11.534	单洞双线
254	金瓜山隧道	向莆铁路	12.974	单洞双线

序号	隧道名	线路名	长度/km	单／双洞、线
255	尤溪隧道	向莆铁路	12.974	单洞双线
256	武夷山隧道	向莆铁路	14.659/14.673	单洞双线
257	戴云山隧道	向莆铁路	15.623/15.605	双洞单线
258	高盖山隧道	向莆铁路	17.594/17.612	双洞单线
259	雪峰山隧道	向莆铁路	17.772/17.842	双洞单线
260	青云山隧道	向莆铁路	22.175/21.843	双洞单线
261	天河山隧道	邢和铁路	11.695	单洞单线
262	将军寨隧道	兴泉铁路	10.077	单洞单线
263	三阳隧道	兴泉铁路	11.410	单洞单线
264	戴云山二号隧道	兴泉铁路	12.790	单洞单线
265	戴云山一号隧道	兴泉铁路	13.720	单洞单线
266	斑竹林隧道	叙毕铁路	12.758	单洞单线
267	杜家山隧道	阳安铁路大岭铺至安康东直通线	10.586	单洞双线
268	蒋家山隧道	阳安铁路二线	10.363	双洞单线
269	齐岳山隧道	宜万铁路	10.528	单洞双线
270	堡镇隧道	宜万铁路	11.595	双洞单线
271	鲍村隧道	甬金铁路	10.404	单洞双线
272	千石岩隧道	甬金铁路	14.684	单洞双线
273	天坪隧道	渝贵线	13.978	单洞双线
274	圆梁山隧道	渝怀铁路	11.068	单洞单线
275	新圆梁山隧道	渝怀铁路增建二线	11.172	单洞双线
276	大梁隧道	渝利铁路	10.942	单洞双线
277	长洪岭隧道	渝利铁路	13.299	单洞双线
278	万寿山隧道	渝利铁路	13.468	单洞双线
279	大金山隧道	玉磨铁路	10.657	单洞双线
280	西双版纳隧道	玉磨铁路	10.680	单洞双线
281	通达隧道	玉磨铁路	11.298	单洞双线
282	曼木树隧道	玉磨铁路	11.638	单洞单线
283	石头寨隧道	玉磨铁路	11.842	单洞双线
284	勐腊隧道	玉磨铁路	13.018	单洞单线
285	王岗山隧道	玉磨铁路	13.508	单洞双线

序号	隧道名	线路名	长度/km	单／双洞、线
286	勐养隧道	玉磨铁路	13.539	单洞双线
287	大尖山隧道	玉磨铁路	14.207	单洞双线
288	多吉隧道	玉磨铁路	14.539	单洞双线
289	新平隧道	玉磨铁路	14.835	单洞双线
290	甘庄隧道	玉磨铁路	15.245	单洞双线
291	新华隧道	玉磨铁路	15.845	单洞双线
292	万和隧道	玉磨铁路	17.441	单洞双线
293	安定隧道	玉磨铁路	17.476	单洞双线
294	孟村隧道	云贵铁路	10.068	单洞双线
295	幸福隧道	云贵铁路	12.787	单洞双线
296	红石岩隧道	云贵铁路	14.58	单洞双线
297	永顺隧道	张吉怀铁路	12.083	单洞双线
298	吉首隧道	张吉怀铁路	12.162	单洞双线
299	赤城隧道	张唐铁路	15.047	单洞双线
300	燕山隧道	张唐铁路	21.153/21.154	双洞单线
301	拉法山隧道	长珲城际线	10.035	单洞双线
302	湘江隧道	长株潭城际线	11.45	双洞单线
303	树木岭隧道	长株潭城际线	12.86	双洞单线
304	兴山隧道	郑万铁路	10.055	单洞双线
305	罗家山隧道	郑万铁路	10.640	单洞双线
306	干溪沟隧道	郑万铁路	11.883	单洞双线
307	香树湾隧道	郑万铁路	12.469	单洞双线
308	奉节隧道	郑万铁路	13.473	单洞双线
309	巴东隧道	郑万铁路	13.539	单洞双线
310	保康隧道	郑万铁路	14.570	单洞双线
311	香炉坪隧道	郑万铁路	15.145	单洞双线
312	巫山隧道	郑万铁路	16.571	单洞双线
313	新华隧道	郑万铁路	18.770	单洞双线
314	小三峡隧道	郑万铁路	18.954	单洞双线
315	黄石台隧道	中兰客运专线	10.114	单洞双线
316	香山隧道	中兰客运专线	17.763	单洞双线
317	横琴隧道	珠机城际铁路	12.585	双洞单线

序号	隧道名	线路名	长度/km	单／双洞、线
318	朔州隧道	准池线	11.299	单洞双线
319	鹰鹞山隧道	准朔铁路	11.572	单洞单线
320	卧龙山隧道	准朔铁路	11.921	单洞单线
321	六狼山隧道	准朔铁路	15.175	单洞单线

表 1-2　截至 2018 年年底我国已建和在建公路特长隧道（大于 5km）统计表

序号	隧道名	双洞平均长度/km	所在省区市	序号	隧道名	双洞平均长度/km	所在省区市
1	秦岭终南山隧道	18.02	陕西	23	葡萄隧道	6.297	重庆
2	坪林隧道	12.9	台湾	24	双峰隧道	6.184	重庆
3	大坪里隧道	12.288	甘肃	25	秦岭2号隧道	6.027	陕西
4	包家山隧道	11.185	陕西	26	秦岭1号隧道	6.123	陕西
5	宝塔山隧道	10.391	山西	27	大巴山隧道	6.119	四川
6	大相岭隧道	9.985	四川	28	中兴隧道	6.075	重庆
7	麻崖子隧道	9	甘肃	29	铁峰山2号隧道	6.027	重庆
8	龙潭隧道	8.657	湖北	30	云中山隧道	5.57	山西
9	金寨山隧道	8.1	重庆	31	美菰林隧道	5.568	福建
10	米溪梁隧道	7.923	陕西	32	拉脊山隧道	5.53	青海
11	括苍山隧道	7.899	浙江	33	九岭山隧道	5.44	江西
12	方斗山隧道	7.581	重庆	34	棋盘关隧道	5.341	陕西
13	仓岭隧道	7.571	浙江	35	鹊岭隧道	5.273	陕西
14	中条山隧道	7.428	山西	36	云彩岭隧道	5.27	山西
15	摩天岭隧道	7.317	重庆	37	铜锣山隧道	5.197	四川
16	白云隧道	7.128	重庆	38	雁门关隧道	5.182	山西
17	雪峰山隧道	6.951	湖南	39	夹活岩隧道	5.167	湖北
18	雷公山隧道	6.8	重庆	40	分界梁隧道	5.07	重庆
19	乌池坝隧道	6.701	湖北	41	彩虹岭隧道	5.068	广东
20	羊角隧道	6.669	重庆	42	纳金山隧道	18	西藏
21	吕家梁隧道	6.664	重庆	43	锦屏山隧道	17.504	四川
22	明月山隧道	6.556	四川、重庆	44	木寨岭隧道	15.71	甘肃
45	天台山隧道	15.56	陕西	77	五指山隧道	9.29	四川

续表

序号	隧道名	双洞平均长度/km	所在省区市	序号	隧道名	双洞平均长度/km	所在省区市
46	米仓山隧道	13.833	陕西、四川	78	牛岩山隧道	9.252	福建
47	大巴山隧道	13.715	陕西、重庆	79	九盘寺隧道	9.235	四川
48	西山隧道	13.654	山西	80	伏牛山隧道	9.175	河南
49	二郎山隧道	13.469	四川	81	西秦岭隧道	9.007	甘肃
50	狮子坪隧道	13.156	四川	82	上海长江隧道	8.95	上海
51	虹梯关隧道	13.122	山西	83	佛岭隧道	8.805	山西
52	白马隧道	13.01	四川	84	鹧鸪山隧道	8.803	四川
53	小高山隧道	12.985	四川	85	跑马山一号隧道	8.78	四川
54	麦积山隧道	12.29	甘肃	86	米仓山隧道	8.694	甘肃
55	高楼山隧道	12.248	甘肃	87	金龙隧道	8.693	湖北
56	大峡谷隧道	12.175	四川	88	大中山隧道	8.66	云南
57	东天山隧道	11.775	新疆	89	大盘山隧道	8.65	浙江
58	老营隧道	11.615	云南	90	黄竹山隧道	8.668	福建
59	城开隧道	11.437	重庆	91	宝鼎二号隧道	8.55	四川
60	云山隧道	11.408	山西	92	天河山隧道	8.51	山西
61	营盘山隧道	11.335	云南	93	金口河隧道	8.4	四川
62	包家山隧道	11.2	陕西	94	太坪山隧道	8.263	湖北
63	贡觉高山隧道	11.2	四川	95	石门隧道	8.262	陕西
64	金阳隧道	11	四川	96	宁南隧道	8.19	四川
65	白龙山隧道	10.98	山西	97	篮家岩隧道	8.161	四川
66	桐鸭隧道	10.845	湖南	98	华山隧道	8.158	四川
67	太湖隧道	10.79	江苏	99	折多山隧道	8.155	四川
68	高楼山隧道	10.785	甘肃	100	大火山隧道	8.08	四川
69	宝塔山隧道	10.48	山西	101	岐山隧道	8.044	福建
70	泥巴山隧道	10.007	四川	102	雪山梁隧道	7.957	四川
71	中条山隧道	9.633	山西	103	巴郎山隧道	7.945	四川
72	关山隧道	9.651	甘肃	104	紫阳隧道	7.938	陕西
73	六盘山隧道	9.49	宁夏	105	括苍山隧道	7.93	浙江
74	杨林隧道	9.47	云南	106	五女峰隧道	7.93	吉林

续表

序号	隧道名	双洞平均长度/km	所在省区市	序号	隧道名	双洞平均长度/km	所在省区市
75	松山隧道	9.42	北京、河北	107	无量山隧道	7.985	云南
76	东太湖隧道	9.32	江苏	108	马峦山隧道	7.892	广东
109	北岭隧道	7.86	福建	137	鄂赣隧道	6.948	湖北、江西
110	八姑阿莫隧道	7.815	四川	138	曾家山隧道	6.92	四川
111	青岛胶州湾隧道	7.8	山东	139	分水岭隧道	6.891	河北
112	泸定路－长安路隧道	7.788	上海	140	通省隧道	6.887	湖北
113	方斗山隧道	7.605	重庆	141	安远隧道	6.868	甘肃
114	苍岭隧道	7.605	浙江	142	深中通道海底隧道	6.83	广东
115	旗杆山隧道	7.66	重庆	143	云雾山隧道	6.708	湖北
116	明堂山隧道	7.548	安徽	144	青峰峡隧道	6.7	陕西
117	阿尔金山隧道	7.527	甘肃	145	高黎贡山隧道	6.68	云南
118	石门垭隧道	7.524	湖北	146	红岩寺隧道	6.678	湖北
119	九顶山隧道	7.52	云南	147	羊角隧道	6.676	重庆
120	秋山隧道	7.51	陕西	148	吕家梁隧道	6.664	重庆
121	鸡鸣隧道	7.447	重庆	149	邛山隧道	6.655	四川
122	跑马山二号隧道	7.395	四川	150	太白山隧道	6.6	陕西
123	金华山隧道	7.388	浙江	151	吴家梁隧道	6.591	重庆
124	南京扬子江隧道	7.36	江苏	152	大庄隧道	6.57	湖北
125	摩天岭隧道	7.353	重庆	153	明月山隧道	6.557	重庆、四川
126	火山隧道	7.33	四川	154	洞宫山隧道	6.556	福建
127	方斗山隧道	7.31	重庆	155	西凌井隧道	6.555	山西
128	矮子沟隧道	7.246	四川	156	天龙山隧道	6.551	福建
129	云雾山隧道	7.17	陕西	157	木札岭隧道	6.537	河南
130	里庄隧道	7.147	四川	158	金门隧道	6.492	广东
131	白云隧道	7.12	重庆	159	峡口隧道	6.487	湖北
132	大岩隧道	7.081	四川	160	春天门隧道	6.476	重庆
133	雀儿山隧道	7.079	四川	161	元甫沟隧道	6.455	青海
134	泰宁隧道	7.039	福建	162	藏山隧道	6.44	山西

续表

序号	隧道名	双洞平均长度/km	所在省区市	序号	隧道名	双洞平均长度/km	所在省区市
135	东湖隧道	7.018	湖北	163	九嶷山隧道	6.4	湖南
136	雪峰山隧道	6.956	湖南	164	白云山隧道	6.347	河南
165	高岭隧道	6.333	甘肃	193	陈家山隧道	5.947	浙江
166	葡萄山隧道	6.308	重庆	194	棋盘梁隧道	5.898	河北
167	泰和隧道	6.3	云南	195	凤凰岭隧道	5.897	山西
168	海沧海底隧道	6.28	福建	196	乌斯河隧道	5.89	四川
169	黑林垭口隧道	6.26	青海	197	扎务隧道	5.887	云南
170	分水岭隧道	6.253	湖北	198	渔寮隧道	5.87	浙江
171	苍龙峡隧道	6.24	陕西	199	戴云山隧道	5.85	福建
172	羊八井二号隧道	6.24	西藏	200	两河口隧道	5.84	四川
173	双峰隧道	6.187	浙江	201	石峡隧道	5.833	北京
174	官田隧道	6.151	福建	202	将军石隧道	5.805	四川
175	秦岭二号隧道	6.145	陕西	203	连城山隧道	5.798	陕西
176	秦岭一号隧道	6.144	陕西	204	油车岭隧道	5.754	福建
177	大巴山隧道	6.123	陕西	205	南坪隧道	5.745	四川
178	奎武隧道	6.11	四川	206	米拉山隧道	5.727	西藏
179	中兴隧道	6.105	重庆	207	赐敢岩隧道	5.715	福建
180	大华山隧道	6.085	四川	208	白市驿隧道	5.7	重庆
181	水牛家隧道	6.072	四川	209	西秦岭隧道	5.694	甘肃
182	雷公顶隧道	6.065	广东	210	高尔寺隧道	5.682	四川
183	大梁山隧道	6.058	山西	211	界岭隧道	5.681	湖北
184	铁堂峡隧道	6.051	甘肃	212	营尔岭隧道	5.677	河北
185	翔安海底隧道	6.05	福建	213	蒙山隧道	5.655	山西
186	宁缠隧道	6.044	青海	214	大庙隧道	5.645	河北
187	分水关隧道	6.043	福建、江西	215	桂溪隧道	5.645	四川
188	铁峰山二号隧道	6.02	重庆	216	果老隧道	5.628	甘肃
189	鸡心岭隧道	6.02	陕西	217	鄂陕界隧道	5.62	湖北
190	羊鹿山隧道	6.015	重庆	218	美菰林隧道	5.58	福建
191	石鼓山隧道	6.005	福建	219	叶麻尖隧道	5.58	浙江
192	港珠澳海底隧道	5.99	广东	220	云中山隧道	5.575	山西

序号	隧道名	双洞平均长度/km	所在省区市	序号	隧道名	双洞平均长度/km	所在省区市
221	拉脊山隧道	5.564	青海	253	水田隧道	5.22	四川
222	镜岭隧道	5.546	浙江	254	木座隧道	5.204	四川
223	大南山隧道	5.535	山西	255	白马雪山一号隧道	5.18	云南
224	礼让隧道	5.52	重庆	256	和新隧道	5.18	福建
225	雪山隧道	5.518	江西	257	福隆隧道	5.152	四川
226	大梁山隧道	5.518	云南	258	莲花山二号隧道	5.14	广东
227	野马梁隧道	5.512	山西	259	大连湾海底隧道	5.14	辽宁
228	九连山隧道	5.51	广东	260	索古修寨隧道	5.111	四川
229	楚阳隧道	5.5	湖北	261	平田隧道	5.107	广西
230	抢风岭隧道	5.495	山西	262	长山隧道	5.106	四川
231	六郎山隧道	5.492	山西	263	天水一号隧道	5.094	甘肃
232	大力加山隧	5.468	青海	264	分界梁隧道	5.018	重庆
233	德江隧道	5.465	贵州	265	彩虹岭隧道	5.068	广东
234	灞源隧道	5.45	陕西	266	杏林堡隧道	5.056	河北
235	鼓岭隧道	5.44	福建	267	化龙山隧道	5.046	陕西
236	三花石隧道	5.434	陕西	268	太石隧道	5.028	甘肃
237	仰头山隧道	5.408	重庆	269	平顶山隧道	5.024	河北
238	九岭山隧道	5.384	江西	270	灰嘎隧道	5.02	四川
239	棋盘关隧道	5.36	陕西	271	华山隧道	5.085	重庆
240	勤丰隧道	5.353	云南	272	桃关二号隧道	5.015	四川
241	福堂隧道	5.347	四川	273	营基坪隧道	5.015	四川
242	户撒隧道	5.339	云南	274	汕头海湾隧道	5.01	广东
243	大梁子隧道	5.333	四川	275	大风口隧道	5.003	重庆
244	鹃岭隧道	5.333	陕西	276	达坂山隧道	5	青海
245	映秀隧道	5.325	四川	277	五老山隧道	6.8	云南
246	大华岭隧道	5.3	河北	278	曲尺湾隧道	6.8	湖北
247	八台山隧道	5.275	四川	279	岩前隧道	6.795	福建
248	南京里隧道	5.273	云南	280	茅荆坝隧道	6.776	河北、内蒙古
249	雁门关隧道	5.235	山西	281	泗州岭隧道	6.765	浙江
250	宝鼎一号隧道	5.23	四川	282	大窝子隧道	6.732	云南

序号	隧道名	双洞平均长度/km	所在省区市	序号	隧道名	双洞平均长度/km	所在省区市
251	夹活岩隧道	5.228	湖北	283	白芷山隧道	6.71	重庆
252	莲花山一号隧道	5.225	广东	284	井冈山隧道	6.81	江西

表 1-3　截至 2018 年年底我国已建和在建输/引水隧道（大于 10km）统计表

序号	输引水工程名	隧洞名	长度/km
1	冯家山灌区	冯家山灌区引水隧洞	12.600
2	锦屏二级水电站	1、2、3、4号引水隧洞	平均 16.67
		排水隧洞	16.73
3	淄川大河水库	输水隧洞	10.248
4	引汉济渭	秦岭输水隧洞	16.130
		秦岭特长输水隧洞	98.300
5	大伙房输水工程	输水隧洞	85.320
6	钦寸水库输水工程	输水隧洞	28.937
7	株树桥引水工程	引水隧洞	43.794
8	昆明掌鸠河引水供水工程	上公山隧洞	13.700
9	南水北调西线一期工程	输水隧洞	73.000
10	北疆供水二期工程	喀—双隧洞	283.270
11	千岛湖配水工程	谢田—凉坑坞区间隧洞	112.340
12	西水东调工程	胜利渠万米隧洞	13.300
13	兰州市水源地建设工程	输水主隧洞	32.000
14	阿拉山口控水与生态建设工程	输水隧洞	14.346
15	大广坝二期（灌区）工程	中干渠2号隧洞	10.094
16	延安黄河引水工程	杨家山输水隧洞	12.670
17	吉牛水电站	引水隧洞	22.377
18	巫溪两会沱水电站	引水隧洞	11.270
19	小浪底引黄工程	2#引水隧洞	13.340
20	山西中部引黄水利工程	交汾灵支线2#主洞	11.993
21	多诺电站	引水隧洞	15.161
22	引红济石调水工程	青峰峡引水隧洞	20.180
23	引大济湟工程	大阪山隧道	24.3
24	大盈江四级水电站	引水隧洞	14

序号	输引水工程名	隧洞名	长度/km
25	毛尔盖水电站	引水隧洞	16.3
26	福堂水电站	引水隧洞	19.3
27	狮子坪水电站	引水隧洞	18.7
28	薛城水电站	引水隧洞	15.2
29	新马水电站	引水隧洞	23
30	橙子沟水电站	引水隧洞	17.2
31	立洲水电站	引水隧洞	16.7
32	关州水电站	引水隧洞	17.7
33	引额济乌工程	顶山隧道	15.4
34	引洮供水一期工程总干渠	引水隧洞	110
35	辽宁省重点输供水工程 （水源工程）	输水隧洞	100
36	辽宁省重点输供水工程 （二期）	输水隧洞	130.9
37	引松供水工程总干线	1#引水隧洞	22.6
38	引松供水工程总干线	2#引水隧洞	24.3
39	引松供水工程总干线	3#引水隧洞	23
40	引绰济辽工程	引水隧洞	58.51
41	滇中引水	香炉山隧洞	62.596

第二节　隧道地质复杂程度分级

一、隧道地质复杂程度分级目的

（一）是开展隧道施工地质超前预报工作的前提

《铁路隧道超前地质预报技术规程》（Q/CR 9217—2015）明确规定，"隧道地质超前预报应根据不同的地质复杂程度分级"进行。因此，开展隧道地质复杂程度分级，确定隧道地质复杂程度级别，是开展隧道施工地质超前预报工作的基础。

（二）是施工地质预报技术方法和手段选择的依据

不同地质复杂程度级别的隧道，其面临的地质问题的类型不同；不同的地质预报方法和手段，对不同类型地质问题具有不同的适应性。《铁路隧道超前地质预报技术规程》（Q/CR 9217—2015）明确规定，隧道地质超前预报应"针对不同类型的地质问题，选择不同的方法和手段进行"。因此，隧道地质复杂程度级别，特别是其所包含的地质问题类型，是施工地质预报技术方法和手段选择的依据。

二、隧道地质复杂程度分级原则

（一）致灾构造发育程度原则

隧道施工接近或揭穿地层中发育分布的、可能导致隧道施工地质灾害发生的不良地质体——致灾构造，因未进行致灾构造及其与隧道开挖工作面间岩土盘超前处治或超前处治措施不当或强度不足，极易导致隧道施工地质灾害的发生，或危及施工安全，或诱发重大环境地质灾害，是构成隧道地质复杂程度的主要因素。

（二）灾害严重程度原则

灾害严重程度，是反映隧道施工穿越地层中发育的、可能导致隧道施工地质灾害发生的不良地质体——致灾构造规模的重要指标。一定程度上，灾害严重程度也反映致灾构造的超前处治与否、超前处治措施的恰当与否和处治措施强度的足够与否。

（三）影响施工程度原则

影响施工程度，反映隧道施工穿越地层中发育的、可能导致隧道施工地质灾害发生的不良地质体——致灾构造的多寡及规模、隧道施工接近和通过致灾构造发生地质灾害的严重程度，包括造成重大安全事故、工期严重延误、重大经济损失等。

（四）诱发环境问题程度原则

诱发环境问题程度，指隧道施工接近和通过致灾构造发生地质灾害诱发隧道上方地表环境问题的严重程度，包括隧道上方地表水流失、地下水位严重下降导致的农田失水、生活用水困难、植物枯死，甚至石漠化、沙漠化等生态环境灾害。一定程度上，反映隧道洞内地质灾害的严重程度。

（五）繁简适宜原则

隧道地质复杂程度分级，原则上以分为复杂、较复杂、中等复杂和简单四级为宜。

三、地质复杂隧道分级

表1-4是《铁路隧道超前地质预报技术规程》（Q/CR 9217—2015）给出的隧道地质复杂程度分级。

表 1-4 地质复杂程度分级表

影响因素	地质复杂程度分级			
	复杂	较复杂	中等复杂	简单
岩溶发育程度	强烈发育,以大型暗河、廊道、较大规模溶洞、竖井和落水洞为主,地下洞穴系统基本形成	中等发育,沿断层、层面、不整合面等有显著溶蚀,中小型串珠状洞穴发育,地下洞穴系统未形成,有小型暗河或集中径流	弱发育,沿裂隙、层面溶蚀扩大为岩溶化裂隙或小型洞穴,裂隙连通性差,少见集中径流,常有裂隙水流	微弱发育,以裂隙状岩溶或溶孔为主,裂隙不连通,裂隙透水性差
涌水涌泥程度	特大型涌突水(涌水量 >100 000 m³/d)、大型涌突水(涌水量 10000~100000m³/d)、突泥,高水压	较大型涌突水(涌水量 1000~10000m³/d)、突泥	中型涌水(涌水量 100~1000 m³/d)	小型涌水(涌水量 <100m³/d)
断层稳定性	大型断层破碎带、自稳能力差、富水,可能引起大型塌方	中型断层带,软弱、中—弱富水,可能引起中型塌方	中小型断层,弱富水,可能引起小型塌方	中小型断层,无水,掉块
地应力影响程度	极高应力(Rc/σmax<4),开挖过程中硬质岩时有岩爆发生,有岩块弹出;软质岩岩芯常有饼化现象,岩体有剥离,位移极为显著	高应力(Rc/σmax=4~7),开挖过程中硬质岩可能出现岩爆,岩体有剥离和掉块现象;软质岩岩芯常时有饼化现象,岩体位移显著	—	—
瓦斯影响程度	瓦斯突出:瓦斯压力 P≥0.74 MPa,瓦斯放散初速度 △P≥10,煤的坚固性系数 f≤0.5,煤的破坏类型为Ⅲ类及以上	高瓦斯:全工区的瓦斯涌出量 ≥0.5 m³/min	低瓦斯:全工区的瓦斯涌出量 <0.5m³/min	无

续表

影响因素	地质复杂程度分级			
	复杂	较复杂	中等复杂	简单
地质因素对隧道施工影响程度	危及施工安全，可能造成重大安全事故	存在安全隐患	可能存在安全问题	局部可能存在安全问题
诱发环境问题的程度	可能造成重大环境灾害	施工、防治不当，可能诱发一般环境问题	特殊情况下可能出现一般环境问题	无

隧道施工地质预报的目的主要在于以下几点：

（1）查清隧道开挖工作面前方存在的、施工开挖揭穿和通过可能造成隧道施工地质灾害的不良地质体（致灾构造）的性质、分布位置、规模，为不良地质体处治工程措施决策提供依据。

（2）避免因施工开挖揭穿和通过不良地质体可能发生的隧道施工地质灾害及因隧道洞内地质灾害发生引发的隧道上方地表生态环境灾害。

（3）减轻因施工开挖揭穿和通过不良地质体发生的隧道施工地质灾害及因隧道洞内地质灾害发生引发的隧道上方地表生态环境灾害的危害程度和损失。

（4）确保隧道施工安全和隧道上方地表生态环境安全。

显然，在针对不同类型地质问题，选择施工地质预报技术方法和手段，开展隧道施工地质预报时，仅以灾害严重程度、地质因素对隧道施工影响程度和隧道洞内地质灾害诱发环境问题的程度，作为隧道地质复杂程度的分级指标，是不合适的；因素"断层稳定性"应以"断层规模及其活动性"冠名更为恰当。以致灾构造类型及其规模、断层规模及其活动性、地应力、煤层瓦斯及其对隧道施工影响、可能诱发环境问题的可能性作为分级指标，进行隧道地质复杂程度分级，应更符合实际。

因此，建议按表1-5进行隧道地质复杂程度分级。

表 1-5　地质复杂程度分级表

分级指标	地质复杂程度分级			
	复杂	较复杂	中等复杂	简单
致灾构造	存在以下致灾构造之一者：突涌水致灾构造 突涌泥致灾构造 洞内泥石流致灾构造 突水突泥泥石流致灾构造 大型及以上涌水致灾构造 大型及以上涌泥致灾构造 大型及以上塌方致灾构造 挤压性围岩变形致灾构造	存在以下致灾构造之一者： 中型—大型涌水致灾构造 中型—大型涌泥致灾构造 中型—大型塌方致灾构造 自重应力型塌方致灾构造	存在以下致灾构造之一者： 小型—中型涌水致灾构造 小型—中型涌泥致灾构造 小型—中型塌方致灾构造	无致灾构造
断层规模及其活动性	大型断层或活动断裂	中型断层带	中小型断层	无断层发育分布
地应力	极高应力（Rc/σmax<4）：开挖过程中硬质岩时有岩爆发生，有岩块弹出；软质岩岩芯常有饼化现象，岩体有剥离，位移极为显著	高应力（Rc/σmax=4~7）：开挖过程中硬质岩可能出现岩爆，岩体有剥离和掉块现象；软质岩岩芯常时有饼化现象，岩体位移显著	—	—
煤层瓦斯	瓦斯隧道或存在高瓦斯工区的隧道	低瓦斯隧道	存在低瓦斯工区隧道	无
可能对隧道施工影响	可能危及施工安全，造成重大安全事故或工期严重延误	可能危及施工安全，造成大的安全事故或工期延误	可能存在安全问题	局部可能存在安全问题
诱发环境问题可能性	可能诱发重大环境灾害	能诱发一般环境问题	特殊情况下可能出现一般环境问题	无

需要说明的是，考虑到地质中等复杂隧道小型——中型涌水、涌泥、塌方，中小型断层破碎带塌方和低瓦斯工区隧道仍然存在瓦斯溢出集聚引起的瓦斯燃烧爆炸，对机械化（掘进机）施工仍然存在致命的危害，将地质复杂隧道、地质较复杂隧道和地质中等复杂隧道，统称地质复杂隧道。

第三节　复杂地质条件形成

一般而言，母岩风化剥蚀产物，在常温常压下经风、水等搬运，由于搬运力的下降，在地面堆积、压实固结和成岩作用形成的层状岩石——沉积岩，为水平岩层。

高温高压岩浆喷出地表或侵入地壳冷却凝固形成火成岩，喷出岩因流动具有典型流动构造（流纹、绳状构造）、因温度和压力骤然降低岩浆中气体逸出具有典型气孔状构造和气孔后期被后来的物质充填具有的杏仁状构造。

地壳运动、地震作用、岩浆作用和变质作用等内动力地质作用，或造成既有水平沉积岩层的倾斜、褶曲、断裂，或造成地壳表面的隆起及陷落、滑坡和山崩，或导致既有岩石的熔化、蚀变、变质。包括风化作用、地表流水地质作用、河流搬运作用、冰川地质作用、海水地质作用在内的外动力地质作用，改变的是地壳表面的形态。但是，地下水的地质作用，则是对地壳表面以下地质条件的改变。

也正是地下水的地质作用，既有水平沉积岩层的倾斜、褶曲、断裂，地壳表面的隆起及陷落和既有岩石的熔化、蚀变、变质，造就了地壳表面以下复杂的地质条件。

一、风化作用

（一）风化作用及其分类

温度变化和大气、水溶液及生物作用，致使裸露在空气中和在地面以下一定深度（风化深度）原岩岩石原地发生物理、化学变化的过程，称为风化作用。

风化作用包括物理风化作用、化学风化作用和生物风化作用。

物理风化作用，指由于温度变化、岩石空隙中水及盐分物态变化导致的岩石和矿物发生的不改变其化学成分的机械破坏。岩石和矿物的破坏主要是由于其本身的热胀冷缩和岩石空隙中水及盐分物态变化引起体积胀缩使岩石矿物崩解。

化学风化作用，指出露于地面的岩石在氧化作用、水的溶解作用、水解作用及水化作用下，造成的岩石和矿物的破坏作用。

生物风化作用，指生物生命活动过程对岩石和矿物的破坏作用，包括生物机械风化作用（如根劈）和生物化学风化作用（生物腐殖质对岩石和矿物的腐蚀作用）。

（二）风化作用产物

物理风化作用和生物机械风化作用的产物包括碎屑、崩积物、倒石锥、转石；化学风化作用和生物化学风化作用的产物包括新的岩石和新的矿物；物理风化、化学风化和生物风化联合作用的产物是土壤。

（三）岩石风化作用影响因素

1.气候条件

温度变化越剧烈，越潮湿炎热，生物新陈代谢越活跃，越利于岩石的风化。

2.地形条件

阳坡岩石风化作用强于阴坡，陡坡风化速度大于缓坡。

3.岩石矿物成分

单矿物岩石由于矿物晶格稳定，近于各向同性体，其导热率和膨胀系数近于一致，其抵抗物理风化作用能力较多矿物岩石强，岩石风化速度慢于多矿物岩石；含亲水矿物易与水发生化学反应，岩石抗风化能力低。

4.岩石结构构造

一般而言，结构致密程度较低的岩石，岩石内部空隙大，抗风化能力低于致密结构岩石；等粒结构岩石抗风化能力高于不等粒结构的岩石；裂隙发育岩石抗风化能力低于裂隙不发育岩石。

5.岩性

基性岩浆岩中暗色矿物多，岩石颜色深，其吸热散热能力较酸性岩浆岩强，抵抗物理风化作用能力较酸性岩浆岩差。

6.岩体节理裂隙发育程度

岩体中节理裂隙发育程度越高，越易于水的渗入，岩体抵抗风化作用的能力越差。

需要指出的是，深大风化槽中未能被剥蚀搬运走的全强风化产物，作为隧道围岩，稳定性差，无超前支护条件下隧道施工揭露后若初期支护未及时施工，易发生变形失稳塌方。

二、剥蚀作用

（一）剥蚀作用及其分类

剥蚀作用，指岩石在风化、流水、冰川、风、波浪和海流等外营力作用下，裸露在空气中和在地面以下一定深度（风化深度）松散的岩石碎屑从高处向低处移动的过程。

剥蚀作用可分为以下几点：

（1）雨蚀（面蚀和侧蚀）。

（2）洪蚀（下蚀和侧蚀）。

（3）河蚀（下蚀和侧蚀）。

（4）地下水的剥蚀（潜蚀）。

（5）冰川的剥蚀（下蚀和侧蚀）。

（6）风蚀（面蚀和侧蚀）。

（二）剥蚀作用产物

（1）隆起的地表逐渐被夷平。

（2）风蚀地貌景观，著名者如丹霞地貌。

（3）地下岩溶。

（4）牛轭湖（河流侧蚀使河床摆动弯曲，截弯取直形成）等。

风化作用使裸露在空气中和在地面以下一定深度的岩石破碎、崩解，当剥蚀和搬运作用将破碎、崩解物移走后，风化作用继续发生。

三、搬运作用

（一）搬运作用及其分类

搬运作用，是指地表和近地表的岩屑和溶解质等风化物被外营力搬往他处的过程。外营力包括水流、波浪、潮汐流和海流、冰川、地下水、风和生物作用等。

在搬运过程中，风化物的分选现象以风力搬运为最好，冰川搬运为最差。

搬运方式主要有推移（滑动和滚动）、跃移、悬移和溶移等。

搬运作用可分为以下几点：

1.河流的搬运作用

河流搬运能力的大小，主要取决于河水流速。流速大的水流能挟带沙砾等较粗的物质，这些物质在河床底部以被推移或跃移的方式前进，粉砂、黏土以及溶解质在水流中分别以悬移和溶移方式搬运。

2.风的搬运作用

与流水搬运有相似之处，具有推移、跃移、悬移三种搬运方式。风速越大，搬运的颗粒越粗，移动的距离越远。风力搬运的分选现象最好。

3.海浪、潮流、洋流和浊流的搬运作用

海浪搬运作用只在近岸浅水带内发生，具有四种搬运方式。海面与海底水流速度上的差异，使得波浪扰动海底所挟带的碎屑物质发生移动，其中粗粒物质多以推移和跃移方式向岸搬运，细粒物质多以悬移方式向海搬运，最后在水深小于临界水深的地方，波浪发生破碎，所挟带来的物质堆积下来。由于波浪的瞬时速度快，能量一般较高，搬运物多为较粗的沙砾。潮流和其他各种海流与波浪不一样，在较长时间内做定向运动，流速也较慢，故搬运的物质多为较细的粉砂和淤泥，呈悬浮状态运移。潮流作用使海水中携带的细粒物质向海岸方向运动，而粗粒物质向远离海岸方向运动。

4.冰川的搬运

冰川的搬运作用，具有特殊的蠕移方式，特点是能力大。随冰川的缓慢运动，大至万吨巨石，小至土块砂粒，均可或被冻结在一起进行悬移，或在冰底受到推移。冰川泥石流可使一些风化物产生跃移。冰川搬运的分选现象最差。

5.地下水搬运

在可溶岩区，地下水的搬运方式主要以溶移为主。

6.生物搬运

生物对土层的扰动也起着搬运的作用。

（二）典型搬运作用于搬运作用产物

典型的风的搬运作用是风对地壳表面沙、尘的悬运转移，即沙尘暴；典型的水的搬运作用是水力启动型泥石流。

剥蚀和搬运作用将风化作用形成的堆积在原地面及以下一定深度的岩石破碎、崩解物、土壤移除，使未完全风化或新鲜岩石露出地面，造成岩石风化作用的继续。

四、沉积作用

（一）沉积作用及其分类

沉积作用，指母岩风化剥蚀产物被搬运介质（河流水、风、海浪、潮流、洋流、浊流、冰川、地下水及生物等）搬运过程中，由于搬运条件（速度下降或搬运力降低等）发生改变，或到达适宜的场所后，发生沉淀、堆积的过程。

按沉积环境可分为陆相沉积与海相沉积两类。

按沉积作用方式可分为机械沉积、化学沉积和生物沉积三类。

广义而言，机械沉积指由于搬运条件（速度下降或搬运力降低等）发生改变，搬运物堆积和形成岩石的作用，狭义的机械沉积指介质（如水）中悬浮状物质的机械沉淀作用。

化学沉积，是指在水介质中以胶体溶液和真溶液形式搬运的物质，当物理、化学条件发生变化时，产生沉淀的过程。

生物沉积，指与生物生命活动及生物遗体紧密相关的沉积作用。生物的沉积作用可表现为生物遗体直接堆积，还表现为在生物的生命活动过程中或生物遗体的分解过程中，引起介质物理、化学环境发生变化而导致的某些物质的沉淀或沉积。

按搬运动力形式可分为河流、洪流及片流、风、地下水、冰川、湖泊及沼泽和海洋的沉积作用。

（二）沉积作用产物及其特征

1.河流的沉积作用

河流上游沉积：在河流上游，由于坡降大，河流具有较大的动能，河水搬运能力强，细粒物质被冲走，沉积物以河床砾石为主，成分复杂。砾石呈叠瓦状排列，一般厚度不大，常呈透镜体分布于河道之中。

边滩与河漫滩沉积：河道在侧蚀弯曲的过程中，河水携带的碎屑物在凸岸一侧沉积，由浅滩而边滩。边滩沉积物的成分复杂，常含有植物碎片，粒度变化范围大，规模较大河流的边滩沉积物，以砂为主，有少量的砾石和粉砂；较小河流的边滩沉积物，粒度可粗至砾石级；边滩沉积是单向环流侧向加积的产物。在洪水期，水位增高，洪水中的细粒物质（粉砂、亚黏土等）沉积在淹没于水中的边滩面上，形成河漫滩。因此，河漫滩沉积具有二元结构，即底部为边滩沉积，顶部为河漫滩沉积。

心滩沉积：心滩沉积形成于洪水期。在洪水期，河流表流从中央向两侧流，底流从两侧向中心汇聚，然后上升，由于水流的相互抵触和重力作用，碎屑在河心发生沉积。随着经历洪水期次数的增加，心滩逐渐扩大、加高，最后露出水面。比较而言，心滩沉积物粒度变化较边滩沉积物粒度变化大，成分更复杂，有砾石、粗砂，有时还有粉砂和黏土夹层。

天然堤与决口扇沉积：洪水期河水越过河岸，由于河水变浅、流速骤减，河水河流搬运过程中所携带的大量悬浮物质很快在岸边沉积下来，形成天然堤。天然堤主要发育在蛇形弯曲的河流中，沉积物为粉砂和泥，一层粉砂一层泥。决口扇，是洪水冲垮天然堤，在天然堤外侧斜坡上形成的扇状堆积物。它在剖面上呈透镜状，厚度自数十厘米到几米。沉积物的粒度比天然堤的粗，主要为细砂和粉砂。

牛轭湖沉积：由于河流的侧蚀弯曲、截弯取直，形成的封闭湖泊称为牛轭湖。其沉积物底部是侧向加积形成的河道沉积物，往上为垂向加积的粉砂和黏土，富含有机质，垂向加积的细粒物质是由洪水期河流所带来的。

山口沉积：来自山区的河流，在流出山口时，由于坡降明显减小，水流无地形约束而散开，河流的搬运能力显著降低，所携带的大量碎屑物便堆积在山口开阔的平地上。沉积物堆积成半圆锥形或扇状地貌，称为冲积锥或冲积扇。山口沉积是在水位突然退落、动力变小过程中沉积的。因此，锥顶沉积物颗粒粗，以砾石、砂为主，向边缘逐渐变细。

河口沉积：当河流进入河口时，水域骤然变宽，再加上海水或湖水对河流的阻挡作用，流速减小，机械搬运物便大量沉积下来。所形成的沉积体形态，从平面上看像三角形，故称为三角洲。从剖面上看，三角洲常具有三层构造，包括顶积层、前积层和底积层。前积层是河水到达河口后，最先在汇水盆地边缘沉积的较粗泥、砂沉积物，它向海洋（或湖泊）方向倾斜，近岸处较陡，随着离岸渐远而逐渐变缓。底积层是河流带来的悬浮物，在前积层的前方形成的水平沉积层，由粉砂和黏土组成，粒细、层薄。顶积层是前积层增长到河底高度时，随着三角洲向海推进，在前积层之上沉积的、近水平的冲积物。值得指出的是，三角洲处于海陆过渡地带，沉积环境较为复杂，既有河流的沉积作用，又有海水的沉积作用，很难把它们分开。

2.洪流及片流的沉积作用

洪流是干旱和半干旱地区主要的地质营力，洪流的沉积作用很普遍。洪流不但具有强大的侵蚀能力，而且具有较强的搬运能力。当洪流携带大量碎屑物质，抵达冲沟口时，水流突然分散，碎屑物质便沉积下来。由洪流形成的沉积物叫洪积物。洪积物在冲沟口所形成的扇状堆积体叫洪积扇。大型的洪积扇中，洪积物具有明显的分带现象。在洪积扇顶部，堆积有粗大的砾石，这是水动力在此地带突然降低所致。在洪积扇边缘，地形较缓，水动力更弱，沉积物主要为砂、黏土，并具有层理。在洪积扇顶部与洪积扇边缘之间，沉积物既有砾石，又有砂及黏土。洪积物这种分带现象是粗略的，各带之间没有截然的界线。

洪积物具有如下特点：

（1）洪积物分布有明显的地域性，其物质成分较单一，不同冲沟中的洪积物岩性差别较大。

（2）洪积物分选性差，往往砾石、砂、黏土混积在一起。

（3）洪积物的磨圆度较低，一般介于次圆状和次棱角状。

（4）洪积物的层理不发育，类型单一。

（5）洪积物不具二元结构，在剖面上，砾石、砂、黏土的透镜体相互交叠，呈现出多元结构。

片流是一种面状水流，水动力本来就较弱。随着水动力的逐渐消失，所携带碎屑物质在坡坳、坡麓地带形成坡积物。坡积物沿山麓连续分布形成坡积裙。坡积物一般为细碎屑物，如亚砂土、亚黏土等。

坡积物与洪积物经常共存，但由于坡积物来自附近山坡，所以坡积物一般比洪积物成分更单纯，坡积物中砾石含量少，洪积物砾石丰富；坡积物的分选性比洪积物差；坡积物比洪积物的磨圆度低，砾石的棱角较明显；坡积物略显层状，不具洪积物的分带现象；坡积物多分布于坡麓，构成坡积裙；洪积物分布于沟口，形成洪积扇。

3.地下水的沉积作用

地下水的沉积作用以化学沉积作用为主，一般只在地下河、地下湖才发育一定数量的碎屑沉积，另外还可形成一些洞穴崩塌碎屑堆积。地下水溶蚀搬运的各种物质，在渗流过程中，由于水温及压力等条件改变，便可发生沉积，有利于化学沉积的场所主要是洞穴和泉口。

溶洞沉积物在灰岩区，当溶有重碳酸钙的地下水渗入溶洞时，压力突然降低，水中溶解的二氧化碳逸出，形成碳酸钙沉淀。地下水在洞顶渗出，天长日久便可在洞顶形成悬挂的锥状沉积物，称为石钟乳；地下水滴至洞底形成向上增长的笋状沉积物，称为石笋；当石钟乳和石笋连接在一起时称为石柱：它们统称为钟乳石，其沉积物多呈同心柱状或同心圆状结构。若地下水沿洞壁渗出，可形成帷幕状的沉积物，称为石幔。

泉华沉积物：当泉水流出地表时，因压力降低、温度升高，地下水中的矿物质发生沉淀，沉淀在泉口的疏松多孔物质叫泉华。泉华的成分为碳酸钙时，称为钙华或石灰华；以二氧化硅为主时称为硅华。因泉华物质成分、沉淀数量及泉口地形的差异，泉华可成锥状、台阶状或扇状。

4.冰川的沉积作用

冰川向雪线以下流动，并不是无休止的。随着气温的逐渐升高，冰川逐渐消融，搬运物也就随之堆积。此外，冰川前进时若底部碎屑物过多或受基岩的阻挡，也会发生中途停积。由此可见，冰川的沉积是纯机械沉积。由冰川形成的沉积物统称为冰碛物。

当气候条件稳定时，冰川的前端稳定于一定位置，该位置称为冰前。冰前位置冰川的消融量等于供给量。冰川搬运物不断输送到冰前，堆积形成弧形的垄岗，是为终碛堤或终碛垄。终碛堤或终碛垄外侧较陡，内侧较缓。不同类型及规模的冰川所形成的终碛堤差异甚大。当全球气候变冷，冰川扩展时，即冰进时期，冰川供给量大于消融量，终碛堤被推进，可形成宽缓的终碛堤。在大陆冰川终碛堤的内侧，冰川流动时，因碎屑物过多或受基岩阻挡，搬运物堆积，形成一系列长轴平行于流向的丘状地形，称为鼓丘。

当气候转暖，冰川萎缩时，即冰退时期，搬运物不是运往固定的地点堆积，而是随着冰前的后退堆积在冰床上，这部分冰碛称为底碛。山谷冰川的两侧在冰川退缩时，可堆积成侧碛堤。在复式冰川中，两冰川侧面的复合部位的堆积形成中碛堤。

冰碛物常具有如下特征：

（1）山岳冰川碎屑成分与冰川发育区的基岩成分基本一致，大陆冰川的冰碛物成分复杂，并且细粒碎屑中不稳定的成分较多。

（2）由于冰川为固体，无分选作用，故冰碛物分选性极差，大至漂砾，小至黏土，混杂堆积在一起，形成"泥包砾"的现象。

（3）冰川中的碎屑颗粒彼此不相摩擦、碰撞，故冰碛物磨圆度极差。

（4）岩块和砾石无定向排列，杂乱无章，亦无层理。

（5）冰碛物表面常有磨光面或交错的钉头形擦痕，还可出现凹坑和裂隙。具有冰川擦痕的砾石称为条痕石。

（6）冰碛物内部化石稀少，常保存寒冷型的孢子花粉。

5.风的沉积作用

风的沉积属纯机械沉积。在风的搬运过程中，因风速减小或遇到各种障碍物，搬运物便沉积下来形成风积物。

6.湖泊及沼泽的沉积作用

湖泊是陆地上的集水洼地，其沉积作用占主导地位。湖泊可分为淡水湖和咸水湖两类。淡水湖以机械沉积为主，咸水湖则以化学沉积为主。

湖泊的机械沉积作用：湖水的机械沉积物主要来源于河流，其次为湖岸岩石的破碎产物。碎屑物质从浅水区进入深水区，由于动力逐渐减小，逐步发生沉积。从湖滨到湖心，沉积物粒度由粗变细，呈同心环状。湖泊与海洋相似，粗碎屑物也可以堆积成湖滩、沙坝和沙嘴；细小的黏土物质被湖流搬运到湖心，极缓慢地沉积到湖底，形成深色的、含有机质的湖泥。湖底较平静，沉积物不受波浪扰动，因此发育水平层理。一般来说，山区湖泊碎屑沉积物的粒度偏粗，平原区湖泊的沉积物粒度较细。

湖泊的化学沉积作用：湖水化学沉积作用受气候条件的控制极为明显，不同的气候区化学沉积物差别很大。

沼泽的沉积作用：沼泽的沉积作用以生物沉积作用为主。沼泽是地表充分湿润或有浅层积水的地带，一般喜湿性植被发育。植物死亡后，堆积起来形成泥炭。泥炭沼泽可分为低位、中位和高位三种类型。低位沼泽低于地下水面，由地表水和地下水补给，植物能得到充足的养分；高位沼泽中部隆起，只能从大气降水得到补给，植物缺乏养分；低位沼泽泥炭最为发育。泥炭是褐色或暗棕色、相对密度0.7~1.05的疏松有机物，可作为燃料，亦可用于化工原料和农业肥料。

7.海洋的沉积作用

海洋是巨大的汇水盆地，是最终的沉积场所。

海洋的沉积作用可进一步划分为滨海、浅海、半深海和深海几个环境分区。

海滨的沉积作用：滨海是海陆交互地带，其范围是最低的低潮线与最高的高潮线之间的海岸地带。滨海区当潮汐、波浪和沿岸流的搬运动力变小时，就产生机械沉积。滨海区由于潮汐、波浪的作用还可带来较多的生物碎屑，形成一定的生物沉积。

海滩沉积：海滩是在海岸地带由碎屑沉积物堆积而成的平坦地形。在山区河流的入海口或基岩海岸附近，海滩沉积物主要由砾石组成，称为砾滩。砾石具有较高的磨圆度，扁圆形砾石常具定向性排列，砾石长轴基本与海岸平行，最大扁平面倾向海洋。沙滩主要由砂组成。在波浪的长期作用下，沙粒具有良好的分选性和磨圆度，成分单一，不稳定矿物少，以石英砂最为常见。

潮坪沉积：在宽阔平缓的海岸地带，波浪波及不到这里，只有高潮时海水才能到达，因而这里以潮汐作用为主，此地带称为潮坪。潮流动能小于波浪，仅能把细砂、粉砂和黏土搬运到潮坪上沉积。由于潮水周期性的往复运动，潮坪沉积具双向斜层理现象，沉积物表面发育波痕、泥裂、虫迹等。

沙坝及沙嘴沉积：当海浪从沙质海底的浅水区向岸推进时，在水深约等于两个波高处，进浪与底流相遇。波浪的破碎使动能减小，所携带的泥沙便堆积下来，开始形成水下沙埂，沙埂进一步增高加宽，形成平行于海岸的长条形垅岗，称为沙坝。沙嘴也是由沙粒堆积而成的长条形垅岗，它一端与海岸相连，另一端伸入海中。它的形成过程与沿岸流有关。由于海岸曲折，每一股沿岸流并不随之曲折，当沿岸流推动沙粒前进时，因惯性使沙粒进入海湾区，然后减速发生沉积。另外，两股反向沿岸流相遇时，能量相互抵消销，也能使沙粒沉积形成沙嘴。

贝壳堤：在平缓而又坚实的海滨带，牡蛎等软体动物可以大量繁殖，死亡后，其骨骼被波浪冲到海滩堆积形成贝壳堤或介壳滩，如果富集、规模大，可作为石灰原料。

浅海的沉积作用：浅海是海岸以外较平坦的浅水海域，其水深自低潮线以下至水深200m之间。许多地区的大陆架水深在200m以内，地势开阔平坦，所以浅海大致与大陆架相当。浅海距大陆较近、各种生物极其繁盛，是海洋中最主要的沉积区，无论沉积物数量还是沉积作用的类型都比海洋中其他环境分区要丰富得多，古代海相沉积岩中绝大部分也为浅海沉积。

浅海的碎屑沉积：浅海中90%以上的碎屑物来源于大陆。当不同粒级碎屑进入浅海时，海水的运动使颗粒下沉速度减慢，一些较细的颗粒处于悬浮状态，海流将这些悬浮物搬运到离岸较远的地区；较粗的颗粒沉积在近岸地区。因此从近岸到远岸，依次排列着砾石、粗砂、细砂、粉砂和黏土等。浅海带沉积物的特点是：近岸带颗粒粗，以沙砾质为主，具交错层理和不对称波痕，含大量生物化石，有良好的磨圆度和分选性，成分较单一；远岸带粒度细，以粉砂和泥质为主，具水平层理，波痕不发育，有时有对称波痕，分选好但磨圆度不高，成分较复杂。

浅海的化学沉积：浅海是化学沉积的有利地区，形成了众多的化学沉积物，其中许多是重要的矿产。地质历史时期曾发育过大量浅海化学沉积，现代浅海化学沉积主要发生在中、低纬地区。浅海的化学沉积物主要有碳酸盐、硅质、铝、铁、锰氧化物和氢氧化物、胶磷石和海绿石等。

碳酸盐沉积：在浅海化学沉积物中，碳酸盐类所占比重最大，主要为灰岩和白云岩。碳酸盐沉积的原因是温度升高或压力降低，这样引起海水中CO_2含量减少，重碳酸钙过饱和形成$CaCO_3$沉淀。在海水动荡的条件下，碳酸钙以一定的质点（如岩屑）为核心呈同心圆状生长，形成鲕粒状沉积物，成岩后成为鲕状灰岩。已固结或弱固结的碳酸钙被波浪冲碎并搓成扁长形团块，胶结成岩后，形成竹叶状灰岩。

硅质沉积：硅质沉积是浅海化学沉积的重要组成部分。海水中的硅质一部分来自大陆，它们以溶解硅（H_3SiO_4）和悬浮硅两种形式存在；另一部分硅质来源于海底火山作用、海水的溶解作用及生物活动。当硅胶进入海洋后，在温度较低、偏碱性的环境中，逐步凝聚而沉积下来，形成蛋白石，进一步脱水形成燧石。燧石常呈结核状、透镜状或条带状产出，颜色多样。

铝、铁、锰及海绿石沉积：海水中的铝、铁、锰等主要来自大陆。湿热气候区，强烈的化学风化作用，使铝、铁、锰呈胶体状态随河流水迁入海水中，在近岸地带遇电解质凝聚沉积，因近岸区海水动荡，形成鲕状结构或豆状、肾状结构沉积物。海成铝土矿由铝的氢氧化物组成，铁质沉积物主要为赤铁矿和褐铁矿，锰质沉积为水锰矿、硬锰矿。海绿石是一种绿色黏土矿物，是由海水中硅、铝、铁的胶体吸附钾离子而成。

磷质沉积：磷主要以HPO_4^{2-}）的形式存在于海水中，表层海水含磷量低，难以沉积。海洋的下层由于有机物体的分解富含磷质，当富含磷质的海水随着上升洋流到达浅海区后，因压力减小，温度升高，CO_2的含量降低，磷质发生沉积，形成胶磷石［$Ca_3(PO_4)_2$］。胶磷石和其他沉积物共同组成磷灰岩。当含磷量较高时形成磷矿床。

浅海的生物沉积：介壳石灰岩和生物碎屑岩浅海一带生活着大量底栖生物，当它们死亡后，生物的壳体与灰泥混杂沉积，可形成介壳石灰岩；生物壳体或骨骼的碎片可以与其他沉积物混杂形成生物碎屑岩。

生物礁：生物礁是指在海底原地增殖、营群体生活的生物，如珊瑚、苔藓虫和层孔虫等的骨骼、外壳以及某些沉积物在海底形成的隆起状堆积体。珊瑚礁在浅海沉积中有特殊意义，珊瑚虫对生活环境有较严格的选择，只能生活在20℃左右的海水中，并且要求水质清澈、盐度正常，水深不超过20m，水流通畅而不激烈动荡。在这种环境中，珊瑚虫不断衍生，其骨骼逐渐堆积成礁。如果珊瑚环绕岛的岸边生长，形成岸礁；如果珊瑚礁平行海岸分布，与岸间有一个较宽的水道，则成为堡礁；珊瑚围绕海底隆起的边缘生长则形成环状的礁体，称为环礁。

半深海及深海的沉积作用：半深海是从浅海向广阔深海的过渡地带，水深一般是200~2000m，在海底地形上相当于大陆坡的位置，通常地形坡度较陡。深海是水深大于2000m的广大海域，其海底地形主要包括大陆基、大洋盆地及海沟等。

半深海及深海离大陆较远，一般来说，粗粒物质很难到达这里，只有浊流、冰川和风以及火山作用，能产生较粗的物质沉积。浊流所悬浮和挟带的大量物质，在进入大陆坡脚和深海盆地时，因搬运能力剧减发生堆积，所形成的沉积物叫浊积物。由浊积物构成的扇状地形叫深海扇。深海扇的沉积厚度较大，进入深海平原厚度减小。浊积物主要由黏土和砂组成，还有砾石、岩块、生物碎屑等。具有分选性和层理。

陆源物质部分沉积于浅海带，粒径小于0.005mm的悬浮物质进入半深海和深海区。这些物质虽属陆源的悬浮物质，但它们几乎都是胶体性质，可长期悬浮于水中，只有在极安静的水动力条件下才能沉入海底。由于海洋中波浪和洋流的存在，极安静的环境几乎不存在，如果不是胶体物质的凝聚作用，它们可能不会发生沉积。

半深海中的沉积物具有世界共同的特点，即都是一些胶状软泥，其成分大体相似。这些软泥据颜色的差异有蓝色软泥、绿色软泥、红色软泥等。

半深海及深海的生物沉积主要是一些生物软泥，尤其是深海区分布较广，它是深海沉积的重要部分。大量的浮游生物死亡后堆积，与泥质沉积物混在一起形成生物组分超过50%的软泥。生物软泥据其成分和生物碎屑的种类，分为以碳酸钙为主的钙质软泥和以硅质为主的硅质软泥。前者包括抱球虫软泥和翼足类软泥，后者包括硅藻软泥和放射虫软泥。湖泊中的生物作用也可形成腐泥，成岩后称为油页岩。

五、成岩作用

（一）成岩作用及其分类

成岩作用，指沉积物沉积后至岩石固结，在深埋环境下直到变质作用之前发生的物理、化学的变化，以及埋藏后岩石又被抬升至地表或接近地表的环境中所发生的一切物理、化学变化。直到固结为岩石以前所发生的一切物理的和化学的

（或生物）变化过程。一般包括沉积物的压实作用、胶结作用、交代作用、结晶作用、淋滤作用、水合作用和生物化学作用等。

包括硬结成岩作用、岩浆成岩作用和变质成岩作用。岩浆成岩作用分为侵入成岩作用和喷出成岩作用。

（二）硬结成岩作用及其产物特征

硬结成岩作用，也称沉积成岩作用，指松散沉积物在上覆沉积物的重荷压力作用下，孔隙减少，水分排除，碎屑颗粒间的联系力增强，或碎屑间隙中的充填物质黏结力增大，或因压力、温度的影响，沉积物部分溶解并重结晶，转变为坚硬岩石的过程。

一般而言，松散沉积物上覆沉积物越厚，重荷压力作用越强，孔隙减少程度越高，水分排除越完全，固结成岩作用越完全，碎屑颗粒间的联系力越强，或碎屑间隙中的充填物质黏结力越大，成岩后的岩石密度越大，空隙率越小，岩石中含水率越低，岩石越稳定，岩石抵抗风化作用的能力越强，越有利于隧道围岩的稳定；反之，重荷压力作用越弱，孔隙减少程度越低，水分排除越不完全，固结成岩作用越不完全，碎屑颗粒间的联系力越弱，或碎屑间隙中的充填物质黏结力越低，成岩后的岩石密度越小，空隙率大，岩石中含水率高，岩石越不稳定，岩石抵抗风化作用的能力越弱，越不利于隧道围岩的稳定。

压力、温度影响越大，沉积物溶解并重结晶的程度越高，成岩过程越完整，岩石越稳定，岩石抵抗风化作用的能力越强，越有利于隧道围岩的稳定；反之，沉积物溶解并重结晶的程度越低，成岩过程越不完整，岩石越不稳定，岩石抵抗风化作用的能力越低，越不利于隧道围岩的稳定。

由于层间结合力较低，相较于由厚层、巨厚层岩石构成的隧道围岩岩体，由薄层岩石构成的围岩岩体稳定性较差。

（三）岩浆成岩作用及其产物特征

岩浆成岩作用，是指产生于地壳深部（至上地幔顶部）的高温高压熔融岩浆，沿地层岩石体中的断裂构造上升直至喷出地表冷凝固结成岩的整个地质作用过程。它包括高温高压熔融岩浆在上升运移过程中发生的重力分异作用、扩散作用，与上升运移通道围岩发生的同化作用、混染作用，随着岩浆温度降低发生的结晶作用，以及先结晶矿物随岩浆上升运移由于物理化学条件的不断改变不断与岩浆发生反应产生有规律的新的系列矿物——鲍温反应系列。高温高压熔融岩浆在地壳内部上升运移通道内活动、演化直至冷凝成岩的过程称为侵入成岩作用，喷出地表冷凝成岩的过程称为喷出成岩作用。

高温高压熔融岩浆沿断裂构造上升运移的速度越低，重力分异作用越完全，扩散作用范围越广，与上升运移通道围岩的同化、混染作用越完全，鲍温反应系列矿物越多；反之，重力分异作用越不完全，扩散作用范围越小，与上升运移通道围岩的同化、混染作用越不完全，鲍温反应系列矿物越少。由于岩浆喷出地壳表面后压力、温度急速降低，失去与上升运移通道围岩的同化、混染作用，岩浆在地面流动过程中尚存重力分异作用、扩散作用和鲍温反应，重力分异作用、扩散作用和鲍温反应程度与岩浆的黏稠度及流动距离呈正相关关系。

一般而言，深度越大的侵入岩，岩石中矿物的结晶程度越高，矿物颗粒强度和均匀度越高，胶结物的强度越高，岩石结构越接近等粒结构、块状构造，岩石越稳定，抗风化能力越强；喷出岩多呈不等粒和斑状结构，气孔状、杏仁张、流纹状构造，岩石稳定性差，抗风化能力弱。

（四）变质成岩作用及其产物特征

母岩（沉积岩、火成岩、变质岩）处于固态状态在一定温度、压力环境条件下，受化学活动性流体作用，发生矿物成分、化学成分、岩石结构与构造变化变成新岩石的地质作用过程，即变质成岩作用。它包括接触变质、热力变质、动力变质、冲击变质、气液变质、燃烧变质等。

一般而言，变质成岩作用越完全，岩石越稳定，抗风化能力越强；反之，岩石越不稳定，抗风化能力越差。

六、地下水作用

（一）地下水作用分类

地下水作用包括以下几点：

（1）岩溶作用。

（2）降低节理裂隙化岩体、破碎围岩自稳能力作用。

（3）成为隧道突涌水的来源。

（二）岩溶作用

1.地表岩溶作用

地表水以化学过程（溶解与沉淀）为主、机械过程（流水侵蚀和沉积、重力崩塌和堆积）为辅的对出露于地表可溶性岩石的破坏和改造作用，称为地表岩溶作用。其改变的是出露于地壳表面可溶岩的表面形态，形成地面岩溶，如石林、岩溶洼地、溶槽、溶沟、漏斗、竖井等。

2.地下岩溶作用

地下水以化学过程（溶解与沉淀）为主、机械过程（流水侵蚀和沉积、重力崩塌和堆积）为辅的对地下可溶性岩石的破坏和改造作用，即地下岩溶作用。其结果是形成地下岩溶，如岩溶洞穴、管道、溶缝、地下暗河以及充填在岩溶中的地下水和充填在岩溶底部的粉细砂、黏土、黏土夹破碎岩石块体等。

地表岩溶作用与地下岩溶作用，并称岩溶作用。其联合作用的结果，是形成地表地下岩溶系统。

（三）降低节理裂隙化岩体、破碎围岩自稳能力作用

一般而言，在地下水位以下的岩体中的节理、裂隙与破碎岩石块体间空隙，多充填地下水。作为隧道围岩的节理裂隙化岩体、破碎岩石体，充填于节理裂隙、破碎岩石块体间空隙的地下水，或降低节理裂隙面的抗剪强度，或降低破碎围岩的自稳能力，成为节理裂隙化岩体和破碎围岩失稳坍塌的催化剂。

（四）成为隧道施工突涌水的来源

一旦隧道施工接近或揭穿，充填于地下岩溶、节理裂隙密集发育破碎岩体、断层破碎带破碎岩体中的地下水，或突破隧道开挖工作面（掌子面、开挖轮廓面）与其间的隔水岩土盘向已开挖隧道突出形成突水，或直接向已开挖隧道涌流形成涌水，成为隧道施工突涌水的物质来源。

七、节理（裂隙）

岩石在断裂变形阶段产生的、裂面两侧岩石沿裂面无明显位移或仅有微量位移的断裂，称为节理（裂隙）。

散布于岩体中的节理（裂隙），其作用仅是破坏了岩体的连续性；张开的贯通性节理裂隙亦是地下水储存和运移的通道；岩体中密集发育多组不同方向的节理（裂隙）时，则破坏了岩体的完整性。

作为隧道围岩，密集节理裂隙发育破碎岩完整性极低，自稳能力差，如节理裂隙中充填地下水则自稳能力更低，易变形失稳塌方；隧道施工揭穿富水密集节理裂隙发育破碎岩体带，易发生涌水，如涌水和塌方同时发生则形成水石流灾害。

八、断层

岩石在断裂变形阶段产生的、裂面两侧岩石沿裂面发生较大位移的断裂，即断层。

断层的发育分布，破坏地层岩石体的连续性。

从断层对工程的影响考虑，可将断层分为压性断层和张性断层。

一般而言，张性断层由大小不一的、排列无序的岩石块体构成。作为隧道围岩，自稳能力低，如破碎岩石块体间空隙充填地下水则自稳能力更低，易失稳塌方；张性断层为地下水的储存和运移通道，隧道施工接近或揭穿，极易发生施工

涌水、突水，初期涌水、突水中多携带细小岩石颗粒和岩石块体；如涌水和塌方同时发生，则形成携带大小不一破碎岩石块体涌水、突水。

压性断层上、下盘断层破碎带，均由大小不一的、长轴平行于断层面的破碎岩石块体和充填于局部破碎岩石块体间空隙中的黏土构成。无水时，作为隧道围岩，自稳能力差，隧道施工揭穿，易失稳塌方。

压性断层上、下盘断层破碎带，均是地下水的储存和运移通道。由于压性断层主干断层带断层泥或断层糜棱岩的隔水作用，下盘破碎带水量相对较少，隧道施工揭穿，或富水黏土及破碎岩石块体构成的围岩塌方具流动性形成隧道洞内泥石流，或涌水中多携带黏土细小岩石颗粒；上盘强烈挤压破碎带相对富水，一旦隧道施工揭穿，或富水黏土和大小不一破碎岩石块体组成的隧道围岩塌方具流动性形成隧道洞内泥石流，或由大小不一破碎岩石块体和充填于局部破碎岩石块体间空隙中的黏土构成的自体隔水隔泥岩土盘，在水的渗流作用下破坏，形成初期的突泥、携带泥沙的突水；当携带泥沙突水将富水强烈挤压破碎带中黏土和细小岩石颗粒完全带出后，突水水量急剧增大、水质由浑浊变清澈。

活动断层，指晚第四纪以来仍有活动的断层，是现今仍在活动，或近代地质时期曾有过活动，将来还可能重新活动的断层。活动断层的活动，或造成隧道支护结构的开裂，或造成隧道的错断。

九、褶皱

岩石受力发生弯曲称为褶皱。

褶皱是地壳上最为常见的一种地质构造形态，背斜和向斜是褶皱的两种基本类型。岩层向上弯曲称为背斜，向下弯曲则为向斜。

不同性质的岩层，在弯曲错动过程中的表现形式是不同的。低强度的软岩层在压缩作用下，或厚度局部变大，或局部变小甚至尖灭；高强度硬岩层厚度不变，但容易发生断裂；脆性岩层错动破碎成为顺层错动破碎带；在褶皱的转折端，或沿软、硬岩层间形成脱空，或沿褶皱轴向发育明显错动的断裂形成放射状轴向断层；背斜转折端因岩层断裂或发育断层，岩体破碎，出露于地面易于剥蚀形成剥蚀槽谷、地面河流、溪谷，两翼成山；沿出露于地面的顺层错动破碎带，亦可因地表径流水的剥蚀，形成剥蚀槽谷、地面河流、溪谷。

作为褶皱构造重要组成之一的向斜构造，由于相对隔水层的存在，本身即含若干相对独立含水层；充填地下水的顺层错动破碎带亦为含水层；沿向斜核部发育的走向断层，将原本相对独立的含水层连通，形成统一的向斜地下蓄水构造；地表径流水，通过背斜转折端谷地、顺层错动破碎带槽谷，对向斜构造地下水的补给；沿岩层间脱空部位、顺层错动破碎带、褶皱转折端走向断层破碎带的岩溶作用，造就了较之一般地区深度更大的充水岩溶、泥水混合充填岩溶的发育分布。

十、地壳表面的隆起及陷落

按运动方向，可以将地壳运动分为水平运动和垂直升降运动。垂直升降运动，或称为造陆运动，表现为地壳表面的隆起和相邻区地壳表面的陷落，是高原、断块山及凹陷、盆地和平原形成的原因。地壳表面的隆起及陷落，还可引起海侵和海退甚至海陆变迁，控制着地球表面的海陆分布，影响各种地质作用的发生和发展，形成各种构造形态，改变岩层的原始状态。

十一、岩石的熔化、蚀变、变质作用

（一）岩石的熔化

岩石的熔化，指作为岩浆侵入通道周围的岩石，在岩浆侵入过程中极高温岩浆作用下，发生的熔解。随着温度的下降，熔解后的围岩以自身化学成分，重新结晶成为岩石。

岩石的熔化，改变了原有岩石的矿物构成和结构构造，也改变了原岩的物理力学性质和工程性质。

（二）岩石的蚀变作用

流体或热液作用于岩石，导致岩石中部分或全部原有矿物消失和新矿物形成，即原岩中某些物质部分或全部地带出和新物质带入的交代作用，称为蚀变作用。

显然，岩石的蚀变作用，部分或全部改变了原有岩石的矿物构成，更改变了岩石的物理力学性质和工程性质。

（三）变质作用

变质作用，指在地下特定的地质环境中，由于物理、化学条件的改变，母岩在固体状态下发生物质成分与结构、构造变化，形成新岩石的地质作用。

由变质作用所形成的新岩石称为变质岩。

变质作用的母岩可以是沉积岩、岩浆岩及变质岩，它们在形成时与当时的物理、化学条件之间处于平衡或稳定状态，但是这种平衡和稳定状态都是相对的和暂时的，一旦它们所处的物理、化学条件发生变化，原有平衡就会遭到破坏，原岩便被改造成为在新的环境中稳定的岩石。如在地下较高温的条件下，在地表浅海环境中形成的化学沉积岩石灰岩转变成的大理岩。

通常，促使沉积物转变成为沉积岩的成岩作用，也是在地下一定深度和一定的温度、压力等条件下完成的，但与变质作用相比，成岩作用所要求的深度、压力和温度都较小，在作用的过程中物质发生的变化较之变质作用原岩变化要小得多。一般来说，沉积岩的成岩作用温度小于150~200℃、围压低于100~200MPa，而变质作用则要高于这一数值，但低于原岩熔化所需温度。

因此，变质作用，不改变原有岩石的矿物构成，但改变了原有岩石的物理力学性质和工程性质。

十二、地震地质作用

地震，又称地动、地震动，是集聚于地壳内岩体中的极高应变能猛烈释放造成地壳振动、产生地震波的一种自然现象。

地壳板块与板块间挤压碰撞造成板块边沿及板块内部产生错动和破裂，是引起地震的主要原因。

地震地质作用对地壳及地层岩石的破坏，包括地面的隆起及陷落、滑坡及山崩、褶皱及断裂。

十三、负荷地质作用

负荷地质作用，指在各种外因诱发下，地壳表面岩土体由于自身重力作用产生的运移，如滑坡、坍塌等。

负荷地质作用，包括崩落作用、潜移作用、滑动作用和流动作用等。

崩落作用，指岩石块体脱离母岩、崩落并沿坡面滚滑及在坡脚堆积的整个作用过程。崩落的运动形式分散落、翻落和坠落三种。

潜移作用，指地表土石层或岩层沿土石–基岩界面（基覆界面）或岩层面缓慢向斜坡下方移动的过程。它包括土层潜移、地层潜移和因岩溶发育代之的上部岩层的潜陷。

滑动作用，黏结性块体沿一个或几个滑动面向下滑移的过程。滑动作用大致可分为潜移形变、滑移破坏和渐趋稳定三个演化阶段。

流动作用，是指在坡面上或沟谷中堆积的由泥质、土壤或破碎岩石块体构成的混合体，在水分的充分浸润饱和下，沿坡面或沟谷的流动过程。

包括风化作用、剥蚀作用、搬运作用、沉积作用、硬结成岩作用、岩浆作用中的喷出作用及负荷地质作用在内的外动力地质作用，是对地壳表面的改造；而包括地壳运动、岩浆作用中的侵入作用、变质作用在内的内动力地质作用，则是对地壳内部的改造；作为内动力地质作用的地震作用，既是对地壳内部的改造，也是对地壳表面的改造和地壳表面改造的促进。

岩层的弯曲、断裂及岩石体中节理、裂隙、断层的发育，破坏了地层岩石体的连续性和完整性；地壳的隆起，使失去连续性和完整性的岩体出露于地面，利于风化作用的进行；剥蚀、搬运作用将堆积于原地的风化作用产物搬离，致使未完全风化和新鲜岩石体进一步风化；随着搬运营力的降低，岩石风化产物沉积固结成岩，循环往复。

岩溶作用的结果，造就了地面和地下岩溶；地壳的隆起，促成了岩溶作用向深部发展。

岩浆作用不仅成就了侵入岩和喷出岩，更致使岩浆上升运移管道围岩的熔化，造就了岩浆上升运移管道外一定距离范围内的蚀变带和变质带。

第二章　复杂条件下地铁区间隧道盾构进出洞关键技术

第一节　盾构机及钢套筒整体过站技术

一、技术背景与原理

哈尔滨地铁2号线一期工程人民广场站—中央大街站区间为双单洞单线隧道，区间线路起自人民广场站大里程端，然后沿经纬街敷设，终至中央大街站小里程端。本区间隧道：右线起讫里程为 SK16+148.226～SK16+849.813，全长 701.587m；左线里程起讫里程为 XK16+089.226～XK16+849.813，短链为 1.137m，全长为 759.45m。

中央大街站～尚志大街站区间为双单洞单线隧道，区间线路起自中央大街站大里程端，然后沿经纬街敷设，终至尚志大街站小里程端。本区间隧道左、右线起讫里程为 SK16+988.813（XK16+988.813）～SK17+708.800（XK17+708.800），全长为 719.987m。

人民广场站—中央大街站、中央大街站—尚志大街站两区间全线敷设于地下，均采用盾构法施工，设计外径为 6m 的圆形断面隧道。盾构主要穿越细砂、粉细砂、局部夹黏土层和中砂地层，沿经纬街方向侧穿大量古房屋建筑。因此，只能采用钢套筒辅助盾构进出洞。

中央大街站位于经纬街与经纬五道街交口的西侧，沿经纬街地下东西向布置，车站采用明挖顺作法施工，主体结构内包尺寸长 139.0m，宽 18.3m（标准段）、22.1m（端头井）、44.65m（外挂区加宽段），为地下二层车站，标准段站台层高 7.3m，站厅层高 4.95m，车站主体采用现浇钢筋混凝土箱型结构形式，站台净空尺寸如图 2-1 所示。车站起点里程为 SK16+849.813，车站终点里程为 SK16+

988.813，有效站台中心里程为SK16+921.213，该里程处基坑开挖深度为17.658 m，顶板覆土厚度为3.108 m。

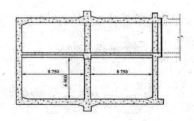

图2-1　车站站台净空尺寸（单位：mm）

由于中央大街站位于繁华街区，环境条件十分复杂，无大型吊装和运输设备进出场条件时，且该站站台层净空尺寸满足盾构机及钢套筒整体过站净空。所以，开发了盾构机及钢套筒整体过站技术。

盾构机及钢套筒整体过站技术的原理如下：

盾构机到达钢套筒内指定位置后，断开后配套台车，去除钢套筒上半部分，利用千斤顶抬升盾体及钢套筒底座，铺设横向移动滑道利用顶推油缸同步顶推横向移动，避开端头井侧墙，沿滑道横向平移至过站中心位置。然后继续利用千斤顶对盾体及钢套筒底座进行第二次抬升，铺设纵向过站滑道钢轨，回落千斤顶将盾体及钢套筒放置已铺设好的纵向滑道钢轨上，在钢轨轨腰上进行钻孔，用于固定千斤顶并提供顶推反力，通过2个顶推油缸同步推动钢套筒底座纵移过站。到达始发端头后再横向平移至始发轴线位置进行固定，然后利用电瓶车牵引平板小车拖运后配套台车沿铺设的轨道运至指定位置，并与盾体对接，完成过站。

盾构机及钢套筒整体过站技术的主要特点如下：

（1）采用盾构机主机及套筒整体平移、过站，无须拆机，施工速度快。

（2）过站过程中可完成对盾构机的维修和保养，节省时间。

（3）过站均在车站站台层完成，对周边环境影响小及地面场地无要求。

（4）过站方式简便、快捷，对设备影响小。

（5）盾构机过站后直接在始发井就位，连接后配套台车即可具备始发条件，大大缩短了工期，加快了施工进度。

（6）后配套利用电瓶车带动平板小车拖运整体过站，过站时间短、连接方便、快速。

二、盾构机及钢套筒整体过站技术

（一）施工工艺流程

盾构机及钢套筒整体过站工艺流程如图2-2所示。

（二）过站准备

1.过站净空计算

为确保盾构机能顺利通过车站，需在铺设盾构机移动轨道之前和之后进行详细的净空测量，并留有相应的空间余量。

2.盾构井底板处理

盾构接收井底板回填素混凝土，回填高度为至站内高程预留放置钢轨、垫板（钢板）高度，并预埋钢套筒接收钢板。

3.钢套筒接收准备

盾构机进入钢套筒后，拼装完成最后一环管片并进行注浆封堵，将钢套筒上半部，后端盖拆除、吊出（如图2-3所示），用氧气焊割除过渡环与洞门钢环的连接。

4.车站标准段底板准备工作

在车站标准段底部铺设6根43kg/m钢轨，使用直径⌀22mm螺纹钢筋植入底板固定，分3处布置，每处2根，用来纵向移动盾构机。用钢轨钻孔机在轨腰上钻圆孔，每组钻3个直径⌀20mm的圆孔，每组之间的间距为400mm，孔间距为100mm，用于固定千斤顶并提供反力。

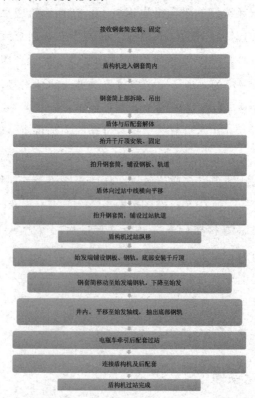

图2-2　盾构机及钢套筒整体过站施工工艺流程图

图2-3　钢套筒上半部分和端盖板拆除

（三）平移过站

1.盾体与后配套分离

在盾构机到达前做好电缆线与管路的标识。在盾构机进入钢套筒后，将盾体与后配套之间各种管路（线）断开，使盾体与后配套台车分离。

2.盾体横向平移

盾体加钢套筒底座总重约385t，钢对钢轨的滑动摩擦系数为0.1，需要的推力大约为38.51。通过2个100t顶推油缸进行同步顶推可实现盾体和钢套筒整体平移。

在钢套筒底座两侧各安装4个100t液压千斤顶，利用千斤顶将盾体连同钢套筒底座抬升大于160mm（井底距站内高度），如图2-4所示。

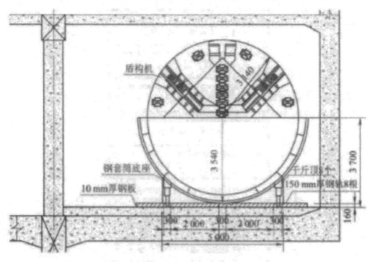

图2-4　盾构井内抬升示意图（单位：mm）

抬升完成后，在井底先铺设10mm厚钢板，然后在钢板上横向铺设8根钢轨并涂抹黄油，如图2-5所示。通过轨腰圆孔固定2个顶推油缸，同步推动钢套筒底座向过站中心位置横向平移。

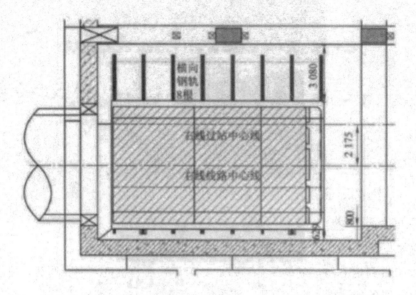

图2-5　盾构井内横向轨道铺设示意图（单位：mm）

3.二次抬升

盾体与钢套筒底座横向平移到指定位置后，再次利用8个千斤顶将钢套筒底座抬升，取出底座下的横向钢轨，并铺设提前用工字钢做好的马凳、钢轨。纵向铺设6根43kg/m钢轨，与站内过站轨道相连，用以盾体纵向前移过站，如图2-6毛和图2-7所示。

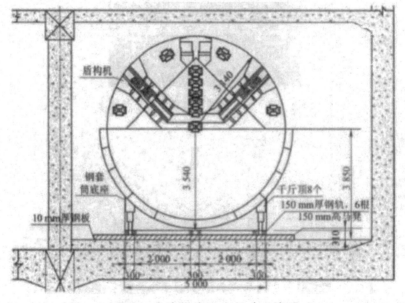

图2-6　盾构井二次抬升示意图

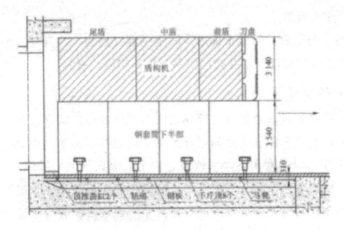

图 2-7　盾体纵向移动过站前示意图

4.盾构机纵向平移过站

轨道上涂抹黄油后，通过轨腰开设好的圆孔，固定 2 个顶推油缸，顶在钢套筒底座两侧的受力点上，同步顶推钢套筒底座与盾体前移，如图 2-8 所示。

当盾体移动到始发端头墙时，使用千斤顶抬升、横移的方法，将盾体、套筒底座平行移动到始发轴线位置，取出底部钢轨，将盾体及钢套筒底座回落到底板预埋钢板上，如图 2-9 所示。

图 2-8　盾体过站顶推油缸安装示意图

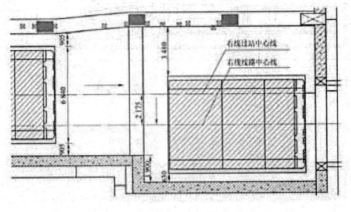

图 2-9　始发端盾体平移示意图

5.钢套筒底座固定

经过复测，确认盾体位置正确后，固定钢套筒底座，将其与预埋钢板焊接成一个整体，连接套筒过渡环，并与洞门钢环焊接牢固、密封。

（四）后配套过站

（1）车站井口底板轨道铺设。因隧道底与车站底板之间存在高差，且电瓶车运输轨道与后配套台车两轨道之间在圆形隧道内也存在高差，因此，电瓶车拖动后配套台车出洞口时需利用马凳来调整它们之间纵向坡度，线路纵坡不宜过大，应采用缓坡，防止电瓶车拖动后配套台车时产生溜车现象。轨道铺设前需要提前考虑隧道中心轴线与过站中心轴线的位置关系，保证后配套台车过站时边缘不会磕碰车站侧墙。铺设好的轨道如图2-10所示。

（2）电瓶车、后配套过站轨道安装完毕后，电瓶车就位，电瓶车与后配套台车进行刚性连接，保证两者为一个整体。由电瓶车拖动后配套沿铺设轨道至始发端，如图2-11和图2-12所示。

图2-10 铺设好的轨道

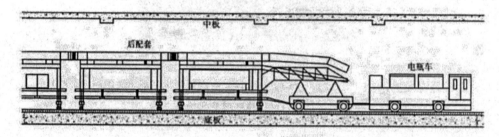

图2-11 后配套过站示意图

图 2-12　后配套牵引过站

（五）始发端始发

后配套台车到达始发端指定位置后，将后配套与盾体管路、螺旋机连接，组装调试完成后，安装钢套筒上半部与反力架，准备二次始发。

（六）注意事项

（1）移动过程中如发现盾体偏离中心线，应及时对其进行纠偏。纠偏方法：用单边的顶推油缸在移动过程中纠偏，利用千斤顶进行大范围的纠偏。

（2）盾构机进入套筒前及时调整轴线位置关系，保证盾构机顺利进入套筒内。

（3）接收套筒需经探伤试验、密闭性试验，符合要求后方可使用。

（4）仔细、准确校核车站站台层净空尺寸，保证盾构机顺利过站。

（5）严格控制始发井回填混凝土高程，保证盾构机及套筒能平稳进入站台导轨。

（6）平移、过站过程中，经常测量过站盾构及套筒与过站中心轴线偏差，确保及时纠偏。

（7）车站内导轨使用43kg/m钢轨，钢轨要铺设在均匀分布的受力点处，且要保证轨道平顺不曲折。

（8）盾构机及套筒进入始发位置前，盾构井高程满足始发要求。

（七）安全措施

（1）严格遵守《建筑安装工人安全技术操作规程》和机械施工技术安全规则的规定执行。

（2）施工前需进行安全技术交底和过站方案培训I，并按本过站工艺流程和操作要点要求进行施工作业。

（3）施工人员进入现场必须佩戴安全帽，登高作业必须穿防滑鞋，系安全带。

（4）严禁酒后上岗作业，严禁违章操作。

（5）施工人员必须由专人进行协调指挥、分工具体、明确职责，遵守现场秩序，服从指挥，坚守岗位，不得随意离开岗位。

（6）过站作业必须要有良好的照明度，以保证作业范围内的视线良好。

（7）盾构机和后配套断开时管线标识明确清晰，后配套台车用阻车器固定，以防溜车。

（8）任何机具严禁超载超负荷使用，以免造成设备损坏。

（9）现场设置专职安全员，严格监督过站过程。现场人员进行交接班时，工作内容要明确，杜绝因交接班不清楚造成事故的发生。

（10）操作人员要经常观察盾构机姿态及钢套筒变形情况，发现异常情况应及时采取相应措施。

（11）在盾体过站轨道上涂抹黄油，减小盾体及钢套筒底座过站时的摩阻力。

（12）拖拉后配套台车出隧道洞口时要控制好行车速度，防止后配套台车碰撞主体结构和溜车现象发生。

（八）质量控制措施

（1）轨连接处不得凹凸不平，相邻轨面高差不得大于0.5mm。

（2）加强施工技术管理，严格执行技术责任制，及时进行技术交底，严格依照方案施工。

（3）过站过程中应多次反复校核相关数据，确保数据准确，保证盾构及套筒整体、后配套台车顺利过站。

（4）严格执行工程监理制度，保证施工作业始终在质检人员的严格监督下进行。

（5）严格施工纪律，把好工序质量关，对工艺流程的每一步工作内容进行认真检查，使施工专业化。

三、应用效果分析

（一）应用效果

哈尔滨地铁2号线一期工程11号盾构机分别掘进人民广场站—中央大街站区间、中央大街站—尚志大街站区间右线任务，采用盾构机及钢套筒整体过站技术在中央大街站过站（如图2-13所示），于2018年4月8日开始过站，2018年4月21日盾构机及钢套筒到达始发井，4月23日后配套台车拖拉到位，总用时15d。12号盾构机分别掘进人民广场站～中央大街站区间、中央大街站—尚志大街站区间左线施工任务，采用盾构机及钢套筒整体过站技术在中央大街站过站，于2018年7月15日开始过站，2018年7月22日盾构机及钢套筒到达始发井，7月25日后配套台车拖拉到位，用时11d。

（二）经 济 效 益

（1）盾构机连同钢套筒整体过站避免了大型吊装设备、运输设备进场进行吊装、运输作业，节约了大量的机械设备台班费用，节约了施工成本。

（2）盾构机连同钢套筒整体过站避免了盾构机和钢套筒吊出和二次下井作业，大大节省了盾构机和钢套筒的拆卸和组装的费用，极大地节约了施工成本。

（3）盾构机连同钢套筒整体过站一般情况下10～15d可以完成，而盾构机、钢套筒拆卸，转场再下井、组装至少需要1～1.5个月时间，极大节约了施工工期与施工成本。

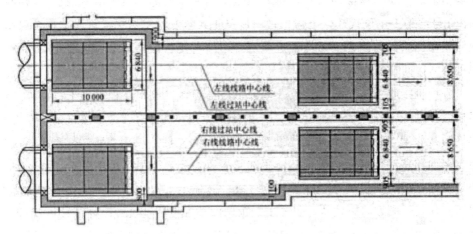

图 2-13　盾构机及钢套筒整体过站技术示例图

（三）社 会 效 益

（1）该工法施工操作简单，所有作业均在站内进行，不使用大型吊装及运输设备，不占用地面施工场地，对地面交通影响很少。

（2）无机械施工噪声和大型机械作业的施工振动，对工程本身和周边市民居住生活的干扰较小。

（3）盾构机连同钢套筒整体过站施工时间较短，能迅速达到二次始发的目的，缩短了区间施工总体工期，社会反响良好，具有良好的社会效益。

第二节　密闭车站内盾构机调头与二次始发技术

一、盾构机调头施工技术

为保证繁华地段交通顺畅，在地铁建设施工过程中有时需对部分车站盾构吊出井进行提前封闭，导致盾构机接收后无法吊出转场。本书介绍的密闭车站内盾构机调头、二次始发技术研究，为盾构机调头、二次始发施工解决技术难题，在类似工况下为盾构施工提供指导作用。

哈尔滨站站—博物馆站区间位于哈尔滨市南岗区，主要沿颐园街进行敷设。区间上部道路狭窄，两侧存在较多建筑。本区间右线起点里程为SK18+685.655，终点里程为SK19+276.950，全长为591.295m，左线起点里程为XK18+685.655，终点里程为XK19+276.950，长链长为1.928m，全长为593.223m，区间纵向呈单向坡度，最大坡度为26.07‰，隧道埋置较深，其结构顶覆土厚度为9.78～12.1m。

该段区间采用盾构法进行施工，盾构机由尚志大街站始发，右线盾构机过哈尔滨站后施工于哈博区间右线，待右线施工完成后在博物馆站站内调头。博物馆站由1号线施工单位代建，上盖松雷商厦已正式营业，车站端头吊出口提前封闭，现场无吊出条件。因此，盾构掘进至博物馆站需要在博物馆站内进行调头，最后掘进哈博区间左线，到达哈尔滨站接收吊出。

盾构机接收前需在车站接收井底板上做好场地平整和高程找平工作，再铺设钢板做好调头工作平台，平台上安装盾构接收架，当盾构机进入接收架后，将盾构机与接收架焊接形成整体，借助车站端墙作为支撑点使用2个200t千斤顶顶推接收架向前移动使螺旋输送机整体尾部脱离盾构管片范围，再使用千斤顶横向顶推始发托架使盾构机到达预定的转体位置。转体施工需分别在托架两个对角位置安装千斤顶形成方向一致的力偶，千斤顶同时顶推使盾构机顺时针偏转90°，再将盾构机向预定始发洞口顶推至合适位置，让盾构机原地再向顺时针方向偏转90°完成调头，最后微调盾构机使刀盘中心对准始发洞口中心，后配套设备等通过预留其中一跨中柱的空间进行调转，并将此空间作为出渣进料的运输通道。

二、盾构调头及二次始发施工

（一）施工工艺流程

盾构机站内调头施工工艺流程如图2-14所示。

（二）施工准备

1.盾构机接收准备

1号盾构隧道（先期贯通的隧道，下同）掘进至距接收洞门80m时，即进入盾构机接收阶段。在进入接收阶段前需做好如下准备工作：

（1）做好接收前的测量工作。①在接收前，及时对隧道轴线进行测量，确认盾构机位置，掌握洞门段线形。②加强盾构机姿态和隧道线形测量，及时对盾构机姿态进行纠偏，每环纠偏量不超过5mm，确保盾构机顺利从洞门进入车站。③在盾构机刀盘抵达洞门前20m，实测车站洞门钢环位置，并进行报验。对隧道贯通时盾构机刀盘位置进行必要调整，确保盾构机洞门贯入的净空，防止因施工误差使盾构机卡在洞门内。隧道贯通时盾构机刀盘允许偏差值：±20mm（水平）、±10mm（高程）。④盾构机必须在洞门的允许偏差范围内贯入，故需逐个对每一环管片进行仔细检查以维持所定线形，并对洞门的实际直径进行测量复核。

（2）调整盾构机姿态。①破除洞门前，严格控制盾构机姿态。盾构机允许偏差为±10mm，仰角允许偏差控制在2mm/m以内，避免出现俯角姿态。②盾构机自动导向系统所显示的盾构机位置偏差控制在±20mm以内，方向控制在3～4mm/m。③做好校接千斤顶的行程控制，避免校接千斤顶出现最大和最小的极限状态。根据实际掘进的经验总结，将上、下校接千斤顶行程控制在50～60mm，左、右较接千斤顶行程控制在50～80mm。④控制推进油缸的压力和行程差，尽量保证推进油缸的均衡推进。⑤根据推进油缸的行程差、较接油缸行程、盾尾间隙及线形特点选择合理的管片拼装点位，必要时利用拼装时微调盾尾间隙，以保持合理的盾尾间隙。

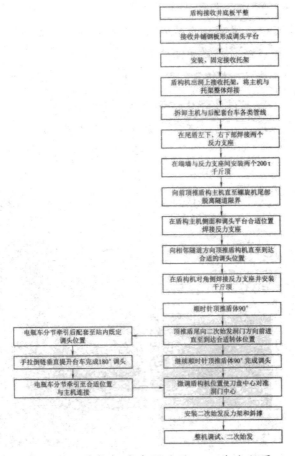

图2-14 盾构机站内调头施工工艺流程图

（3）站内结构规划和设计。①为便于盾构机后配套台车在密闭车站内完成调头，在车站主体结构设计时确定台车调头位置和范围，预留台车调头条件，规划范围内的立柱应在完成盾构机调头和二次始发后再施工。提前在站内铺设台车和牵引电瓶车运行的轨道和道岔，在台车拟调头位置的中部对应中板位置预埋吊环，安装50t手拉倒链作为提升装置。②如果设计通过检算，台车调头预留条件不许可，则可采用在盾构接收井内同盾体调头相同的方法进行。台车调头前，采用类似盾构分体始发技术，延长后配套台车与盾体之间的连接管线，盾构机先掘进60m左右，然后对台车进行逐节转体平移，并与盾体连接调试。

（4）制作、安装洞门密封装置。洞门密封帘布橡胶板、圆环板、扇形翻板按照图纸设计要求进行制作，并保证制作精度。精度，并使用方木或木板对密封装置下部提前进行保护。

（5）接收井底板清理。盾构机接收前需将接收井底板垃圾清理、污水排除。

（6）接收架安装。根据盾构机到站位置和盾体调头要求提前安装接收架。

（7）拉紧拼装环管片。在最后的10环管片，在管片拧紧及复紧的前提下，在1、4、7、10四个点位，用废弃的吊装头拧紧后，用∅32mm螺纹钢或5号槽钢纵向将吊装头焊接拉紧，管片拉紧如图2-15所示。

（8）照明设备安装。安装好接收井内的照明设备，为盾构机接收与调头使用。

（9）应急材料与工具准备。在接收井内准备砂袋、水泵、水管、方木、编织袋、风镐、水泥、水玻璃、二次注浆设备等应急材料和工具。

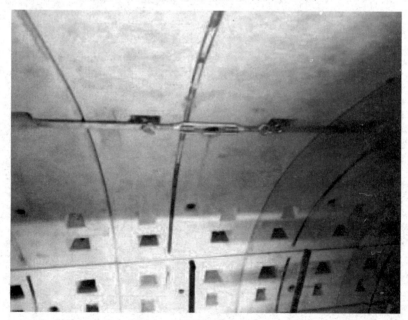

图2-15　管片拉紧示意图

（10）通信联络工具配备

准备好盾构机内与车站接收井内的通信联络工具。盾构机内与车站接收井采用对讲机联络，盾构机内与地面办公室使用内线电话联络，车站接收井与办公室采用对讲机或移动电话联络。

2.施工场地找平

由于车站接收井浇筑的平整度并不能完全达到盾构机调头施工的要求，拟采用50mm砂浆找平并铺设20mm钢板和细砂，以保证调头施工接收井平整度并有效降低调头施工中产生的摩擦力。钢板接缝处焊接完成后打磨至与钢板面平齐。钢板铺设要求如下：

（1）接收井底板填充时需要水平尺校准，严格控制填充后底板顶面的高程与坡度，保证填充底板顶面平整，钢板与钢板接缝处应平顺，钢板之间的错台可通过液压千斤顶进行调平。

（2）钢板与钢板之间紧密靠拢，钢板之间缝隙进行焊接，并打磨处理。

（3）钢板接缝焊接后，每隔4m用长200mm、直径20mm的螺纹钢筋植入底板，并与钢板接缝进行焊接固定钢板，防止盾构机在水平顶推过程中，钢板产生水平位移。

（4）废水池部位应做加强处理，可在池内回填粗砂，增大钢板的受压能力，以防盾构机通过该部位时发生沉陷及倾覆。

3.接收架安装及固定

盾构接收架按图纸进行制作和安装，制作和安装误差要符合要求。在盾构机接收架组装之前，根据接收架的高度、宽度及长度要求，结合盾构外径尺寸以及接收洞口中心、隧底高程要求。根据实际测量得到的偏差进行调整，本工法实施过程中一般需要在钢板与接收架间加设型钢支撑，保证接收架轨面高度低于设计高度20mm。接收架轴线和纵向均采用20号工字钢加固与型钢支架系统焊牢，支架与车站主体结构顶死，以避免盾构机进洞时接收托架滑移。接收基座平面图如图2-16所示、立面图如图2-17所示。

4.盾体与后配套台车分离

（1）盾构机确认停机位后收回所有推进油缸，洗净注浆管路，切断电源、关闭油路阀门，清理砂浆罐及台车油污。

（2）停机前对盾构做全面检查，并记录好需维修部位。做好连接管线的标识，要确保每根管线两端各有两个标识，管线标识应挂标识牌。

（3）皮带的拆除要兼顾下次始发时的皮带硫化，在磨损严重的接头处进行剖切，注意剖切要整齐。切断皮带后，拆除一号台车前的3节皮带机，分离台车上的皮带架，用电瓶车运至站内进行调头。

（4）在连接桥中部焊接支撑架，用油缸分别将设备桥前部、后部顶升，并在支撑架底部安装∅50mm的钢管，然后拆除连接桥。

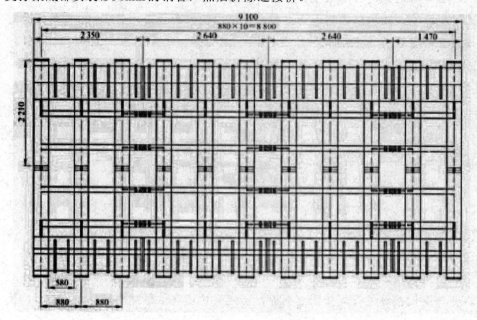

图 2-16 接受架平面图（单位：mm）

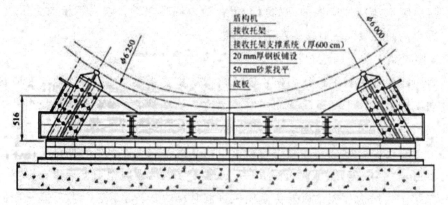

图 2-17 接收架立面图（单位：mm）

（5）拆除连接盾体和后配套的管线，并后移后配套台车至盾体与后配套完全脱离。

（6）根据盾构机构造，若为双螺旋盾构机，需要卸除二级螺旋方可满足盾体调头的净空要求，拆卸下来的二级螺旋放于平板车上拖拉至站内进行调头，单螺旋机连同盾体一起调头。

5.盾体前移及垂直顶升

（1）盾构机主机整体推到基座上，就位后，将接收架与盾构机在前中端用20mm厚钢板焊接在一起，焊条采用E506焊条，使盾构机和基座连成一个整体。

（2）在盾尾和中盾上部分用3道槽钢焊接连起来，以防在顶升过程中被动校接拉长。

（3）在盾体两侧各焊接4个支撑座，用30mm厚钢板制作，用E506焊条焊接。支座焊接位置根据盾构机主机重心位置确定，第一个支点在中盾H架靠近盾尾位置，另一个在前盾轴承位置，具体位置根据现场而定，盾构机顶升支撑剖面示意图如图2-18所示。

（4）用液压泵站将盾体顶升5～8cm后，撤除垫在底部的型钢支撑，并在底部钢板上抹上黄油，把盾构机平稳放置底部钢板上。利用端头墙作为支撑点，用2个200t千斤顶推动基座，使其纵向平移2～3m，露出螺旋输送机即可进入调头作业。

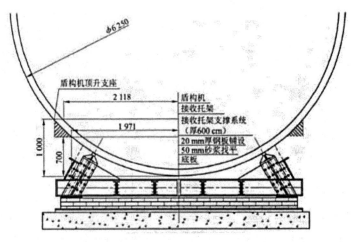

图2-18　盾构机顶升支撑刨面示意图

（三）盾构机主机调头

1.盾体向相邻线平移

盾体上接收架后需测量盾体与车站侧墙间的尺寸，空间需足够盾体平移及旋转调头。一般来说如果在盾构机上接收架后直接旋转，尾盾、螺旋输送机会与车站主体结构临近侧墙干涉，因此需要利用2个200t液压千斤顶在钢板上制作千斤顶支座将盾体向2号隧道（二次始发隧道，下同）方向适当平移。平移前必须将盾体校接部分固定成一个整体，钢板与接收架间涂抹黄油以减少滑移阻力。

2.盾体旋转

利用千斤顶的推力使基座与盾构机一起平移、旋转到预定的位置。盾构机从静止开始，向前移动的初始推力控制在1000kN以内；在随后的旋转和平移过程中，推力控制在300～500kN。在接收架旋转中心的角部上焊接钢块，用千斤顶在接收架最佳顶推位置附近顶推接收架，千斤顶分别作用于前端和后端，同步施加一对力偶，形成旋转力偶，使托架以固定转轴为旋转中心按预定旋转轨迹旋转。

盾体向2号隧道方向平移后，待确认盾体、螺旋输送机旋转半径范围内不会与另一侧主体结构侧墙干涉后，利用一个200t液压千斤顶顶住接收架右前方，另一个200t液压千斤顶顶住接收架左后方，同步顶推，使盾体旋转90°，顶推过程速度要缓慢，并随时观察盾体、螺旋输送机与车站主体结构是否靠近或发生接触，若发生此类情况应立即停止旋转，采用顶推平移方式，避开车站主体结构侧墙、立柱等。

3.盾体平移

盾体旋转完成后，将盾体向2号隧道方向平移至便于二次旋转的位置，需考虑到下一步盾体、螺旋输送机即将二次旋转的旋转半径是否与结构墙体、立柱之间产生干涉。

4.盾体二次旋转

盾体平移至指定位置后，同首次旋转的方法一样，利用液压千斤顶顶住托架前后两端，在两侧同步施加一对力偶，使盾体再继续旋转90°。

5.盾体平移至始发位置

盾体旋转90°后，因旋转半径问题，盾体并不是刚好处于始发位置。因此继续将盾体往2号隧道中心线位置平移，最终将盾体中心位置移至与2号隧道中心位置重合。

（四）后配套调头

1.后配套牵引运输

盾体与台车分解后，利用电瓶车分节牵引连接桥用两根I_{20}工字钢将桥架悬臂焊接固定在管片运输车上。因连接桥加1号台车总长已超过20m，不能满足一起调头的净空要求，拖拉至车站后，将连接桥与1号台车分离，采用设备连接桥支撑将连接桥推至调头位置进行调头。由于电瓶车牵引能力有限，因此需结合每节台车重量分批次牵引运输，项目中盾构机为铁建重工双螺旋盾构机，后配套重量及尺寸见表2-1。

表3-1 后配套尺寸及重量统计表

序号	部件名称	外形尺寸（长×宽×高，单位为mm）	重量（t）
1	连接桥	12353×4682×3348	14
2	台车1	10800×4500×4000	36
3	台车2	12600×4500×4000	42
4	台车3	10800×4500×4000	28
5	台车4	10500×4500×4000	20

序号	部件名称	外形尺寸（长×宽×高，单位为mm）	重量（t）
6	台车5	10300×4300×3400	18
7	尾架	5300×4600×4000	6
8	管片小车	5700×1500×380	3

由于连接桥无轮，只能架立在管片运输车和1号台车上，因此连接桥需与1号台车一起运输，剩余台车分节运输。后配套调头位置应选择在两侧限界充裕的车站中部，由2号隧道始发洞口距离调头位置至少要留出70m，便于各节台车调头后依次排列于盾体后。

电瓶车牵引各分解台车进入台车停留区，再拨动1号隧道与调头区岔道的转轨器，由电瓶车反向牵引台车进入调头区，即可开始调头施工。

2.后配套分节调头

电瓶车分节牵引后配套台车至预定位置后，即开始调头施工。连接桥应先与1号台车和管片运输车分离后再调头，调头后前端仍然由管片运输车支撑架支撑，尾部增加一个管片运输车支撑架支撑。

其余各节台车底部均能自主支撑，因此调头工序基本一致，以重量最重、尺寸最大的2号台车为例说明调头施工工艺。

（1）由于台车尺寸较大，因此调头区域内、轨道延伸范围内的结构立柱和上翻梁不得施工，为调头施工提供基本条件（本案例中四根立柱影响调头）。

（2）台车调头使用的垂直提升工具为50t手拉倒链，一用一备，手拉倒链的吊钩应具备360°转向功能，吊装的位置位于台车尺寸位置的正中央。

（3）采用四根等长的钢丝绳和15I卸扣分别连接台车的四个吊装孔，四根钢丝绳另一端同时穿入手拉倒链的吊钩内。

（4）提升前应检查台车内液压油是否已经排空，易滑落的物品应提前取下，提升时台车滚轮稍稍脱离轨道10cm即可。

（5）作业人员组成两个推车小组安排于台车的对角两侧，朝同一时针方向转动台车直至完成调头，旋转半径为6690mm。

（6）台车下落时安排四个作业人员密切关注滚轮与轨道的对准情况，确保四个滚轮同时坐落于轨道上。

（7）台车完成调头后由电瓶车分别牵引至2号隧道延伸轨道区域内，按照连接桥—1号台车—2号台车—3号台车—4号台车—5号台车顺序排列。

（五）电瓶车队调头

电瓶车队可行驶至原盾构始发井位置完成调头。

（1）将第一列电瓶车组开至 1 号隧道的始发车站内，第二列电瓶车组车头开至始发井中央位置，并将第二列电瓶车车头与车组分离。

（2）使用 45t 龙门吊将第二列电瓶车车头吊出始发井，放至安全位置。

（3）利用第一列电瓶车组将第二列车组拖至车站内，再将第二组电瓶车头旋转 180°后下吊至第二列车组尾部，并与管片小车连接。分离第一列与第二列电瓶车组。

（4）将第二列电瓶车组的砂浆罐车开至始发井中央，分离、吊起、旋转 180°后放至电瓶车头与管片小车之间。以此类推完成整列电瓶车组的调头。

（5）采用相同方式完成另一列电瓶车编组的调头。

（六）盾构调头的注意事项

（1）洞门混凝土凿除后，清理掉钢板上的渣土，确保盾构接收时前方没有障碍，也减小了盾体调头和平移时阻力。

（2）盾体前盾和中盾的支座一定要焊接牢固，支座底部要比油缸接触面大，支座底部保持水平。

（3）拆机前要将油管的油放尽，避免油外流影响拆机场地。

（4）利用电动液压油千斤顶将盾体顶升时，先利用前盾两侧的油缸进行顶升，中盾不动，待盾构机前盾支起后对前盾接收架下的空隙进行平垫，保持盾构机的稳定，撤除前盾两个油缸后，再利用中盾两侧油缸对盾构机进行顶升。

（5）盾构机主体在调头和顶进过程中，在托架两侧必须设专人进行观测与查看，当发现有异常情况时，立即停止液压泵站，待重新调整托架位置后继续进行调头和顶进。

（6）在千斤顶对盾构机主机的顶进过程中，要保持两台千斤顶的顶进速度均匀，速度不易过快，为保证盾构机始发架准确定位，利用千斤顶对始发架进行微调。

（7）如果千斤顶对盾构机的顶进速度较慢，可在钢板上涂上一层润滑油，减少盾构机在移动中的摩擦力。

（8）在对后配套台车进行轨道铺设时，由于工作井和站台有高差，需要利用工字钢或油桶内灌混凝土做支墩垫起搭桥进行过渡，且作为电瓶车从隧道进入车站的必经过道，所以必须对桥进行加固处理，以免长期行走引起变形造成电瓶车脱轨。

第三节　狭小空间密闭车站内盾构机解体技术

一、技术背景及分析

（一）技术背景

博物馆站—工人文化宫站区间沿国民街与中山路进行敷设，起讫里程CK19+411.484～CK20+598.223，左线采用盾构法施工，区间总长为1185.158m；右线采用盾构法+矿山法进行施工，右线盾构区间长为815.136m，矿山法区间长为361.7m；博物馆站位于哈尔滨市中心商业区，且为哈尔滨地铁1号线与2号线的换乘站，1号线博物馆站已开通运营，2号线博物馆站与松雷商厦合建，且已建成营业，导致博物馆站形成封闭空间。15号盾构左线由工人文化宫站始发，博物馆站到达接收，接收端头为既有1号线出入口，正上方附着建筑有10层砖混结构——汉庭酒店，盾构机无法吊出，盾构到达博物馆站后须解体并洞内运输至工人文化宫站吊出，重新组装二次始发右线。相较于传统弃壳方案，采用盾构洞内接收、解体技术，可达到盾壳、刀盘二次投入使用目的。

盾构机在设计制造时，将盾体和刀盘设计成装配式构造，其中刀盘由5块组成，前盾、中盾、尾盾均由4块组成，盾构分块设计参数列于表2-2中。盾体块与块之间采用高强螺栓连接，外表面进行焊接。盾构掘进到达接收井后，通过盾构井中板预留的吊装孔，在中板环框梁上方安装盾构拆解、吊运工字钢桁架式轨道梁及电动葫芦，并在车站底板上铺设临时轨道，电动葫芦逐块拆解部件，将拆解的部件运送上临时轨道，通过卷扬机牵引至指定位置存放。拆解时，先将刀盘推进到指定位置，拆除螺旋输送机置于平板车上，用电瓶车牵引平板车将其运送至洞外；用电动葫芦吊住待拆解的刀盘块件，并用氧气、乙炔进行切割，先拆上周边块，后拆中间块，再拆下周边块；刀盘拆解完成后，利用盾构顶推油缸顶推前盾至指定位置，拼装一环管片，拆除主驱动电机及减速机，将前盾与中盾分离，用氧气、乙炔切割原设计的焊缝，松开高强螺栓，依次拆除前盾4块；利用顶推油缸继续将中盾往前顶推至指定位置，拼装最后一环管片，并注浆封堵洞口，将中盾与尾盾分离，用氧焊切割原设计的焊缝，松开高强螺栓，依次拆除中盾4块；最后在尾盾内侧壁上焊接固定千斤顶，利用千斤顶将盾尾全部顶推出隧道，用氧气、乙炔切割原设计的焊缝，直至拆解完毕，用电瓶车将拆解下来的部件吊上平板车，逐块拖拉至始发井，并吊出洞外。拆解后配套设备时，首先断开后配套每节拖车之间的管线，然后利用电瓶车沿贯通区间拖运至盾构始发井并吊出洞外，最后施作隧道洞门环梁。

（二）技术参数

表 2-2　盾构分块设计参数表

名称	重量（t）	尺寸（长×宽×高，单位为mm）	备注
刀盘	40	φ260×1790	
边块1	6.5	4400×1750×1200	
边块2	6.5	4400×1750×1200	
边块3	6.5	4400×1750×1200	
边块4	6.5	4400×1750×1200	
中间块	14	φ3800×1800	
前盾	50	φ6250×2100	不含主驱动
分块1	13.5	4800×2100×2100	
分块2	11.5	4030×1900×2100	
分块3	13.5	4800×2100×2100	
分块4	11.5	4030×1900×2100	
中盾	95	φ240×2850	
分块1	13.5	2390×1020×2580	
分块2	28	5010×2070×2580	
分块3	25.5	4600×1820×2580	
分块4	28	5010×2070×2580	
尾盾	31	φ6230×3380	
分块1	6	3410×600×3380	
分块2	8	4500×960×3380	
分块3	9	5100×1320×3380	
分块4	8	4500×960×3380	
主驱动	25	φ3230×985	拆除减速机及电机
人舱	6	1800×2600×1600	
管片拼装机	13	φ3980×2300	
拼装机托梁	8	5810×2600×2150	

（三）刀盘应力分析

1.刀盘荷载及材料参数

基于地质资料进行了针对性设计的刀盘，开挖直径为6260mm，刀盘大圆环外径为6210mm。刀盘钢结构采用的材料为Q345C，根据《低合金高强度结构钢》（GB/T1591-2018），材料的屈服极限为：

$\delta_8 \geqslant$ 345MPa（钢板厚度 $t \leqslant 16mm$）

$\delta_8 \geqslant$ 335MPa（钢板厚度 $16 < t \leqslant 40mm$）

$\delta_8 \geqslant$ 325MPa（钢板厚度 $40 < t \leqslant 63mm$）

$\delta_8 \geqslant$ 315MPa（钢板厚度 $63 < t \leqslant 80mm$）

$\delta_8 \geqslant$ 305MPa（钢板厚度 $80 < t \leqslant 100mm$）

根据《钢结构设计规范》（GB/T50017—2017），对于按承载能力极限状态计算的钢结构，可变荷载的安全系数 $\gamma = 0.9 \times 1.4 = 1.26$。

钢结构的结构重要性系数 $\gamma_0 = 0.95$。

因此，对于不同厚度的钢板，其屈服强度许用应力值为：

$\delta_8 \geqslant$ 288MPa（钢板厚度 $t \leqslant 16mm$）

$\delta_8 \geqslant$ 279MPa（钢板厚度 $16 < t \leqslant 40mm$）

$\delta_8 \geqslant$ 271MPa（钢板厚度 $40 < t \leqslant 63mm$）

$\delta_8 \geqslant$ 2263MPa（钢板厚度 $63 < t \leqslant 80mm$）

$\delta_8 \geqslant$ 254MPa（钢板厚度 $80 < t \leqslant 100mm$）

刀盘的三维有限元网格模型如图2-19所示。

图2-19　刀盘的三维有限元网格模型

2.刀盘载荷施加

刀盘推力 T=39914kN，刀盘扭矩 M=8760kN·m。刀盘上推力施加于面板及辐条上，同时刀盘外圈施加扭矩，法兰上施加约束。

3.刀盘应力计算结果

计算得到的Mises应力分布如图2-20所示。计算得到刀盘变形如图2-21所示。

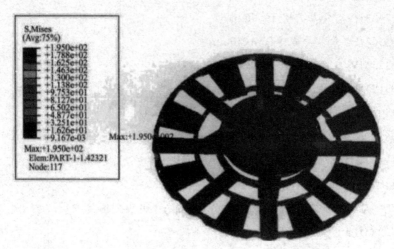

图2-20　刀盘Mises应力分布（单位：MPa）

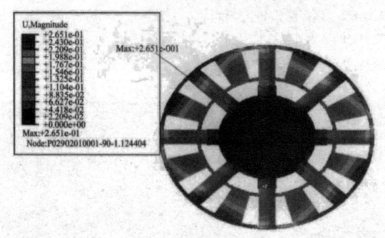

图2-21　刀盘总变形场（单位：mm）

从上面分析结果得出刀盘最大应力为195MPa，位置是弧形筋板与辐条焊接处。其屈服强度许用应力$\delta_8 \geq 254MPa$，大于195MPa，刀盘结构强度满足设计要求。

二、拆机架设计及其内力分析

在拆解盾构机时，需在车站接收井吊装孔中板上假设安装拆机架，为保证安全，须对架进行强度和刚度验算。根据工况，利用Patran/Naslran对两种拆机架在3种工况下进行了有效元分析。

（一）计算荷载条件

葫芦最大承载力20t，吊梁材料为145b型工字钢。拆机架材料特性参数取值为：弹性模量E=200GPa，泊松比μ=0.3，密度p=7800kg/m³。

（二）内力分析

架1的三维数值模型如图2-22所示。

图2-22　架1的三维数值模型及约束

架1的有限元网格如图2-23所示，计算单元采用Tet4单元，节点数为1681362，单元数为6936258。

图2-23　架1的有限元网格

1.边缘加载条件验算

边缘加载时荷载如图2-24所示。

图2-24 架1边缘加载时载荷示意图

计算得到的Mises应力场及竖向位移场如图2-25和图2-26所示。

图2-25表明，拆机架支腿位置有4处应力集中区域，最大应力为297MPa，可以忽略，其中超过应力170MPa的区域仅为支腿最大值附近。图2-26表明，最大位移为5.81mm，最大位移出现于加载梁中间位置。基于计算结果，当架1边缘加载时，Q235工字钢许用应力175MPa大于170MPa，选用145b型工字钢满足要求。

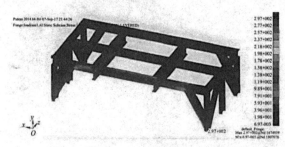

图2-25 架1边缘加载时的Mises应力场（单位：Mpa）

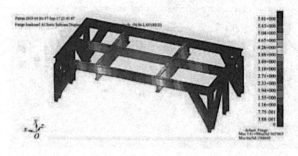

图2-26 架1边缘加载时的位移场（单位：mm）

2.中部加载条件验算

边缘加载荷载如图3-27所示。计算得到的Mises应力场及竖向位移场如图2-28和图2-29所示。

图 2-29　架 1 中部加载时载荷示意图

图 2-30 表明，拆机架支腿位置有 4 处应力集中区域，最大应力为 182MPa，可以忽略。其中超过应力 60MPa 的区域仅为支腿斜支撑附近。图 2-31 表明，最大位移为 3.82mm，最大位移出现在中间一跨梁的中间位置。

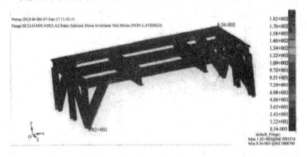

图 2-30　架 1 中部加载时 Mises 应力场（单位：MPa）

图 2-31　架 1 中部加载时位移场（单位：mm）

分析结果表明，当架 1 中部加载时，Q235 工字钢许用应力 175MPa>60MPa，选用 145b 型工字钢满足要求。

（三）架 2 承载力及变形验算

架 2 在接收端的布置如图 2-32（a）（b）（c）所示。

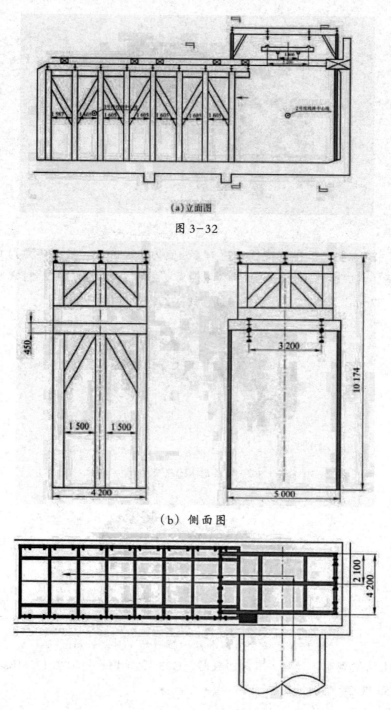

(a) 立面图

图 3-32

(b) 侧面图

(c) 平面图

图 2-32　架 2 在接收端的布置（单位：mm）

架 2 的三维数值模型如图 2-33 所示。

图 2-33　架 2 的三维数值模型及约束

架 2 的有限元网格如图 2-34 所示，计算单元采用 Tet10 单元，节点数为 7318152，单元数为 3866491。

图 2-34　架 2 的有限元网格

架 2 加载图如图 2-35 所示。

图 2-35　架 2 加载时载荷示意图

计算得到的Mises应力场及竖向位移场如图2-36和图2-37所示。

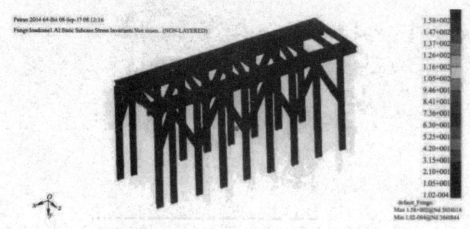

图2-36 架2的Mises应力场（单位：MPa）

图2-37表明，计算得到最大应力为158MPa，其中最大应力位置为拆机架葫芦施加工字梁根部处。图3-37表明，最大位移为4.37mm，最大位移出现在第一跨横梁的中间。计算结果表明，Q235工字钢许用应力175MPa>158MPa，选用145b型工字钢满足要求。

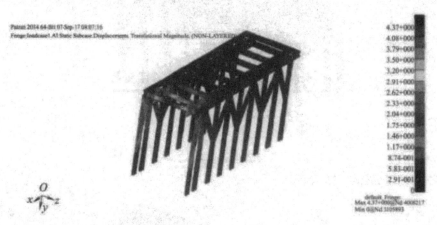

图2-37 架2的位移场（单位：mm）

三、狭小空间密闭车站内盾构机解体技术

（一）盾构机狭小空间解体施工工艺流程

盾构机狭小空间解体施工工艺流程如图2-38所示。

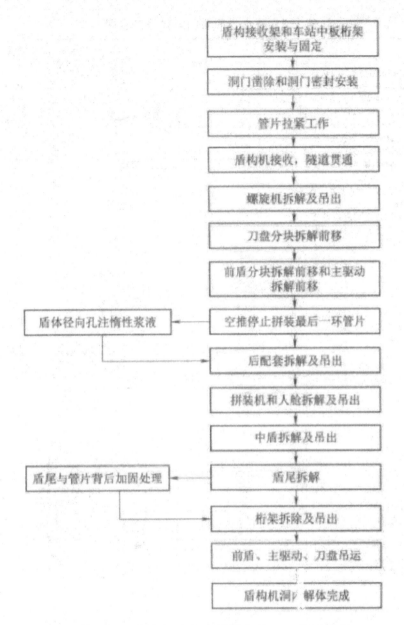

图 2-38　盾构机狭小空间解体施工工艺流程图

（二）狭小空间盾构解体施工步骤

狭小空间盾构解体施工步骤列于表 2-3 中。

表 2-3　狭小空间盾构解体施工步骤

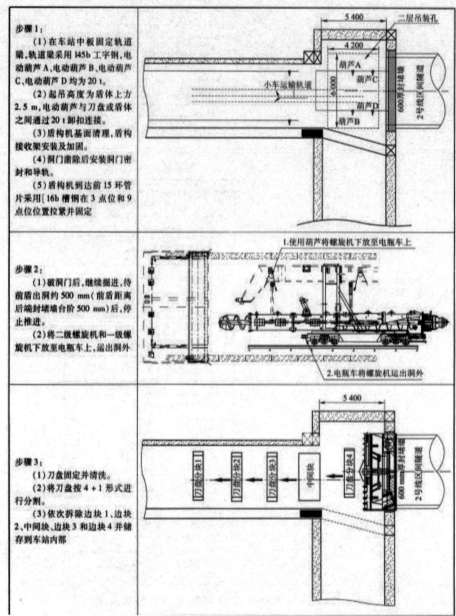

步骤 1：

（1）在车站中板固定轨道梁，轨道梁采用 I45b 工字钢，电动葫芦 A、电动葫芦 B、电动葫芦 C、电动葫芦 D 均为 20 t。

（2）起吊高度为盾体上方 2.5 m，电动葫芦与刀盘或盾体之间通过 20 t 卸扣连接。

（3）盾构机基面清理，盾构接收架安装及加固。

（4）洞门凿除后安装洞门密封和导轨。

（5）盾构机到达前 15 环管片采用[16b 槽钢在 3 点位和 9 点位位置拉紧并固定

步骤 2：

（1）破洞门后，继续掘进，待前盾出洞约 500 mm（前盾距离后端封墙台阶 500 mm）后，停止推进。

（2）将二级螺旋机和一级螺旋机下放至电瓶车上，运出洞外

步骤 3：

（1）刀盘固定并清洗。

（2）将刀盘按 4+1 形式进行分割。

（3）依次拆除边块 1、边块 2、中间块、边块 3 和边块 4 并储存到车站内部

步骤4： （1）拆除部分轨道，通过推进油缸往前空推1环，即中盾距离后端封堵墙100 mm，空推一环拼装一环管片，同时进行同步注浆作业。 （2）拆除主驱动电机、减速机并运送到洞外妥善存放。 （3）盾体前盾与中盾分离。 （4）依次拆除前盾边块1、边块2、边块4和边块3并储存列车站内部。	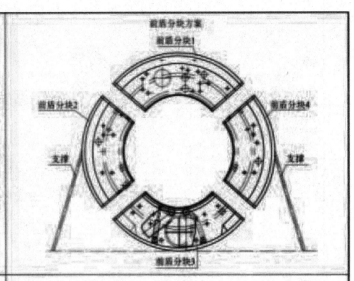
步骤5： 拆除连接桥及1~6号拖车顶部的皮带输送机、通风管、风机、风简起吊架，用电瓶车牵引平板车将连接桥及1~6号后配套台车逐节驳运至始发井，并吊出至隧道外。	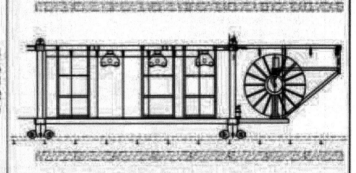
步骤6： （1）管片拼装机在拆机前顶旋转180°，使其抓取头在12点位置处，并将其固定；拆除工作平台、管路支架以及拼装机大吊耳；安装拆机支架并拆除管片拼装机；拼装机放置在平板车上运出洞外。 （2）将人舱起吊通过手拉葫芦起吊放置在平板车上运出洞外。	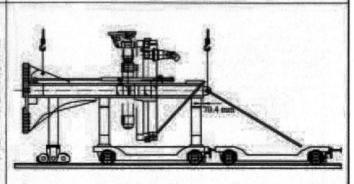

	中盾分块方案
步骤7： 　　将电瓶车轨道铺至中盾前端，拆解中盾前需要做个中盾上边块(中盾分块1)的钢支撑，将中盾上边块与左右相邻边块间螺栓拆除，拆运上边块，拆除上边块前需在中盾分块2,4外侧增加支撑，然后依次拆除其他中盾分块并放置在平板车上，用电瓶车牵引平板车运出洞外	
步骤8： 　　刀盘、主驱动、前盾分块通过卷扬机移至临时铺设的轨道上存放，待中盾拆解完成后，通过葫芦转运至电瓶车牵引的平板车上运输出洞外	
步骤9： 　　中盾拆解完成后，盾尾尚留1 480 mm在隧道内，在尾盾内侧壁上焊接固定千斤顶，利用千斤顶将盾尾全部顶推出隧道，用氧焊切割原设计的焊缝，直至拆解完毕，用电瓶车将拆解下来的部件吊上平板车，逐块拖拉至始发井，并吊出洞外	

（三）狭小空间盾构解体施工准备

（1）对盾构解体工装（桁架）进行有限元受力验算和对车站接收井中板进行受力验算及盾构尺寸进行复核。

（2）对现场管理人员与施工作业人员进行安全技术交底，同时对每道施工工序及操作要点进行安全培训，明确各工序的控制要点和注意事项。

（3）对中板上所安装的固定轨道梁使用探伤仪进行探伤试验。

（4）盾构接收井清理后安装接收架，打设水平探孔后凿除洞门最后安装门密封和铺设临时轨道。

（5）盾构机到达前15环管片采用16b槽钢在3点位和9点位位置拉紧并固定。

（6）做好地表管线和临近建筑物加密监测监测点的埋设并采集原始数据。

（7）隧道内和接收井内储备足够的应急物资和相应的小型机具。

（8）检查各种吊具、钢丝绳、导链的安全安全性能。

（四）双螺旋输送机拆解

（1）破洞门后，继续掘进，待前盾出洞约500mm（前盾距离后端封堵墙台阶500mm）后，停止推进，盾构出洞位置如图2-39所示。

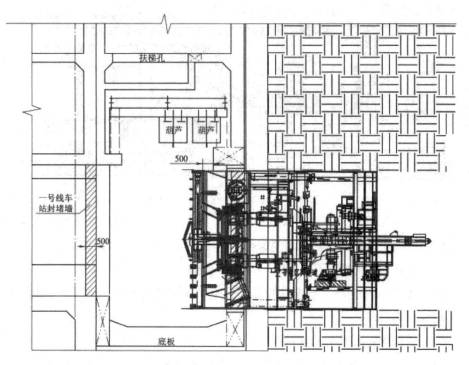

图2-39　盾构出洞位置示意图（单位：mm）

（2）使用葫芦将二级螺旋机固定。

（3）拆除连接桥上皮带机架子，拆除二级螺旋机上锁具螺旋扣及一级螺旋之间的连接螺栓，双螺旋示意图如图2-40所示。

3.拆除锁具螺旋扣2.拆除连接桥皮带机

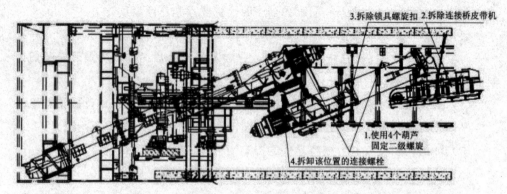

图 2-40 双螺旋输送机示意图

（4）将二级螺旋机下放至电瓶车上，运出洞外，双螺旋机拆卸示意图如图2-41所示。

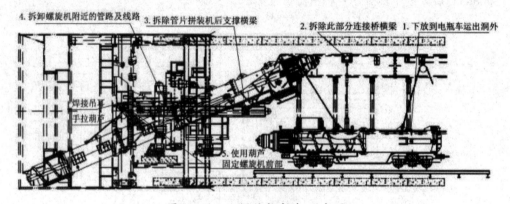

图 2-41 双螺旋机拆卸示意图

（5）拆除连接桥上干涉横梁，拆除拼装机支撑横梁，拆除螺旋输送机驱动液压管路、泡沫膨润土管路，拆卸螺旋输送机附近的干涉管路及线路。

（6）在H架上焊接吊耳，固定一级螺旋机前端。

（7）新制拆机门架，并将拆机门架下部焊接至电瓶车上，将门架上部通过葫芦固定螺旋机后部。

（8）拆卸固定装置上的连接销轴。

（9）通过电瓶车及葫芦的配合，缓慢抽出螺旋机，可通过拼装机进行辅助吊运。

（10）将一级螺旋机下放至电瓶车上，运出洞外，一级螺旋拆卸示意图如图2-42所示。

（五）刀盘分块拆解

破洞门后，盾构机到达接收井，由于刀盘拆解后需要原地返回，为了便于刀盘拆解和运输，刀盘设计为"4+1"分块形式，刀盘分块如图2-43所示。

刀盘具体拆解流程如图2-44所示。

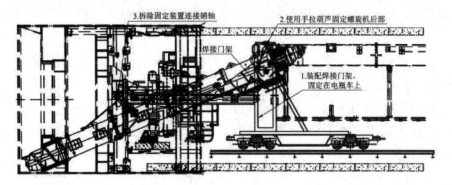

图2-42 一级螺旋拆卸示意图

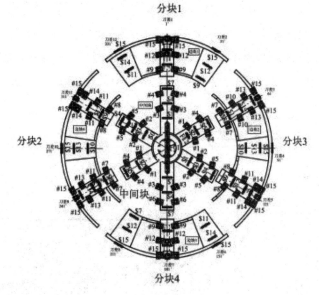

图3-43 刀盘分块图

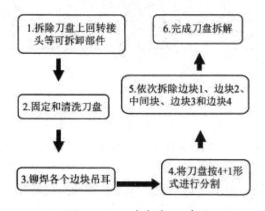

图2-44 刀盘拆解顺序图

刀盘拆解具体步骤如下：

（1）拆解刀盘之前，用专用工具拆除刀盘上回转接头及相关管路等需要拆卸的零部件，拆除之后对裸露管路以及接触面进行保护。泡沫喷嘴、磨损检测器、超挖油缸等零部件可不拆除，需做保护。

（2）拆解刀盘之前需将前移轨道延伸至刀盘前端，在轨道上铺设放置台（型钢拼焊而成）。

（3）刀盘旋转至分块1与分块4，分块2与分块3对称位置，用槽钢或工字钢固定刀盘，固定位置在分块2和分块3上，用高压清洗机清洗刀盘，除去刀盘表面岩渣等残留物。

（4）刨除各个分块刀盘吊装吊耳位置耐磨板，接焊各个分块以及中间块的吊装吊耳，吊耳焊后需要保温，缓慢冷却12h，才能起吊。

（5）用电动葫芦A和电动葫芦B同时吊住分块1。然后用气刨按边块1分块线分割出分块1，刨除过程中严格控制分块1的吊装位置，禁止分块1在刨除过程中晃动。分块1刨除之后，用电动葫芦A和电动葫芦B吊运分块1至放置台上，接着用夹轨器将放置台拉至车站前端暂存，完成分块1的拆解。刀盘分块拆解示意图如图2-45所示。

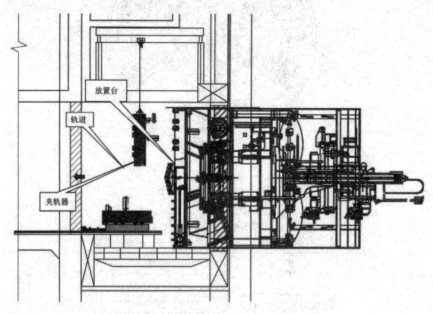

图3-45　刀盘分块拆解示意图

（6）按步骤（5）的内容，拆解刀盘分块2。

（7）用电动葫芦A和电动葫芦B同时吊住中间块，接着用液压扳手拆除主驱动与刀盘的连接螺栓，拆除过程中，严格控制中间块的吊装稳定性，禁止中间块晃动。螺栓拆除之后，用气刨按中间块分块线分割出中间块，接着用电动葫芦A和电动葫芦B吊下中间块，然后用电动葫芦E和电动葫芦F前移至车站前端暂存，完成中间块的拆解。

（8）按步骤（5）的内容，依次拆解分块3和分块4，刀盘拆解完成。

（9）整理现场工具和材料，完成刀盘拆除工作，继续进行下一部件的拆解。

（六）前盾分块拆解和主驱动拆解

（1）拆除部分轨道，通过推进油缸往前空推1环，即中盾距离后端封堵墙100mm，空推一环拼装一环管片，同时进行同步注浆作业，前盾推出位置示意图如图2-46所示。

（2）将主驱动齿轮油、减速机齿轮油、减速机冷却水、电机冷却水排放干净。

（3）拆除主驱动电缆、油脂润滑管路、冷却水管路等各连接管线。

（4）依次拆除主驱动电机、减速机并运送到车站前端妥善存放；在拆除电机、减速机的时候注意各连接端口清洁，并用盖板封好，防止杂物进入。

（5）拆解人舱与前盾连接螺栓，并将人舱固定在中盾上。

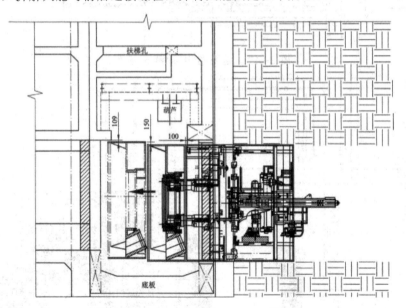

图2-46　前盾推出位置示意图（单位：mm）

（6）拆解前盾与中盾连接螺栓，并使用4个100t千斤顶使前中盾分离。

（7）使用电动葫芦A和B拆除前盾分块1并向掘进方向移动，拆解前盾分块1前需在前盾分块2、3外侧增加支撑，用电动葫芦A和电动葫芦B吊运前盾分块1至放置台上，接着用夹轨器将放置台拉至车站前端暂存，完成前盾分块1的拆解，前盾分块拆解示意图如图2-47（一）所示。

（8）同一方法使用电动葫芦拆解前盾分块2、前盾分块4并进行平移。

（9）使用电动葫芦A和B拆解主驱动和前盾分块3并进行平移，前盾分块拆解示意图如图2-48（二）所示。拆解后如图2-49所示。

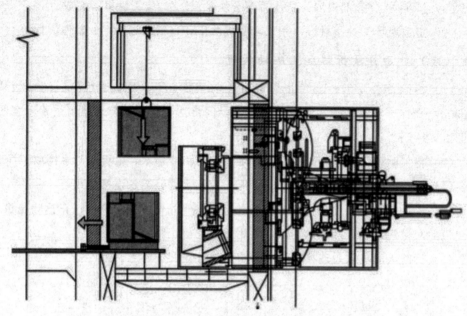

图 2-47　前盾分块拆解示意图

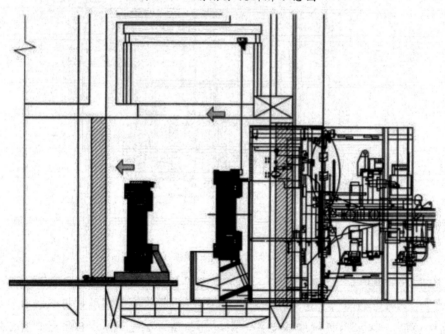

（a）前盾分块 3 方案

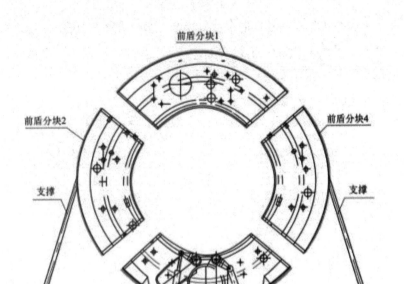

（b）前盾分块拆解截面示意图

图 2-48　前盾分块拆解示意图（二）

图 2-49　前盾分块拆解实物

（七）空推停止

通过推进油缸往前空推 2 环，即中盾距离后端封堵墙 3000mm，此时为盾构机最终停止推进状态，空推一环拼装一环管片，同时进行同步注浆作业。中盾推出位置示意图如图 2-50 所示。

（八）后配套拆解

（1）拆除连接桥及 1～6 号拖车顶部的皮带输送机、通风管、风机、风筒起吊架并通过电瓶车驮运至始发井吊出洞外。

（2）拆除连接桥及 1～6 号拖车拉杆、连接销，拆除各拖车之间水、气、液压等管路，并对接头做好保护措施。

（3）电瓶车将平板车送至6号拖车框架中间位置，用4个20t千斤顶将拖车顶起，将H型钢放到平板车合适位置上，缓缓卸下千斤顶，将拖车平稳地降置于平板车上，电瓶车牵引平板车驮运6号拖车至始发井并吊出洞外，后配套拖车拆解示意图如图2-51所示。

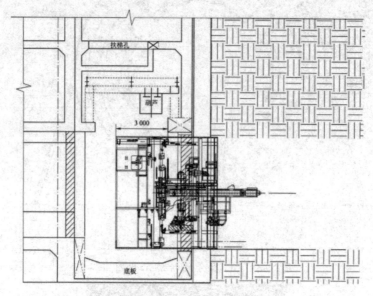

图 2-50　中盾推出位置示意图（单位：mm）

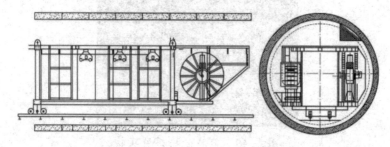

图 2-51　后配套拖车拆解示意图

（4）按照上述方法依次将5号拖车、4号拖车、3号拖车、2号拖车、1号拖车拖运至隧道外。可根据电瓶车编组、运载能力及各后配套拖车重量，合理安排每次运输拖车的数量。

（5）拆除连接桥和主机之间的所有管线固定，拆下连接桥与拼装机连接的拖拉油缸销轴。

（6）安装连接桥固定工艺装备。

（九）管片拼装机和人舱拆解

1.管片拼装机拆解

（1）管片拼装机在拆机前须旋转180°，使其抓取头在12点位置处，并将其固定，如图2-52所示。

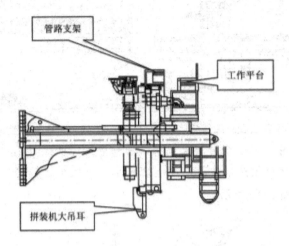

图2-52 管片拼装机拆解示意图一

（2）拆除工作平台、管路支架（包括内部拖链油管等）以及拼装机大吊耳，如图2-53所示。

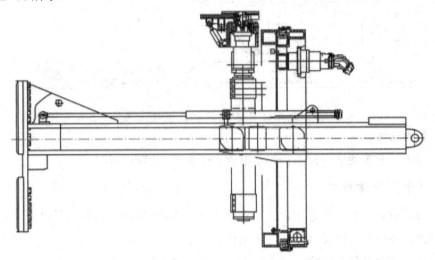

图2-53 管片拼装机拆解示意图二

（3）安装拆机支架并拆除管片拼装机，如图2-54所示。

注意事项：

①管片拼装机总重为24t，吊装过程中确保安全。②拆除前须将轨道铺设至所需位置。③拆除前须将管片机拆机支架安装好，并将拼装机固定牢固。④拆除前须在管片上悬挂手拉葫芦对管片机进行预拉紧，以方便拆除螺栓。

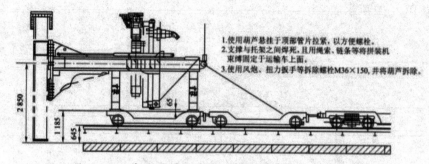

1. 使用葫芦悬挂于顶部管片拉紧,以方便螺栓机。
2. 支撑与托架之间焊死,且用绳索、链条等将拼装机束缚固定于运输车上面。
3. 使用风炮、扭力扳手等拆除螺栓M36×150,并将葫芦拆除。

图 2-54　管片拼装机拆解示意图三(单位:mm)

（4）拆除螺栓及预拉紧葫芦,用电瓶车牵引平板车运输管片拼装机至始发井并吊出洞外,如图2-55所示。

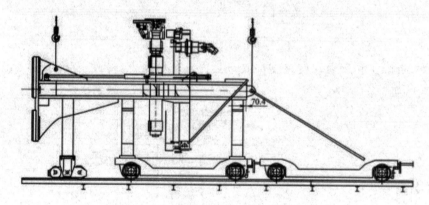

图 2-55　管片拼装机拆解示意图四(单位:mm)

2.人舱拆解

将人舱起吊通过手拉葫芦起吊放置在平板车上运出洞外。

（十）中盾拆解

（1）拆除中盾内楼梯平台(需在中盾内增加临时吊点),拆除平台时注意保护平台上的各电气液压元器件,以防损伤。

（2）拆除H架并运输,拆除时需在H架上增加吊耳。

（3）将轨道铺至中盾前端,拆解中盾前需要做个中盾上边块(中盾分块1)的钢支撑,将中盾上分块与左右相邻分块间螺栓拆除,拆运上分块。拆除上分块前需在中盾分块2、4外侧增加支撑,然后依次拆除2、4、3号等其他中盾分块,并用电瓶车牵引平板车拖拉至始发井吊出洞外。中盾分块示意图如图2-56所示。

（十一）前盾、主驱动及刀盘吊运

（1）将前盾分块通过夹轨器移至吊装井口,通过葫芦转运至平板车上,电瓶车牵引平板车逐块驳运至始发井,并吊出洞外。前盾分块吊上平板车示意图如图2-57所示。

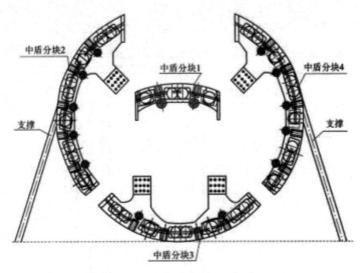

图 2-56　中盾分块示意图

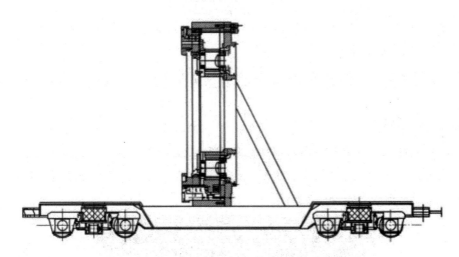

图 2-57　前盾分块吊上平板车示意图

（2）同样方法将主驱动吊上平板车，并用工字钢支撑稳固牢靠，电瓶车牵引平板车逐块驮运至始发井，并吊出洞外。主驱动支撑稳固示意图如图 2-58 所示。

（3）同样方法将刀盘分块吊上平板车，电瓶车牵引平板车逐块驮运至始发井，并吊出洞外。

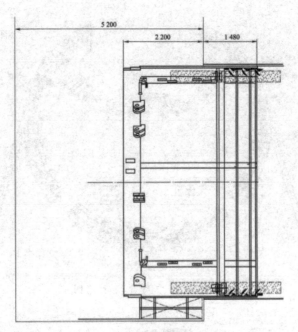

图 2-58　主驱动支撑稳固示意图

（十二）盾尾拆解

中盾拆解完成后，盾尾尚留 1480mm 在隧道内，在盾尾顶部外侧焊接千斤顶支座，并安装 1 台 250t 千斤顶，在尾盾内侧壁上安装 1 台 360t 千斤顶，利用千斤顶脱困的方法同步顶推盾尾，直至将盾尾全部顶推出隧道，一边顶一边注浆，及时回填建筑空隙。盾尾全部脱出后，用氧焊切割原设计的焊缝，直至拆解完毕，用电瓶车将拆解下来的部件吊上平板车，逐块拖拉至始发井，并吊出洞外。盾尾脱出前位置示意图如图 2-59 所示。

图 2-59　盾尾顶推脱出

第四节　暗挖车站内盾构机侧向平移吊出技术

一、技术背景与原理

（一）技术背景

在繁华的城市中修建地铁，其施工条件受环境影响越来越大，盾构施工方法因其高效快速、经济、安全的特点，广泛应用于区间隧道施工。但盾构机始发与接收场地必须能够满足盾构机下井和吊出条件。因受城区场地条件如车站周边环境及地下管线影响，有时难以设计为明挖车站，影响盾构机吊出。依托哈尔滨地铁2号线省政府暗挖车站项目，开展暗挖车站内盾构机横移吊出技术研究。

省政府站设计为暗挖双层岛式车站，采用暗挖洞桩法施工，车站西北侧接工人文化宫站—省政府站区间；车站东南侧接省政府站～衡山路站区间，相邻两区间原设计均采用矿山法施工。通过研究盾构侧向横移吊出技术解决了盾构无垂直吊出条件的施工难题，将相邻两端区间的施工工法改为盾构法施工，大大提高了地铁区间机械化施工程度。

（二）技术原理

在暗挖车站外挂风道底板工作面上事先整体铺设钢板，在钢板上安装接收托架，盾构机上接收托架后将盾体与托架进行焊接牢固，使托架与盾体形成一个整体。接收托架采用分节设计，托架分节长度与刀盘和前盾、中盾、盾尾长度基本一致，以便于分节转体、横移。在钢板上焊接千斤顶反力支座，利用两台液压千斤顶顶推托架侧向平移，到达指定位置后，再利用两台千斤顶分别在两侧端头施加一对力偶同步顶推托架旋转90°，然后再将两台千斤顶移至同侧，同步顶推托架使分节盾体进入风道竖井内，最后利用大吨位吊车将盾体逐节吊出暗挖车站。

二、暗挖车站内盾构机横移吊出工艺

（一）暗挖车站内盾构机横移吊出工艺流程

盾构机侧向平移吊出施工工艺流程如图2-60所示。

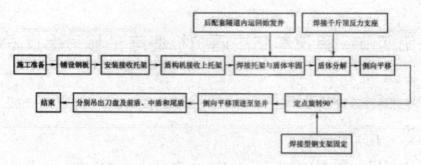

图 2-60　盾构机侧向平移吊出施工工艺流程图

（二）盾构机侧向平移吊装施工步骤

盾构机侧向平移吊装施工步骤图解于表 2-4 中。

表 2-4　盾构机侧向平移吊装施工步骤（单位：mm）

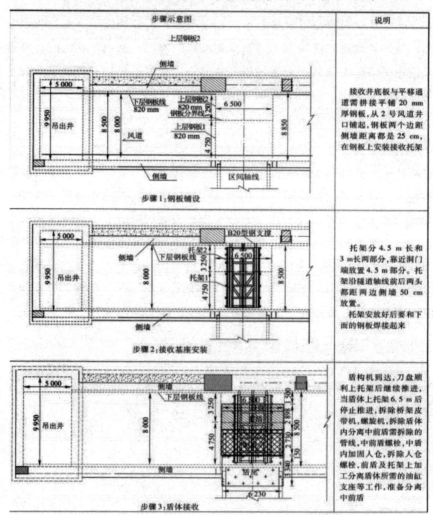

步骤示意图	说明
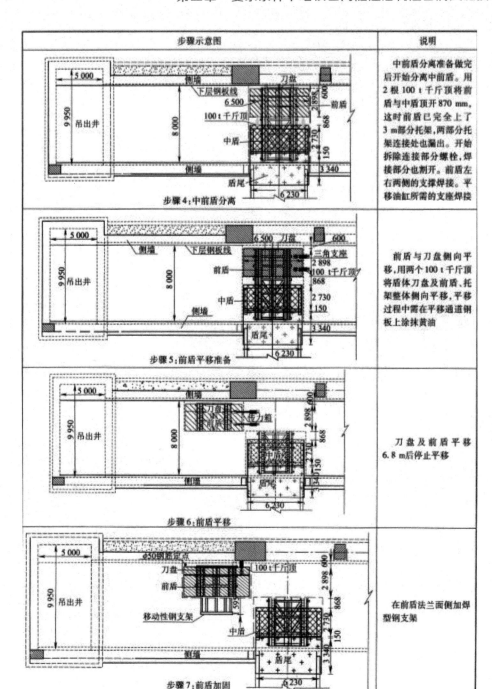	中前盾分离准备做完后开始分离中前盾。用2根100 t千斤顶将前盾与中盾顶开870 mm，这时前盾已完全上了3 m部分托架，两部分托架连接处也漏出。开始拆除连接部分螺栓，焊接部分也割开。前盾左右两侧的支撑焊接。平移油缸所需的支座焊接
	前盾与刀盘侧向平移，用两个100 t千斤顶将盾体刀盘及前盾、托架整体侧向平移，平移过程中需在平移通道钢板上涂抹黄油
	刀盘及前盾平移6.8 m后停止平移
	在前盾法兰面侧加焊型钢支架

步骤示意图	说明

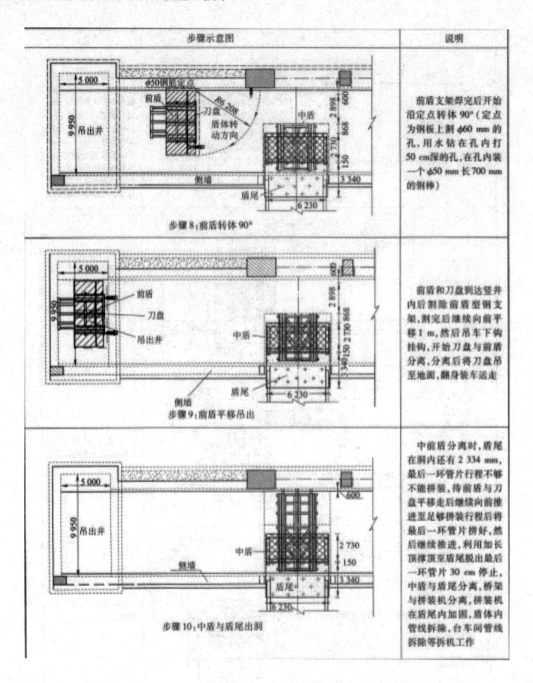

步骤8：前盾转体90°

前盾支架焊完后开始沿定点转体90°（定点为钢板上割 φ60 mm的孔，用水钻在孔内打50 cm深的孔，在孔内装一个 φ50 mm长700 mm的钢棒）

步骤9：前盾平移吊出

前盾和刀盘到达竖井内后割除前盾型钢支架，割完后继续向前平移1 m，然后吊车下钩挂钩，开始刀盘与前盾分离，分离后将刀盘吊至地面，翻身装车运走

步骤10：中盾与盾尾出洞

中前盾分离时，盾尾在洞内还有2 334 mm，最后一环管片行程不够不能拼装，待前盾与刀盘平移走后继续向前推进至足够拼装行程后将最后一环管片拼好，然后继续推进，利用加长顶撑顶至盾尾脱出最后一环管片30 cm停止，中盾与盾尾分离，桥架与拼装机分离，拼装机在盾尾内加固，盾体内管线拆除，台车间管线拆除等拆机工作

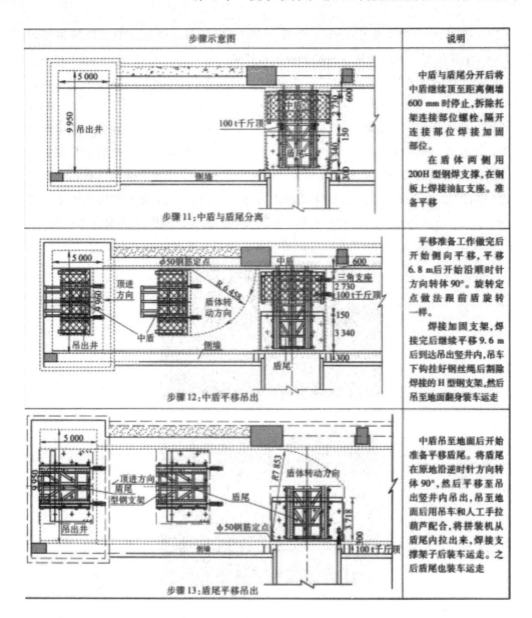

步骤示意图	说明
步骤11：中盾与盾尾分离	中盾与盾尾分开后将中盾继续顶至距离侧墙600 mm时停止，拆除托架连接部位螺栓，隔开连接部位焊接加固部位。 　　在盾体两侧用200H型钢焊支撑，在钢板上焊接油缸支座，准备平移。
步骤12：中盾平移吊出	平移准备工作做完后开始侧向平移，平移6.8 m后开始沿顺时针方向转体90°。旋转定点做法跟前盾旋转一样。 　　焊接加固支架，焊接完后继续平移9.6 m后到达吊出竖井内，吊车下钩挂好钢丝绳后割除焊接的H型钢支架，然后吊至地面翻身装车运走。
步骤13：盾尾平移吊出	中盾吊至地面后开始准备平移盾尾。将盾尾在原地沿逆时针方向转体90°，然后平移至吊出竖井内吊出，吊至地面后用吊车和人工手拉葫芦配合，将拼装机从盾尾内拉出来，焊接支撑架子后装车运走。之后盾尾也装车运走。

三、暗挖车站内盾构机横移吊出技术

（一）施工准备

（1）施工人员进入地铁暗挖车站风道施工场地后，及时对盾构机接收、平移场地进行平整，并清理障碍物，合理规划材料堆放场地。

（2）钢板铺设：施工人员进场后，对盾构井基面进行清理。风道底板与平移通道需拼接平铺20mm厚钢板8m×28m，如图3-61所示。从风道井口铺起，钢板距两边侧墙距离均为250mm，托架下面需铺两块20mm厚钢板（4.75m×3.25m，

3.25m×3.25m），分别对应 4.5m 托架部分和 3m 托架部分铺好，前后两侧距侧墙 250mmo 铺托架钢板前需要在两层钢板间抹黄油。

（3）接收基座的安装：接收基座分 4.5m 长和 3m 长两部分，靠近洞门端放置 4.5m 部分，如图 2-62 所示。接收基座沿隧道轴线前后两头都距两边侧墙 500mm 放置。接收基座的中心轴线应与隧道设计轴线一致，同时还需兼顾盾构机出洞姿态。接收基座的轨面高程除适应于线路情况外，作适当调整，以便盾构机顺利上基座。为保证盾构刀盘贯通后拼装管片有足够的反力，将接收基座以盾构进洞方向+3‰的坡度进行安装。对接收基座进行加固，在接收井铺设钢板与接收架焊接，并利用膨胀螺栓、工字钢等材料将接收基座支撑在接收井的混凝土结构上，尤其要加强纵向加固，保证盾构机能顺利到达接收基座上。

图 2-61　钢板铺设

图 2-62　接收托架分节

（二）盾构机接收

盾构机上接收基座直到接收至 6.5m 后停止推进，然后拆除连接桥、皮带机、螺旋输送机、中盾与前盾连接的线路、中盾与前盾连接的螺栓，中盾内加固人舱，拆除人舱螺栓，前盾及接收基座上加工分离盾体所需的油缸支座等工作，准备分离中盾和前盾。盾构机接收上托架如图 2-63 所示。

（三）中盾与前盾分离

中盾与前盾分离（如图 2-64 所示）使用 2 根 100t 千斤顶将前盾与中盾顶开 870mm，这时前盾已完全上了 3m 部分托架，两部分托架连接处也露出。开始拆除连接部分螺栓，焊接部分也割开。焊接前盾左右两侧的支撑，焊接平移顶推千斤顶所需的反力支座。

图 2-63　盾构机接受上托架

图 2-64　前盾与中盾分离

（四）前盾及刀盘平移吊出

使用两个 100t 千斤顶将盾体刀盘及前盾、托架整体侧向平移，平移过程中需在平移通道钢板上涂抹黄油。在前盾法兰面侧加焊型钢支架稳固，前盾支架焊完后开始沿定点转体 90°（定点为钢板上割 ⌀60mm 的孔，用水钻在孔内打 500mm 深的孔，在孔内装一个 ⌀50mm 长 700mm 的钢棒），然后继续顶推前移至竖井内。前盾及刀盘到达吊出竖井内后割除前盾型钢支架，割完后继续向前平移 1m，然后吊车下钩挂钩，开始刀盘与前盾分离，分离后将刀盘吊至地面，翻身装车运走。吊车再下钩将前盾吊至地面翻身装车运走。最后将 3m 部分托架运回至接收井内与另外一部分托架拼接装好，准备接收中盾与盾尾。中前盾分离时，盾尾在洞内还有2334mm，最后一环管片行程不够不能拼装，待前盾与刀盘平移走后继续向前推进至足够拼装行程后，将最后一环管片拼装好，然后继续推进，利用加长顶撑顶推至盾尾脱出最后一环管片 300mm 停止，开始准备盾构机断高压电，中盾与盾尾分离，桥架与拼装机分离，拼装机在盾尾内加固，盾体内管线拆除，台车间管线拆除等拆机工作。前盾及刀盘侧向平移至竖井口旋转 90°，如图 2-65 所示。

图 2-65　前盾及刀盘侧向平移至竖井口旋转 90°

（五）盾构机与后续台车分离

（1）调整拼装机的位置，使拼装机的前移、定位机构位于正下方；旋转螺旋机，使螺旋机内部渣土清理干净。

（2）利用盾构机推进千斤顶，将盾体往前移动直至盾体完全处于接收架上。

（3）在管片车上焊接支架，支架将牵引杆、连接桥、皮带机前端支撑。

（4）断开盾体和台车之间的水电、液压管线以及钢结构的连接，对管线进行编号，并做好清洁保护。

（5）在盾体外壳焊接防止盾体转动的限位钢板，同时焊接防止校接活动的钢板。

（六）中盾侧向平移吊出

中盾尾盾脱出管片后（如图 2-66 所示），中盾与盾尾分开后，将中盾继续顶至距离侧墙 600mm 时停止，拆除托架连接部位螺栓，割开连接部位焊接加固部位。在盾体两侧用 200H 型钢焊支撑，在钢板上焊接千斤顶反力支座。平移准备工作做完后，开始侧向平移，平移 6.8m 后开始定点沿顺时针方向转体 90°。旋转定点做法跟前盾旋转一样。焊接稳定加固支架，焊接完成后，继续平移 9.6m 到达吊出竖井内，吊车下钩挂好钢丝绳后割除焊接的 H 型钢支架，然后吊至地面翻身装车运走。

（七）尾盾侧向平移吊出

中盾吊出后将盾尾在原地定点沿逆时针方向转体 90°，然后平移至吊出竖井内吊出，吊至地面后用吊车和人工手拉葫芦配合，将拼装机从盾尾内拉出来，焊接支撑架子后装车运走。中盾尾盾侧向平移如图 2-67 所示。

图 2-66　中盾尾盾脱出管片

图 2-67　中盾尾盾侧向平移

第五节　盾构机土中平衡接收技术

一、技术背景与原理

（一）技术背景

随着大中城市轨道交通建设的迅速发展，城市的地下空间资源越来越紧张。为减小施工过程的相互影响，隧道规划也越来越深，正在向含有微承压水及承压水的复杂地层中发展。在覆土深、地下水压大的工况下，常规盾构接收工艺不能在根本上避免盾构接收期间的渗漏风险，也没有有效的方法能够避免盾构接收时突发渗漏对成型隧道的影响，因此如何确保在覆土深、地下水压大、渗漏风险高的工况下盾构安全接收，规避风险，避免对周边环境产生较大影响是须迫切解决的难题。由于哈尔滨博物馆站—文化宫站区间右线接收井场地空间受限，端头加固长度较短，为确保盾构机接收安全，对接收井进行反压回填，模拟土层掘进，在减少盾构接收过程中的渗漏风险及对周边环境影响、确保隧道质量方面效果明显，技术先进可靠。

（二）技术原理

在盾构接收竖井内，用混凝土墙或钢板将隧道的另一洞口进行封闭，并在井底施做混凝土接收导台，混凝土导台高程与洞门钢环一致或略低10～20mm；洞门破除前利用暗挖降水井采取降水或止水措施，然后将洞门划分为9块，由下而上破除洞门围护结构（通常采用玻璃纤维筋代替钢筋免除破洞门）。随洞门的破除进度而随时回填土方，一边回填，一边夯实土方，待土方回填到洞门钢环顶高程以上2m时结束回填，土方表面采用20cm厚C20素混凝土进行封闭，使其成为一个密闭的空间，建立一个井内外水土压力平衡模型。盾构进入密闭空间后模拟地层内盾构正常掘进参数进行掘进，同时降低盾构总推力至6000kN以内，通过洞内同步注浆和二次注浆及时封闭洞门环，确保盾构顺利实现接收。破除素混凝土，清除剩余的回填土，焊接吊耳，将盾体及后配套逐节吊出井外，平板车运输至指定位置。

二、盾构机土中平衡接收技术

（一）盾构机土中平衡接收工艺流程

盾构机土中平衡接收施工工艺流程图如图2-68所示。

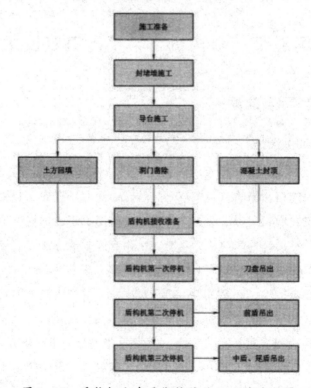

图2-68　盾构机土中平衡接收施工工艺流程图

（二）盾构接收准备工作

1.材料准备

施工必需材料、设备、机具备齐，以满足本阶段施工要求，管片、连接件等准备有足够的余量。准备一环背覆钢板闭口环管片，作为盾构接收最后一环管片。准备三环各含15个注浆孔的管片，即除封顶块外每块管片增加2个注浆孔（每块管片注浆孔3个，共5块管片，合计15个注浆孔），减小原注浆孔间的距离，用于盾构接收后实施封闭注浆。

2.测量工作

盾构接收前的测量是复核盾构所处的方位，确认盾构的姿态、里程，复测洞门偏差，拟定盾构接收段的施工轴线、推进坡度的控制值等参数的重要依据，确保盾构在此阶段的施工中始终能够按照预定的方案实施，以良好的姿态接收，并准确就位在盾构接收导台上。

（三）封堵墙施工

盾构接收井另一端洞口需要采用钢筋混凝土墙或钢板+工字钢组合式墙进行封堵，洞门封堵墙要进行专项设计，按照相关要求进行结构受力检算，其检算结果应满足强度要求，盾构掘进过程中控制盾构总推力不得大于检算荷载设计值。

封堵墙采用了钢板+工字钢组合式墙，钢板高7.9m、宽8.3m、厚10mm，在钢板后设置竖向支撑15道间距为0.61m，在竖向工字钢后设置3道横撑间距1m，最后在设置6道斜撑，以上支撑均采用122a工字钢，洞门封堵正面、侧面示意图如图2-69（a）（b）所示。

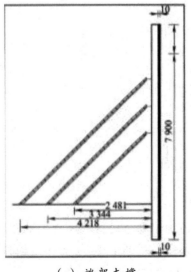

（a）端部支撑

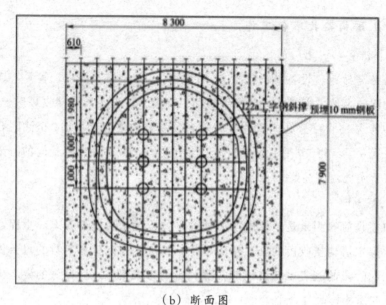

（b）断面图

图 2-69　洞门封堵结构图（单位：mm）

（四）盾构机接收导台的制作

1.导台的设计

导台截面形状与盾构机外壳类似，半径为 3150mm，顶面所处弧面半径同盾体半径。混凝土导台采用 C30 混凝土，导台具体尺寸应根据接收井净空的要求确定，以满足盾构接收为宜，浇筑采用汽车泵进行回填浇筑。

2.导台的施工

混凝土导台浇筑在接收井底板上，导台横断面示意图如图 2-70 所示。

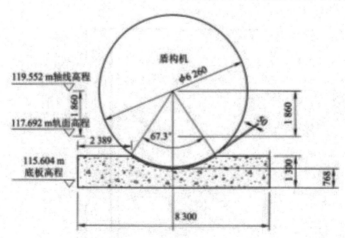

图 2-70　导台横断面图（单位：mm）

（1）支模。侧模板采用竹胶板，对拉杆件及横撑进行加固；预先在埋设 ∅25mm 以上短钢筋作为模板底脚的支承点。

混凝土浇筑前，用高压风管清理模板内木屑等杂物。用水管冲洗湿润模板，要保证模板内洁净、用水浇透。

当模板漏浆，模板接缝宽度不大于1mm时，板缝用包装胶带纸贴缝。在混凝土浇筑过程中，要经常检查，如发现变形、松动等情况，及时修补加固。

（2）混凝土浇筑。采用商品混凝土浇筑，混凝土采用泵送入模内，必须分层浇筑，分层厚度为30cm。振捣采用插入式振捣器振捣。振捣时须做到快插慢拔，让气泡排除。振捣时间为20～30s（翻浆为止），移动距离为35cm，要求混凝土必须内实外光，不得出现蜂窝、麻面等病害。在混凝土浇筑及收面时必须保证混凝土面弧度，待达到初凝时及时对各弧面进行测量，并处理超限点。

（3）成品养护。拆模后必须进行至少14d的养护，养护采用覆盖无纺布保湿，其间严禁任何车辆和重物通过。

（4）导台的质量控制。

①导台要严格按图设计高程及坡度进行控制。②混凝土导台施工时一要保证模板的弧度，二要保证浇筑混凝土时模板的稳定性。如果在拆模时发现导台不够平整，则必须对它进行修整（打磨处理）以达到设计要求。③为防止盾构机进洞时出现"磕头"现象，导台接收盾构机后要保证盾构中心高于原设计轴线2cm。

（五）降水井施工

在地基加固区外打设降水井，降水井布置需根据水文、地质条件进行设计、验算，能满足各阶段施工时对地下水位降深的要求。成井时应严格控制洗井效果，确保成井出水不出砂。启动周边降水井，将地下稳定水位降至洞门钢环以下0.5m后打设水平探孔观察有无渗水情况，无明显渗水方可进行人工凿除洞门工作。

（六）洞门凿除

在围护结构施工阶段应提前思考盾构机接收方案，将洞门环内的钢筋采用玻璃纤维筋替代，可免除洞门破除的风险。盾构机距离洞门围护结构一定距离后停止掘进，洞门凿除前，先开设9个观察孔至加固土内，检查加固土体的自立性和渗漏情况，必要时需采取注浆等补加固措施，确保洞门凿除时土体的稳定性。洞门凿除根据现场工况采用在钢环范围内分成上中下九块，且分块凿除，凿除采用自下而上的顺序，且凿除一层（每层厚度不大于50cm）后及时回填土方并且采用人工夯实，洞门凿除示意图如图2-71（a）（b）所示。

若围护结构为钻孔灌注桩时，洞门凿除先对桩内侧1/2部分从下到上逐层进行破除，并割除内侧1/2钢筋，同时做好渣土清理工作。内侧1/2桩体破除清理完毕后，对桩间部位进行探测，确保没有涌水涌砂危害。然后对外侧1/2桩体混凝土进行破除，保留钢筋，以防万一有涌水涌砂发生时，钢筋可以作为最后一道防护，以减小风险。对渣土清理完毕后进行钢筋割除。

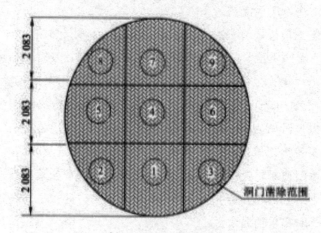

（a）洞门分块

（b）洞门凿除现场

图 2-71　洞门凿除顺序及凿除现场（单位：mm）

（七）接收井内回填

为保护已浇筑完成的混凝土导台，应先填砂至混凝土导台顶面20cm，防止洞门凿除时混凝土掉落破坏导台结构。洞门凿除按照自下而上的顺序进行，每凿除0.5m便及时回填土方并分层夯实，土方压实方式以蛙式夯机为主、人工配合为辅依次由下向上铺平夯实，回填一层夯实一层。土方回填至洞门钢环以上2m位置处结束土方回填，铺平夯实后再用20cm厚C20混凝土封闭，形成密闭接收空间。接收井内土方回填示意图如图2-72所示。

图 2-72　土方回填示意图

（八）盾构接收段掘进

1.严格控制盾构正面平衡压力

在接收段盾构施工过程中必须严格控制切口平衡土压力，使得盾构切口前的地层有微小的隆起量来弥补盾构背土时的地层沉降量。同时也必须严格控制与切口平衡压力有关的施工参数，如出土量、推进速度、总推力、实际土压力围绕设定土压力波动的差值等。防止超挖、欠挖，尽量减少平衡压力的波动。

2.严格控制盾构推进速度

盾构接收段施工时，推进速度应放慢，尽量做到均衡施工，减少对周围土体的扰动，避免在途中有较长时间耽搁。如果推得过快则刀盘开口断面对地层的挤压作用相对明显，接收段前 12m 推进速度控制在 1cm/min。推力控制在 6000～6500kN 以内。

3.严格控制纠偏量

在确保盾构正面沉降控制良好的情况下，使盾构机均衡匀速施工，盾构姿态变化不可过大。每环检查管片的超前量，隧道轴线和折角变化不能超过 0.3%。推进时不急纠、不猛纠，多注意观察管片与盾壳的间隙，相对区域油压的变化量随出土量和千斤顶行程逐渐变化。采用稳坡法、缓坡法推进，以减少盾构施工对地面的影响。在盾构接收前 12m 应根据洞门中心调整好盾构接收位置与姿态。

4.严格控制同步注浆量和浆液质量

通过同步注浆及时充填建筑空隙，减少施工过程中的土体变形。每环的压浆量一般为建筑空隙 180%～200%，即每推进一环同步注浆量为 5.4～6m³，现场根据地面沉降控制情况可适当增加。注浆压力应控制在 0.3MPa 左右。严格控制同步注浆量和浆液质量如下：

①保证每环注浆总量。②保证推进过程中均匀合理地压注。③浆液的配比要符合施工需要，稠度必须符合质量标准。

5.严格控制盾尾油脂的压注

在同步注浆量充足的前提下，盾构机的盾尾密封功能就显得特别重要。为了顺利、安全地接收，必须切实地做好盾尾油脂的压注工作。每班上班时检查并保证储桶内有充足的油脂。推进时油脂开关用自动挡根据压力情况自动补压（同时配备专人观察，需要时人工压注），杜绝因人为欠压造成的漏浆、漏水现象。

6.二次注浆

在盾构推进中，衬砌壁后补压浆和同步注浆一样，也是盾构推进施工中的一道重要工序，是减少隧道和地层后期变形的主要手段。根据接收段地面监测情况，在沉降量较大的情况下实施壁后二次注浆，从而使地层变形量减至最小。注浆结束后，闷头要拧紧。

（九）盾构接收

井内外水土压力平衡后复测盾构姿态及高程，盾构接收掘进过程中控制各项施工参数使盾构按照隧道轴线掘进，尽量确保盾构与洞圈四周间隙均匀，盾构土中接收时盾尾油脂、同步注浆等需按要求压注直至完成盾构接收，同时，还需做好测量校核工作。盾构主体全部通过洞圈进入接收井侧墙内皮前，要停止掘进，保持盾构盾尾注浆孔仍然处于钢洞圈外的围护结构外侧，便于利用同步注浆孔向围护结构外侧土体压注浆液，密封接收井内外空隙。

盾构在竖井内接收继续掘进，直至完成隧道最后一环管片拼装，通过同步注浆系统注入化学浆液，封闭地下水，盾构继续掘进直至盾尾脱出最后一环管片停止掘进，最后4环或5环通过吊装孔或特殊管片注浆孔进行二次注浆。二次注浆浆液为水泥-水玻璃双液浆，采取控制注浆压力和间隔注浆方式，防止浆液大量窜入竖井土体内。注浆效果达到封闭洞门环后，监测无水土压力时，盾构机可继续开启螺旋输送机出土，尽量出完刀盘前方土方，减少人工出土工作量。

（1）盾构分步接收。盾构接收时由于博工盾构井长度仅有10.8m，盾构无法一次完成接收，当盾构机第663环拼装完成后，推进第664环时开始通过中盾径向注浆孔向盾构机四周注入化学浆液，以封堵后方来水。盾构首次接收到达距离封堵墙端头2m左右时停止掘进，通过分步顶推分步拆机工艺，逐步拆除盾体。盾构第一次接收位置如图3-73所示。

（2）破除封闭混凝土，开挖上部覆盖土方，清除盾体周边残土，清除刀盘前方下部土方时，盾体两侧土方较高，坡度较陡大约71°。在两侧盾体上焊接钢筋采用木板进行支撑防护，刀盘全部露出后，拆除刀盘，吊出刀盘，如图3-74所示。

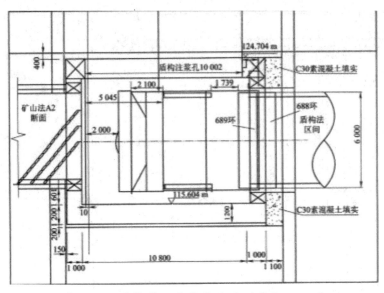

图 2-73　盾构第一次接收位置（单位：mm）

（3）盾构机前移及吊出。①利用盾构机自身推进油缸，将盾构机继续向前推进，拼装最后一环管片，同步注双液浆止水封闭洞门。当盾尾脱出洞门约 500mm 时（盾尾刷已全部漏出）停止推进，除去盾构机上部渣土。一边除去渣土，一边用准备好的钢板及快速水泥封堵施工缝隙。②将前盾吊出，如图 3-75 所示。③钢板封堵后启动洞内二次注浆（666 环处），注浆时需注意盾构机底部有无翻浆。④利用盾构机自身推进油缸，将盾构机继续向前推进，当盾尾脱出管片约 366mm 时停止推进，拆除拼装机放置盾尾内。⑤利用自身油缸将中盾和尾盾分离，将尾盾、中盾吊出（如图 3-76 所示），最后将后配套台车驮运至盾构始发井吊出洞外。

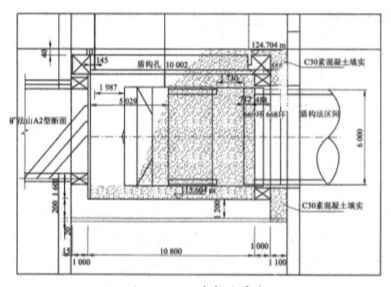

图 2-74　刀盘拆除吊出

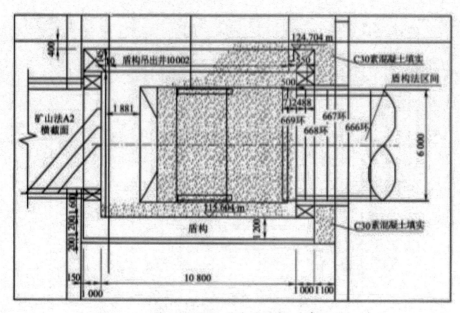

图 2-75 第二次停机及前盾吊拆（单位：mm）

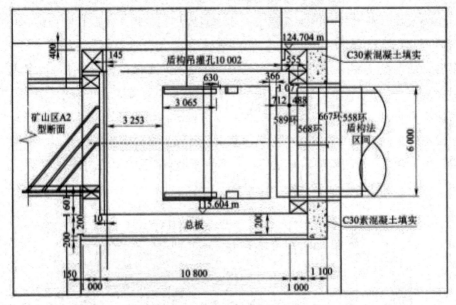

图 2-76 第三次停机及中盾和尾盾吊拆（单位：mm）

（十）余土清理盾构吊出

人工破除封闭混凝土，清理剩余土方，如图 3-77 所示。破碎后的混凝土与清理土方置于刀盘前方，尽量通过盾构螺旋输送机出土。在盾体上焊接吊耳，经探伤检测后，经过上述步骤，用千斤顶分别分离刀盘、前盾、中盾、尾盾，用 500t 和 200t 吊车分别将盾体吊出井外，平板车运输至指定位置。

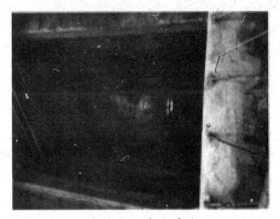

图 2-77　余土清除

第三章　上软下硬复合地层盾构处理技术

上软下硬地层是软硬不均地层中最常见的一种地层，即隧道断面内存在两种或两种以上不同岩性的地层，且强度差异较大。这类地层主要分布于广州、深圳、厦门等地。

盾构在上软下硬地层施工过程中，易出现地表沉降过大、刀具磨损严重、隧道轴线偏离设计线路等问题。本章主要阐述地层特性与施工难点，提出盾构适应性选型设计相关要点，并结合典型工程案例，对盾构开挖面稳定控制技术、掘进技术进行分析和总结。

第一节　地层特性与施工难点

一、地层特性

（1）上软下硬地层的岩土力学性质及工程和水文地质特征差异较大。上部软岩层强度较低，自稳性差；下部硬岩层强度高，自稳性好。

（2）上软下硬地层中的软岩具有高含水量、高压缩性、高黏粒含量、低强度等特点，扰动后易触变，极不稳定。

（3）上软下硬地层因其上部软岩和下部硬岩强度差异大，且石英含量高，对设备的破岩能力、耐磨性和软硬不均适应性要求高。

二、施工难点

上软下硬地层由于其工作面地层岩土力学指标及地质特征差异大，盾构掘进过程中容易出现以下问题：

（一）地面沉降

上软下硬地层上部与下部围岩强度差异较大。在盾构法隧道施工过程中，掌子面上部和下部所需平衡的压力不一致，若仅考虑掌子面上部平衡，则下部可能出现超压；若仅考虑掌子面下部平衡，则掌子面上部出现欠压。同时，由于上软下硬地层岩性不均匀，盾构在施工过程中对周围地层扰动过大，土压以及出土量不宜控制，容易造成地面较大沉降甚至坍塌。

（二）刀具磨损

盾构在上软下硬地层施工过程中，刀具磨损主要体现在两个方面：一方面，上部软土层处于黏性土层时，掘进参数不当很容易造成盾构刀盘"结泥饼"，从而导致滚刀偏磨；另一方面，上部软岩强度低，下部硬岩单轴抗压强度高，刀具在软硬不均岩面做周期性的碰撞，刀盘受到的冲击力较大，容易造成局部刀具受力超载，致使滚刀轴承或密封破坏，滚刀非正常磨损。由于开挖面上部软岩地层地质稳定性差，带压换刀风险极大。

（三）盾构姿态不易控制

在上软下硬地层施工时，盾构有向软岩方向偏移的惯性，盾构姿态容易发生偏移。当盾构姿态偏差过大时，管片拼装困难，易出现错台现象，且管片的受力不均匀，严重时管片出现破损，从而影响隧道防水效果。

（四）管片破损

盾构在上软下硬地层施工时，为保持掌子面上部和下部围岩掘进速度相协调，必须加大硬岩一侧推进油缸的推力，局部压力过大易造成管片错台、破损等问题。

第二节　盾构开挖面稳定控制技术

盾构掘进对周边地层的影响大体包括土体的应力释放、地层含水量和水压力的变化。在上软下硬复合地层或软土地层使用盾构施工时，软土层含水量高、灵敏度大、强度低、压缩性高，会使原本处于稳定状态的地层出现卸载或加载等复杂力学行为，土体的极限平衡被打破，从而对土体产生扰动，引起地表变形。应分析和掌握地层变形、沉降规律、影响因素等相关内容，及时做好盾构施工过程安全控制。

一、地层变形机理

地表变形是指由于盾构施工而引起隧道周围土体的松动和沉陷，它直观表现为沉降或隆起。受其影响隧道附近地区的构筑物将产生变形、沉降或变位，以致构筑物机能遭受破损或破坏。地层变形主要分为地层损失和固结沉降。

（一）地层损失

隧道开挖过程中由于超挖或衬砌环与地层之间的间隙填充不及时等原因，使地层与衬砌之间产生空隙。在软土层中空隙会被周围土壤及时填充，引起地层运动，产生施工沉降（也称瞬时沉降），土的应力因此而发生变化，随之而形成"应变-变形-位移-地面沉降"。

所谓地层损失量（V），是指盾构施工中实际出渣量与理论出渣量之差。地层损失率以地层损失量占盾构理论出渣量的百分比（V_s，%）来表示。

地层损失量的计算公式为

$$V = V_{实} - V_0 \tag{3-1}$$

式中：$V_{实}$——实际出渣量；

V_0——圆形盾构理论出渣量。

圆形盾构理论出渣量计算公式为

$$V_0 = \pi r^2_0 L \tag{3-2}$$

式中：r_0——开挖半径；

L——推进长度。

地层损失率的计算公式为

$$V_s = \frac{V}{V_0} \tag{3-3}$$

（二）固结沉降

由于盾构推进过程中的挤压、超挖和尾盾注浆作用，对地层产生扰动，使隧道周围地层产生正、负超空隙水压力，从而引起地层沉降，称为固结沉降。固结沉降可分为主固结沉降和次固结沉降。

1.主固结沉降

指超空隙水压力消散引起的土层压密，与土层厚度有着密切的关系。土层越厚，主固结沉降占总沉降的比例越大。因此，在隧道埋深较大的工程中，施工沉降虽然很小，但主固结沉降的作用决不可忽视。

2.次固结沉降

指由于土层骨架蠕动引起的剪切变形沉降。在空隙率和灵敏度较大的软塑和流塑性土层中，次固结沉降往往要持续几个月，有的甚至要几年以上。其所占总沉降的比例可高达35%以上。

从理论上讲，盾构施工引起隧道周围地表沉降是指地层损失造成的施工沉降、主固结沉降及次固结沉降三者之和。如果不考虑次固结沉降，总沉降应等于地层损失造成的施工沉降和由于地层扰动引起的主固结沉降之和。固结沉降是由于施工引起地层空隙水压消散造成，不同地层固结沉降值占总沉降比例相差迥异，而次固结沉降是由于地层土体原有结构破坏引起的蠕变沉降，除流塑性软黏土地层外通常都较小，一般都不考虑。

二、地层隆沉过程分析

盾构掘进引起的地面沉降，按地表沉降变化规律可分为初期沉降、开挖面沉降或隆起、尾部沉降、尾部空隙沉降和固结沉降五个阶段，详见表3-1。

表3-1　盾构施工引起位移的原因和机理

沉降类型	主要原因	应力扰动	变形机理
初期沉降	土体受挤压而压密	空隙水压力减小，有效应力增加	空隙率减小，固结
开挖面沉降或隆起	工作面处施压，过大隆起，过小沉降	空隙水压力增大，总应力增加	土体压缩产生弹塑性变形
尾部沉降	施工扰动，盾构与土体间剪切错动，出渣	应力释放	弹塑性变形
尾盾空隙沉降	土体失去盾构支撑，管片背后注浆不及时	应力释放	弹塑性变形
固结沉降	土体后续时效变形	应力松弛	蠕变压缩

（一）初期沉降

初期沉降是在盾构开挖面前方一定范围内产生的沉降。因初期沉降的量较小，而且不是所有的盾构施工工程都会发生，所以一般不被觉察。据部分实测资料分析断定，初期沉降是由于固结沉降所引起的，其中包括盾构施工所引起的地下水或空隙水的下降。

（二）开挖面沉降或隆起

在盾构掘进过程中发生的地面沉降或隆起，由于开挖面支护压力设置过大或过小，以及掘进速度、推力等掘进参数的影响，引起开挖面区域土层的土压增加或应力释放。

（三）尾部沉降

盾构通过时产生的地面沉降，主要是盾构对土体的扰动所致。

（四）尾盾空隙沉降

在盾构尾部通过之后，引起沉降的原因是盾构尾部建筑空隙和隧道周围土层被扰动。这些"建筑空隙"如不及时地填充，就会被周围土体填充，最终引起地面沉降。

（五）固结沉降

盾构通过后在相当长一段时间内仍延续着沉降。黏土地基的长期延续沉降明显大于砂质地基。因此，这类沉降归结于地层的塑性变形。该阶段的沉降起因是土层本身的性质和隧道周围土体受扰动。它的滞后时间与盾构的种类、地质条件、施工质量等因素有关。

三、地面隆沉的影响因素

（一）掘进参数设置不合理

掘进参数设置分为以下两种情况：

（1）当支护压力小于开挖面土体所需压力时，可能出现开挖面局部坍塌，引起地面沉降；当支护压力过大时，会引起地面隆起。

（2）掘进速度与出渣量不匹配，出渣量大于理论出渣量，引起超挖。

（二）注浆工艺不合理

由于注浆量不足、注浆压力过大或过小、注浆材料固结收缩率大等原因，均会引起地层损失，导致地面隆沉。

（三）盾构姿态变化

在推进过程中，盾构"姿态"的纠偏对沉降的影响是不容忽视的。盾构纠偏就意味着盾构轴线与隧道轴线产生一个偏角。当盾构以"仰头"或"磕头"方式推进时必然在其轨迹上留下一个空隙，引起地面扰动。

（四）螺旋输送机喷涌（仅指土压平衡盾构）

螺旋输送机喷涌导致开挖面土体流失、压力波动，引起地面沉降。

（五）尾盾密封失效

尾盾密封失效后，地层中的渣土通过尾盾密封区域流入盾构内部，导致地层土体损失，进而引起地面沉降。

四、盾构开挖面稳定机理

（一）泥水平衡盾构开挖面稳定机理

泥水平衡盾构泥浆的作用之一是保证开挖面的稳定，不管是在掘进过程中还是在停机状态下，泥水平衡盾构开挖面稳定的关键是泥浆在地层中渗透并形成泥膜。

1.泥膜形成过程

当泥水压力大于地下水压力，且两者之间的压力差保持稳定，泥水将按达西定律渗入开挖面土体中，在土壤间隙形成一定比例的悬浮颗粒，这些颗粒随泥水渗入土体颗粒间的空隙中，形成一层泥膜。随着时间推移，泥膜的厚度不断增加，渗透抵抗力逐渐增强，当泥膜渗透抵抗力大于正面土压力时，施加一定压力的泥水产生平衡效果。在开挖面无论是掘进阶段还是拼装阶段始终保持着一层泥膜，当刀盘刀具将泥膜包裹的土体切削后，新的泥膜很快形成，周而复始，即这层泥膜始终保持着开挖面的平衡。

2.泥膜生成条件

泥膜的形成既与泥浆质量有关，也与地层特性有关。泥浆质量包括泥浆最大粒径、泥浆配比、泥浆黏度、泥浆压力等，而地层特性包括土体类型、土体颗粒粒径和土体渗透性等。所以，泥膜的形成是泥浆质量与土层特性相互作用的结果，要形成泥膜必须满足以下四项基本条件：

（1）泥浆的最大颗粒粒径的选取与地层渗透系数、颗粒之间相互匹配，有利于泥膜的形成。

（2）泥浆配比对泥膜的形成也有较大的影响，最佳的泥浆配比需通过大量试验来确定。

（3）泥浆密度与泥浆配比密度不可分。在黏性土中泥浆密度可小些，在砂性土（砂或沙砾等土层）中泥水密度则大些。掘进过程中泥浆密度不宜过高或过低，前者影响泥水的输送能力，后者影响开挖面的稳定。

（4）泥浆压力。选择最佳的泥浆压力对开挖面的稳定性至关重要。泥浆压力过小，开挖面在围岩土压力、水压力的作用下就会发生破坏；而泥浆压力过大时，泥浆会通过地层间隙逃逸到地层中，甚至造成地面冒浆。

（二）土压平衡盾构开挖面稳定机理

开挖面稳定控制技术是盾构施工的关键技术之一。土压平衡盾构开挖面稳定是依靠开挖面稳定机构和控制系统保持土压舱的压力来实现的，稳定机构和控制系统包括刀盘、推进系统、渣土改良系统、搅拌机构、螺旋输送机、土压传感器和土压控制系统等。在盾构掘进过程中，通过控制盾构机的掘进速度和螺旋输送机的出渣量，可使土压舱保持一定的土压。

1.土压设定

在土压平衡盾构施工中，合理设置土压力对控制地表沉降意义重大。土压设定应以维持刀盘前方围岩稳定为原则，若土仓内压力小于开挖面的水土压力，会使开挖面严重超挖，使土体松弛进而塌落，引起地表下沉；若土仓内压力大于开挖面的水土压力，会引起开挖面上部地层的隆起。盾构掘进过程中，需根据理论计算设定合适的土仓压力值，并根据现场施工监测数据随时调整其掘进参数。

2.土压平衡控制

土压平衡盾构施工时，为实现土压仓内压力稳定，切削下来的渣土应具有一定的塑性和流动性，如果渣土塑性和流动性较差，需添加膨润土泥浆、泡沫剂等润滑材料进行渣土改良。在土仓内通过刀盘旋转和搅拌臂将刀盘切削下来的土、砂及润滑材料混合，使其形成具有一定塑性、流动性及低透水性的渣土，这些经过改良后的渣土充满土仓和螺旋输送机内以保持与开挖面的土压力相平衡。

第三节　上软下硬复合地层盾构掘进技术

一、主要技术措施

针对上软下硬复合地层的特点和难点，需采用以下施工措施：

（1）加强地质补勘，摸清复合地层的地层特性以及岩石分界线；对周围建（构）筑物进行详细调查和鉴定，若有必要可采取注浆加固或基础托换等措施。

（2）在工程施工前，应根据工程地质情况，在隧道沿线具备条件或加固后具备条件的地段预先设置盾构停机检修点，待盾构掘进至停机点时再进行刀具检查和维修，同时进行盾构检查、修复。

（3）破岩刀具应采用全盘滚刀，在周边磨损严重的区域适当配置贝壳式撕裂刀，与滚刀形成立体切削，并对滚刀刀箱进行保护。

（4）在掘进过程中，当掘进速度、刀盘扭矩等主要参数发生突变或不在正常范围时，应立即停机分析原因，检查刀具情况，不可盲目掘进。

（5）应合理设置盾构掘进参数，减少对地层的扰动，避免造成上部软弱地层沉降塌陷。

（6）做好施工监测工作，及时反馈监测信息。并根据地表沉降和建（构）筑物沉降的监测数据，结合地质特性，及时调整土仓压力、推进速度等施工参数。

（7）当需进行带压开仓作业时，及时进行带压开仓检查和更换刀具作业。

二、主要参数设置

（一）掘进模式选择

1.土压平衡盾构

具有土压平衡模式、半敞开式、敞开式三种掘进模式。土压平衡模式适用于地层自稳性差、地表有建（构）筑物，以及地表沉降要求严格的区域；半敞开式适用于具有一定自稳能力的地层；敞开式适用于地层稳定性好，具备完全自稳能力的地层。

盾构在上软下硬地层施工过程中，因隧道穿越区域存在软弱不稳定地层，为保证开挖面稳定，需采取土压平衡模式掘进。

2.泥水平衡盾构

根据对泥浆压力控制方式的不同，泥水平衡盾构又分为直接控制型和间接控制型两大类。直接控制型泥水平衡盾构的泥水仓压力，可通过调节进排浆泵转速或调节控制阀的开关来实现；间接控制型泥水平衡盾构通过配置气压仓等压气设备，保持气压仓压力与开挖面周围的静水压力及土压力平衡，维持开挖仓内的压力来保证开挖面的稳定。与直接控制型相比，间接控制型操作控制更为简化，泥水仓压力波动小，控制精度高，对开挖面土层支护更为稳定，对地表变形控制也更为有利。因此，上软下硬复合地层宜采用间接控制型泥水平衡盾构进行掘进施工。

（二）压力设置

盾构在上软下硬复合地层条件下施工时，不仅要考虑硬岩地层对刀盘的影响，而且必须重视软岩地层的稳定性，避免造成超挖现象和地表沉降。一般情况下，压力设定值应为理论计算值的105%~115%，并根据地面沉降监测信息与盾构掘进诸要素进行对比分析，不断进行参数优化。

（三）掘进参数设置

盾构在上软下硬地层掘进时，刀盘扭矩随着刀盘转速的增加而增大，推进速度随刀盘转速和推力的增加也相应增大，而推进速度增加时刀盘扭矩也相应增大。为了避免刀具损坏，减少刀盘与刀具磨损，降低刀具与硬岩接触时的瞬时冲击力，掘进参数设置应遵循"低速度、低转速、低扭矩、小推力、低贯入"的原则。

三、盾构姿态控制

(一) 盾构姿态的影响因素

1.地质变化

由于隧道穿越的地层复杂多变,各层土层的特性和物理指标有较大差异,盾构姿态必定受到各土层物理性质的制约和影响,产生不均匀位移。当盾构在软硬不均地层掘进时,推力和扭矩变化较大,盾构主机有着向地层较软一侧偏移的惯性,易出现盾构姿态偏差。应根据隧道地层分布状况以及其地层分界面的变化情况,合理进行掘进参数设置,并根据掘进参数变化情况及时优化调整。

2.掘进操作因素

盾构操作是影响盾构姿态的重要因素之一。在盾构掘进操作过程中,需根据盾构姿态的变化,通过合理控制推进系统各区域推进油缸的使用数量、推进油压及速度,正确选择刀盘正、反转模式等手段来调整盾构姿态。

(二) 姿态控制和调整

盾构采用隧道自动导向系统和人工测量辅助进行盾构姿态监测。该系统配置了导向、自动定位、掘进程序软件和显示器等,能够全天候在盾构主控室动态显示盾构当前位置与隧道设计轴线的偏差以及趋势。

随着盾构推进导向系统后视基准点需要调整位置,必须通过人工测量来进行精确定位。为保证推进方向的准确性和可靠性,根据掘进里程和姿态变化情况,及时进行人工测量,以校核自动导向系统的测量数据并复核盾构的位置、姿态,确保盾构掘进方向的正确。

1.姿态调整

通过分区操作盾构的推进油缸来控制掘进方向。上坡段掘进时,适当加大盾构下部油缸的推力;在下坡段掘进时则适当加大上部油缸的推力;在左转弯曲线段掘进时,适当加大右部油缸推力;在右转弯曲线掘进时,适当加大左部油缸的推力;在直线平坡段掘进时,尽量使所有油缸的推力保持一致。

在相对均一地层掘进时,推进油缸的推力应基本保持一致;在软硬不均地层中掘进时,应根据不同地层在断面的具体分布情况,遵循硬岩地层一侧推进油缸的推力适当加大、软岩地层一侧油缸的推力适当减小的原则来操作。

2.滚动纠偏

刀盘切削土体的扭矩主要是由盾构壳体与洞壁之间形成的摩擦力矩来平衡,当摩擦力矩无法平衡刀盘切削土体产生的扭矩时将引起盾构本体的滚动。盾构滚动偏差可通过转换刀盘旋转方向来实现。

盾构允许滚动偏差＜1.5°，当超过1.5°时，盾构操作系统报警，提示操纵者必须切换刀盘旋转方向，进行纠偏。

3.竖直方向纠偏

当盾构姿态出现下俯时，可加大下侧推进油缸的推力；当盾构姿态出现上仰时，可加大上侧推进油缸的推力来进行纠偏。同时考虑到刀盘前面地质因素的影响综合调节，从而达到一个比较理想的控制效果。

4.水平方向纠偏

与竖直方向纠偏的原理一样，左偏时加大左侧推进油缸的推进压力，右偏时加大右侧推进油缸的推进压力，并兼顾地质因素。

（三）纠偏注意事项

（1）在切换刀盘转动方向时，保留适当的时间间隔，避免切换速度过快造成管片受力状态突变而使管片损坏。

（2）根据掌子面地层情况及时调整掘进参数，调整掘进方向时设置警戒值与限制值。当盾构姿态达到警戒值时则实行纠偏程序。

（3）同步注浆的质量、盾构自重以及掘进速度大小等因素，也是影响盾构姿态发生偏移的重要原因。当掘进方向发生较大偏移时，要遵循"少纠、勤纠"的原则，必要时可利用盾构的超挖刀和中盾与尾盾的铰接油缸来纠正盾构姿态，避免纠偏过猛，引起盾构蛇形前进，造成刀具磨损和管片拼装困难。

（4）加强对推进油缸油压的调整控制，否则可能造成管片局部破损甚至开裂。

（5）正确进行管片选型，确保拼装质量与精度，以使管片端面尽可能与掘进方向垂直。

（6）盾构始发、到达时的方向控制极其重要，按照始发、到达掘进的有关技术要求，做好测量定位工作。

（7）管片拼装时，要确保成环管片环面的平整度，使成环管片的轴线与隧道轴线重合，以免影响盾构姿态。

四、渣土改良

（一）目 的

（1）使渣土具有较好的土压平衡效果，利于稳定开挖面，控制地表沉降。

（2）使渣土具有较好的止水性，以防止地下水流失。

（3）提高渣土的塑性和流动性，便于螺旋输送机顺利排出。

（4）可有效防止渣土黏结刀盘而产生泥饼。

（5）可防止或减轻螺旋输送机排渣时的喷涌。

（6）可有效降低刀盘扭矩及螺旋输送机扭矩，降低对刀具和螺旋输送机的磨损，提高盾构机掘进效率。

（二）主要外加剂及其作用

1.泡沫剂

盾构用泡沫剂是由多种表面活性剂、稳定剂、强化剂和渗透剂等复配而成，载体为水。在工作过程中，泡沫剂与水混合后通过泡沫发生装置，经压缩空气作用，发出无数不同直径的气泡，通过管路注入刀盘仓，对渣土进行改良，提高渣土的塑性和流动性。

泡沫剂中90%为空气，另外10%中的90%~99%是水分，剩下的才是发泡剂。经过数小时后，渣土中泡沫里的大部分空气就会逃逸而恢复原来的黏结状态，以便运输。

（1）泡沫剂的适用范围。泡沫剂一般用于土压平衡盾构开挖过程中的渣土改良，在颗粒级配相对良好的砂土层，以及其他细颗粒地层的改良效果相对较好。

（2）泡沫剂的作用。具有良好的润滑作用和一定的强度，可降低土体的内摩擦力，提高渣土的流动性；可以防止可重塑的黏土形成泥饼，其原理是在黏土块外面形成薄膜，从而阻止块与块之间的黏结；泡沫能置换土颗粒间隙中的水，在工作面上形成一个不透水层，提高开挖面的止水性和稳定性，防止"喷涌"现象的发生。

（3）泡沫剂的用量。根据泡沫剂厂家提供的经验计算值，并结合特定的地质条件通过试验确定。

2.膨润土

膨润土的主要成分是蒙脱石，由于其含钾、钙、钠元素的不同，其性质也略有不同。蒙脱石具有层状结构，易吸水膨胀，并具有润滑性。一般用于地层中细颗粒含量较少的土体改良，如粗砂层、沙砾层、卵石地层等。

在工程实际应用时，常用活性指数来区分不同的黏土矿物。活性指数是塑性指数（用百分比表示）与黏土含量（用百分比表示）的比值。比如，高岭土的活性指数为0.5，伊利石的活性指数为0.5~1.0，膨润土的活性指数为1.0~7.0。

膨润土的功能为：

（1）可以在工作面上形成低渗透性的泥膜，这样有利于给工作面传递密封仓的压力，以便平衡更大的水土压力；

（2）可以提高仓内渣土的和易性、级配性，从而可以提高其止水性，以便于出渣，减少喷涌；

（3）盾壳周边充满膨润土，可以减小盾构与地层间的摩擦力，提高有效推力，同时能降低扭矩，节约能耗。

3.聚合物

聚合物是一种长链分子的有机化合物。它可单独使用，也可以与膨润土及泡沫剂混合使用。当它与渣土混合时，其分子就会附着在渣土颗粒的表面，当这些渣土颗粒相互碰在一起时，聚合物分子就将渣土颗粒黏结在一起，减轻或防止喷涌。

五、同步注浆

同步注浆是在盾构向前推进的同时向管片背部建筑空隙注入注浆材料的一种注浆方法，其可及时有效填充管片与围岩之间空隙，保持一定的压力，从而使地面沉降控制在最小范围内。

（一）原 则

同步注浆遵循"同步注入，快速凝结，信息反馈，适当补充"的原则。

（二）目 的

在盾构掘进过程中，通过注浆系统将具有适当的早期及最终强度的材料注入管片背部建筑空隙内。其目的是：

（1）尽早填充地层，减少地表沉陷量，有效控制地表沉降；

（2）确保管片衬砌的早期稳定性和间隙的密实性；

（3）作为衬砌防水的第一道防线，具有长期、均质、稳定的防水功能；

（4）作为隧道衬砌结构的加强层，使其具有耐久性和一定的强度。

同步注浆是通过同步注浆系统及尾盾的注浆管，在盾构向前推进、管片背部建筑空隙形成的同时进行，浆液在空隙形成的瞬间及时填充，从而使周围土体及时获得支撑。其可有效地防止岩土的坍塌，控制地表的沉降。

（三）注浆材料及配比选择

同步注浆材料应考虑隧道地质条件和盾构形式等条件，具有不离析、不沉淀、不堵管、易压送、早强等特点。

根据国内复合地层的施工经验，浆液配比及性能指标建议值见表3-2、表3-3。

表3-2 同步注浆材料配比（每立方米浆液材料含量）

水泥（kg）	砂（kg）	粉煤灰（kg）	水（kg）	膨润土（kg）	缓凝剂（%）
180	700	440	400	40	5

表3-3 同步注浆浆液性能指标

凝结时间（h）	1d抗压强度（MPa）	7d抗压强度（MPa）	28d抗压强度（MPa）
<10	>0.5	>2	>6

（四）施工工艺流程

同步注浆施工工艺流程如图3-1所示。

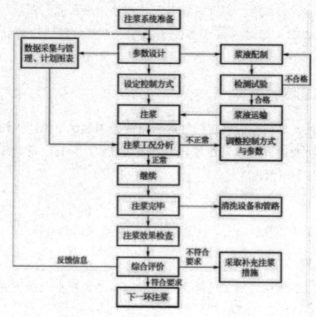

图4-1　同步注浆施工工艺流程图

（五）注浆参数选择

（1）注浆压力是注浆施工主要的控制指标色一般情况下，对于自稳性差的地层，注浆压力略大于注浆点的静止水土压力即可。

注浆压力应根据国内外成功案例积累的经验和理论的静水压力确定，在实际掘进中将不断调整，如果注浆压力过大，会导致地面隆起和管片变形，还易漏浆。一般注浆压力取1.1~1.2倍的静止水压力。

（2）理论注浆量根据盾构开挖直径、管片外径等参数进行计算，结合不同地层适当选择注浆填充系数。同时，在施工过程中注浆量可根据地表隆陷监测情况随时进行调整和动态管理。

（六）质量保证措施

（1）在施工前制定详细的注浆作业指导书，并进行详细的浆液材料配比试验，选定合适的注浆材料及浆液配比。

（2）严格按照注浆施工工艺流程进行控制，及时分析注浆速度与掘进速度的关系，评价注浆效果，反馈指导后续注浆。

（3）根据洞内管片衬砌变形和地面及周围建（构）筑物变形监测结果，及时进行信息反馈，修改注浆参数和施工工艺，发现情况及时解决。

（4）做好注浆设备的维修保养和注浆材料供应，定时对注浆管路及设备进行清洗，保证注浆作业顺利、连续、不中断进行。

（5）按照均匀布置的注浆孔同步压注，做好注浆压力和注浆量的监控，发现问题及时进行处理，保证对管片背后的注浆操作是对称均匀的。

（6）同步注浆在地层均匀和盾构姿态较好时，应均衡注入；盾构姿态较差时，应根据管片间隙调整各孔注浆压力，增大间隙较小侧的注浆压力，同时减小间隙较大侧的注浆压力。

六、二次注浆

二次注浆是指盾构同步注浆效果不理想时，需要通过二次注浆对前期注浆进行补充。一般在隧道发生偏移、地表沉降异常、渗漏水严重、盾尾漏浆严重或喷涌时使用，一些特殊地段如盾构始发、到达段和联络通道附近，也需要二次注浆。二次注浆可以反复进行，即多次注浆。

（一）原　则

二次注浆一般是在管片与岩壁间的空隙填充密实性差，致使地表沉降得不到有效控制或管片衬砌出现较严重渗漏的情况下实施。施工时，采用地表沉降监测信息反馈，结合洞内超声波探测管片衬砌背后有无空洞的方法，综合判断是否需要进行二次注浆。

（二）注浆材料及配比选择

（1）注浆材料与设备。注浆材料采用普通硅酸盐水泥和水玻璃组成的双液浆。注浆设备为双液注浆泵。双液浆是由水泥砂浆等搅拌成的 A 液与由水玻璃等组成的 B 液混合而成的浆液。

（2）浆液配比。结合工程地质、周边施工环境以及施工经验，确定合理的浆液配比，详见表 3-4。

表 3-4　双液浆浆液配比

浆液名称	水泥浆（A 液）	水玻璃（B 液）	、B 液混合体积比
双液浆	0.4~1.0	35°Be	1∶1~1∶0.8

注：①在施工过程中，将根据具体的地质特点和施工对浆液配比进行优化调整。

②°Be 表示溶液的浓度，下同。

（三）施工工艺流程

二次注浆施工工艺流程如图 3-2 所示。

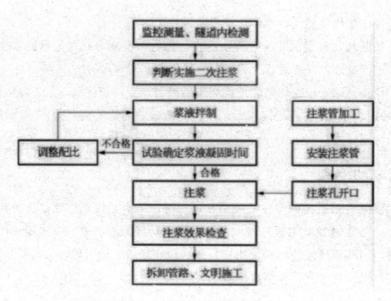

图 3-2　二次注浆工艺流程图

（四）二次注浆效果评价

二次注浆一般情况下以压力控制，达到设计注浆压力则结束注浆，并结合地表监测数据，判断是否需再次进行注浆。

第四章　孤石地层盾构处理技术

在广州、深圳、东莞、厦门、台山等城市地铁或水下隧道修建过程中，经常遇到软硬不均、硬岩、孤石、断裂破碎带和浅覆土层等影响工程进程或安全的复杂地层，尤其是孤石地层，因其尺寸大小不一、分布位置随机性强、强度高，若采用盾构直接掘进通过的方法，则给刀盘及刀具带来严重损坏，遇到自稳能力差、不具备带压和常压开仓条件时，将面临极大的施工风险，也是盾构施工中遇到的最大难题之一。

本章结合地层特性与施工难点以及施工案例，重点对孤石探测与处理技术、盾构适应性选型设计、盾构开挖面稳定控制技术，以及盾构在孤石地层掘进技术等方面进行分析和总结。

第一节　地层特性与施工难点

一、地层特性

（一）孤石形成机理及影响因素

岩浆岩形成时，由于冷却，致使熔体收缩并产生张力，使岩体破裂形成一些冷缩节理（原生节理）。节理面与收缩方向垂直，收缩方向则与冷凝面的位置和冷凝速度有关。侵入岩中常可见与接触面近于平行或垂直的节理，如花岗岩中就常有 W 向相互正交的原生节理发育，而且这些节理和岩石中的矿物分布方向有密切的关系。其中与流线平行的节理称作纵节理，与流线垂直的节理称作横节理，而水平方向的节理称作水平节理，另外还有斜交节理。有时节理面不一定很平整，这些节理系统常是地下水的通道，也是岩石中工程性能薄弱的地带。

花岗岩孤石的形成与它的三组相互正交的原生节理直接相关。这些节理把岩体分割成许多长方形或近似正方形的岩块。由于化学风化，特别集中在三组节理相交汇的棱角部位，当经过一段时间之后，棱角就逐步圆化，方形岩块逐渐变成球形岩块。随后，经过层层风化剥离，球状岩块变小、变少，同时被大量风化碎屑所包围，这个过程就是花岗岩孤石的形成过程。如果这些风化产物被流水强烈侵蚀搬运，地面上就残留下或大或小的球形石块，有的散铺在地面，有的相互堆叠在一起，形成地表出露的孤石。如果这些风化产物沉积下来，就形成埋藏在地下的孤石。

孤石的产生主要是由于岩石受到外动力地质作用，岩石的外层易发生成层裂开和鳞片状剥落，加之岩石内常有相互交错的裂缝，沿裂缝风化最深，棱角最容易风化使岩石变成圆球状。孤石是花岗岩中普遍存在的一个现象，是其差异风化的一种表现形式。孤石的形成受到地形、气候以及花岗岩的特征如矿物组成、结构、构造等因素的影响。国内外学者普遍认为在花岗岩孤石形成过程中，岩性特征是控制风化作用进行的内因，而节理、气候、地形条件等则是风化作用得以进行的外因，花岗岩原生的三组相互正交的节理则是形成球形外观的重要原因。

（二）孤石形成过程

孤石的形成过程大体上可分为以下三个阶段：

（1）高温的花岗岩岩浆从地球深处侵入地壳表层。

（2）地壳表层的花岗岩浆冷却结晶，岩体的浅部因极大的温差，收缩成三维的网状裂痕。

（3）浅部的花岗岩岩体受到风化作用，形成残积层、全风化层和强风化层。

由于岩体的裂隙部分比岩体内部在同样的地质年代过程中风化的程度更高，就导致在残积层和全、强风化花岗岩中存在非风化的岩体，即为花岗岩孤石。

（三）孤石区域地球物理特征

1.孤石区域密度特征

地壳内不同地质体之间的密度差异是进行重力勘察的地质——地球物理前提条件，有关的密度资料是对重力观测资料进行校正和对重力异常做出合理解释的极为重要的参数。孤石相对于周边介质为高密度体，其密度较大，相对周边介质有一定的质量盈余。

2.孤石区域电性特征

一般情况下研究目标（或介质）与其周围介质的电性差异越大，其周围空间产生的电（磁）场变化越明显。当人们利用专门的电测仪器观测地壳周围电（磁）场的变化并研究电（磁）场分布规律时，便可以推断引起电（磁）场变化的地下目标体（地质构造、有用矿产或其他目标体）的电性特征和赋存状态。孤石电阻率较大，相对于周边介质为高阻异常体，其量级是不一样的。孤石会引起地下电（磁）场的变化，从而可以推断孤石的赋存状态。

3.孤石区域弹性波速度特征

岩石弹性波速度（一般指纵波速度）与岩石的受力状态及结构性质关系密切，岩体应力状态的变化势必引起岩体声速的变化。一般说来，不同岩性的岩石声速不同，即使是同一岩性的岩石，由于其结构状态的变化，波长也会发生相应变化。孤石与周边介质的弹性波速度截然不同，因此，可采用弹性波速度特征推断孤石的赋存状态。

（四）孤石的特点及分布规律

孤石分布具有离散性、空间特性不规律、形状各异、大小不一等特征，岩石单轴抗压强度大多可以达到120MPa以上。相对于孤石的强度，周边风化土层强度小得多，且容易遇水软化崩解，甚至泥化，盾构推进过程中，经常出现孤石不能被滚刀破碎，在刀盘前滚动，严重损坏刀具和刀盘的现象。同时孤石通常存在于自稳能力不好的残积层，洞内基本上无条件直接进行处理及更换刀具。孤石分布具有以下规律：

（1）主要分布于残积土、全风化和强风化带中。

（2）在垂直剖面上随着深度的增加，密度虽减少但体积增大，即存在"上多下少、上小下大"的总体规律特征。

（3）孤石的大小随着风化程度增强而减小，而数量却随着风化程度的增强而增加，这一特征正好与第二点相吻合。

（4）在全风化带中也可能存在较大的孤石，在强风化带中，也有可能出现较小直径的孤石，这说明孤石的大小受到局部岩性条件和地质条件等因素的影响。

二、施工难点

孤石埋藏分布随机、形状大小各异，很难通过探测手段准确掌握其分布情况，由此给盾构掘进带来极大的安全隐患。其难点主要表现为以下几点：

（1）孤石不易被钻探全部发现，存在"遗漏"的问题，需经常停机对其进行专门处理，且需频繁带压进仓换刀及检修，施工风险大。

（2）在掘进过程中，刀具贯入度极低，掘进效率低下，掘进过程对周边土体扰动大，地表沉降控制难度大，甚至危及周边建筑物（构成物）的安全。

（3）由于孤石周围强风化和全风化地层的稳定性差，遇水极易软化崩解，且其渗透性因风化程度的差异极不均匀，掌子面的稳定性难以控制，带压进仓进行换刀作业风险极大。

（4）盾构施工组织管理难度大、施工进度慢、经济效益差，甚至出现盾构被迫停机的现象。

（5）盾构掘进时，孤石在地层内随机滚动，极易造成刀盘偏载，刀盘、刀具磨损严重，盾构掘进偏离隧道轴线，甚至发生盾构被卡等风险。

第二节　孤石探测与处理技术

一、孤石探测技术

孤石的探测已是多个城市地铁建设中所面临的问题，钻探和物探是探测孤石的重要手段，由于钻探手段的直观性，可直观地揭露地层。对孤石进行采样，无疑是最为精准的点位探测方法。然而，相对于地铁工程详勘阶段40~50m的钻孔间距而言，孤石尺寸要小得多，该方法仅能了解钻孔位置的地质情况，往往是"一孔之见"，因此，通过详勘钻探所揭露的孤石十分有限，即使通过加密钻孔可提高揭露孤石的概率，但受成本、场地条件等限制难以实施。

物探作为利用地下地质体之间的物性差异来间接区分地下地质体及构造特征等的勘察方法，相对于钻探，能够便捷、间接地推断出地质体空间分布情况及位置，可大大降低探测成本和提高探测效率，具有方便快捷、全覆盖等特点。采用物探法探测孤石的方法多种多样且各有所长，如高密度电法、瑞利波法、地质雷达、浅层地震反射波法、跨孔层析成像等都在孤石探测中有所应用，应针对不同环境条件，采用不同的孤石探测方法，同时结合钻孔对物探成果进行验证，最大限度地将隧道沿线孤石分布情况探测清楚。本节对孤石探测的物探和处理方法进行总结，以期为今后孤石探测和处理方法的选择提供参考与借鉴。

（一）重力探测

重力探测是以研究对象与围岩存在密度差异为前提条件进行探测的，其利用地下地质体质量亏损或盈余，在地表观测其所引起的重力异常，根据异常推断地质体的分布范围、粒径大小等。孤石密度较大形成质量盈余，会引起重力异常。利用高密度、高精度微重力测量和适当的资料处理解释方法在面积上控制孤石范围。采用数字地形多剖分体高精度地改方法及三维解释方法，以提高解释的准确性，但是，在利用重力勘探方法进行孤石探测时，只有当孤石粒径较大，引起较大的质量盈余时，才能在探测中有所反映，对于粒径较小的孤石，重力勘探方法还无法探测。

（二）电法探测

1. 电阻率成像法

电阻率成像法是通过对地下半空间中传导电流分布规律进行研究，以获得地下介质的视电阻率，从而进行勘探。该方法探测的物性基础是探测目标与周围介质在视电阻率上的差异。有学者利用高密度电法在四川自贡大山铺研究恐龙化石群的分布情况，给发掘工作提供了方向。该方法对孤石探测的定位是准确和可行的，在最终的电阻率成像二维测量成果图中基本都是高阻异常封闭圈。

2. 跨孔超高密度电阻率法

（1）工作原理。跨孔超高密度电阻率法是在两钻孔中分别放入一定数量的电极，观测两孔间电流、电压数据，通过反演获得两井间电阻率分布断面图，分析不同岩土介质与电阻率之间的对应关系，进行地质信息解译，进而达到工程勘探目的。参与采集的电极数和电极距由勘探精度和目标体发育规模设定，电极通过多芯电缆连接至地面仪器，并连续编码，两孔电极形成孔间电极阵。

数据采集时把电极阵分成偶数组和奇数组，供电电极奇—偶配对全组合，测量电极任意组合，电极变换过程如下：

①确定供电电极AB：选定A为奇数组（1#、3#、5#、……、39#），B为偶数组（2#、4#、6#、……、40#）。

②固定电极A为1#电极，在偶数组变换B电极，顺序按2#、4#、6#、……、40#，当B电极选定后，在AB附近（最好在AB间的中部）选定一个接地条件良好的电极作为M极，剩余电极作为N极，组成多个MN测量电极同时进行数据采集。

③变换A为3#电极，电极B和测量电极MN选定方式同②。

④继续在奇数组递增A极，直至奇数组最大，每次变换后按照②测量。

超高密度电阻率法系统在数据采集和处理方面本质上优于常规高密度电阻率法，采集过程自动化程度高，仪器自动选定ABM三电极，记录AB电场数据同时测量剩余电极N与M组合的电压、电流值；由于采用多通道技术，一次能采集61组数据，每分钟采集上千条数据，采集速度非常快，极大地丰富了对目标体观测数据，结合成熟的电法反演技术，无疑提高了电法勘探对异常体的分辨能力。目前广泛应用于溶洞、裂隙、埋藏物和岩层破碎带勘探。

（2）理论模型。随着电子计算机发展和勘探技术不断进步，正演和反演已成为一种必不可少的地球物理数据处理技术。已知电阻率的空间分布求电场分布的过程称为正演，反之称为反演。反演方法在地球物理勘探中发挥着越来越重要的作用，其结果可以直接反映地下介质间物理特性（电阻率）差异。从国内外电法勘探发展的趋势来看，超高密度电阻率法数据处理过程大致包括数据检查、数据预处理、网格剖分、正演、反演、反演结果成图和地质成果解译。

①2.5维电法正演基本方程式：

$$\nabla \cdot (\sigma \nabla U) = -I\delta(r-r_c)(r,\ r_c \varepsilon \Omega) \tag{4-1}$$

式中：δ——电导率（电阻率的倒数）；

I——电场强度；

r_c——电流极的位置。

通过解（4-1）方程可得到当一个电流极在乙处时的电场强度分布状况。

②电法反演基本方程式：

$$\frac{a\varphi(m)}{am} = \frac{a\varphi d(m)}{am} + \frac{a\varphi m(m)}{am} = 0 \tag{4-2}$$

式中：$\varphi_d(m) = IIW_d - d(m))\|^2$；

$\varphi_m(m) = IIW_m(m-m_0) II^2$；

m——电阻率；

λ—平衡因子；

d（m）——正演推算电场数据；

d_0——实际测量电场数据；

m_0——反演初始模型；

W_d 和 W_m—加权因子，加权因子控制迭代过程中对模型的修正量，依实测数据信噪比高低取值，如信噪比较高时因子取 0.1，较低时取 0.02，一般取值范围为0.005~0.2。

超高密度电阻率法数据反演时，首先设定一个电阻率分布理论模型（和实际地下电阻率分布情况有些差异）；其次用理论模型做正演推算，得出理论电阻率数值；再次计算实测电阻率数据与理论数据之间的差值；最后按照一定的算法把各个差值归算到剖分的网格中去，以此校正设定的理论电阻率模型，得出一个新的理论电阻率分布模型；用新得出的理论模型再做正演推算。重复上述步骤，连续迭代直到理论模型统计校正值足够小时停止，此时理论模型与实际电阻率分布已很接近，把这时的理论电阻率分布模型当作最终反演结果。

3.三维电阻率跨孔层析成像（CT）法

三维电阻率跨孔CT法是通过在3个或3个以上平行钻孔中布设电极阵列以孔孔对穿的方式获取电位梯度数据，通过反演解译方法对孔间区域进行三维电阻率成像，来实现对隐伏于岩体中的不良地质体的三维定位和识别。在地铁盾构区间孤石探测的工程实践中，三维电阻率跨孔CT典型的观测模式，是一种4个平行钻孔的孔孔"透视对穿"的观测模式，其中，p_1、p_2、p_3、p_4为4个垂直地层打入的钻孔。

三维电阻率跨孔CT探测工作原理是通过在4个钻孔中放入CT电缆，实现探测电极在空间中的立体化分布，利用钻孔相互约束、加密采样数据的方式，能够更全面地获取孔间地质异常的三维信息，通过反演成像方法可以获得孔间地层的三维电阻率分布图，这与常规二维电阻率跨孔CT探测具有本质的区别。每个孔中均布置有 n 个电极，电极编号从1#~（$4n$）#，通过控制供电电极和测量电极阵列，既可实现单孔数据采集，也可实现跨孔数据采集。

能够获取大量丰富的电位梯度信息是三维电阻率跨孔CT方法一个重要的属性，为高分辨率精细化探测提供了丰富的数据信息基础，对于压制反演的多解性起到了一定的作用，其成像效果和空间分辨率要优于普通的地面电阻率探测方法，其空间定位精度则优于常规二维电阻率跨孔CT方法。

4. 瞬变电磁法

瞬变电磁法是利用不接地回线或接地线源向地下发射一次脉冲磁场，在一次脉冲磁场间歇期间利用线圈或接地电极观测地下介质中引起的二次感应涡流场，从而探测介质电阻率的一种方法。其基本工作方法是在地面或空中设置一定波形电流的发射线圈，从而在其周围空间产生一次电磁场，并在地下地质体中产生感应电流；断电后，感应电流由于热损耗而随时间衰减；根据二次感应涡流场的变化，可以判断地质体的分布范围、规模和形状等，间接解决孤石、采空区等的地质问题。瞬变电磁法具有分辨能力强、工作效率高、受地形影响小、能穿透高阻覆盖层等优势，在孤石探测中的应用发展空间较大，但是，由于孤石粒径相对较小，该方法在孤石探测中存在精度不高、定位较差的缺点。

5. 甚低频电磁法

甚低频电磁法是一种被动源电探方法。它利用频率为15~25kHz超长波通信电台所发射的电磁波为场源，通过在地表、空中或地下探测场的参数变化探测地下地质体。当电磁波在传播过程中遇到地质体时，使地质体极化而产生二次电流，从而引起感应二次场。一般情况下二次场和一次场合成后的总场与一次场的振幅方向、相位均不相同，即引起了一次场的畸变。使用专门的仪器通过测量某些参数的畸变可发现地质体的存在，然而该方法探测粒径在几十厘米至几米之间的孤石时，产生的畸变异常小，导致探测精度不高。因此，该方法在孤石探测中仍需进一步研究。

6. 探地雷达法

探地雷达作为一种先进的高频电磁波勘探技术，具有对探测对象不造成任何损伤、抗干扰能力强、测量结果直观准确和高效率等特点。从近些年探地雷达的发展来看，其在工程检测和岩土工程勘察中的应用日趋广泛。介电常数上存在差异是探地雷达探测和探测成果解释的基础，由于孤石和周边地层在介电常数上存在差异，这为探地雷达探测孤石提供了可行性条件。

探地雷达由天线、发射机、接收机、信号处理器和终端设备等几部分组成，其基本工作原理是利用一个天线向地下发射高频宽频脉冲电磁波，当电磁波在地下介质中传播时，其传播路径、电磁场强度和波形将随着所通过介质的电性和几何形态的变化而变化；另一个天线接收来自地下介质界面的反射波，利用专用数据和图像处理软件对其处理，根据探地雷达反射波组的波形与强度特征，通过同相轴等的追踪，推断地下目标体的空间位置、结构、几何形态等情况，从而达到对地下孤石目标体探测的目的。

探地雷达可以更换不同频率的天线，因此探测深度可控，但总体上适用于探测埋藏深度较浅的地质体。探地雷达利用地下介质的电性差异来查明地下地质体的分布范围、粒径大小等。探地雷达具有分辨率高、操作简便等优点，但其探测受介质水的影响较大，从而严重影响其探测深度，在城市的复杂电磁环境中存在天线屏蔽问题。因此，探地雷达在孤石探测工作中的应用被限制。

7.孔中雷达法

孔中雷达法的探测原理是将雷达天线放入钻孔中，雷达脉冲发射到周围介质中，电磁波信号向四周传播遇到有介电差异的物体，如破碎带、岩性改变区域或空洞等，电磁波的一部分能量反射回来，被接收机接收，其他能量传输到更深的土壤中，以0.1~1m的采样间隔沿钻孔向上或向下移动天线，形成雷达剖面。探测的半径取决于天线的频率和介质的电导率。孔中雷达法探测精度分析如下。

设反射界面埋深为 H，发射、接收天线的距离远远小于 H 时，探测分辨率按式（4-3）计算：

$$R_1 = \sqrt{\frac{\lambda H}{2}} \tag{4-3}$$

式中：R_t——理论计算精度；

H——目标体深度；

λ——天线中心频率的波长。

根据式（4-3），可计算出孤石地层场地介质中，不同频率雷达天线在不同深度的水平分辨率，计算结果见表4-1。

表 4-1　不同天线频率雷达探测的水平分辨率

天线频率	探测深度（m）								
（MHz）	1	3	5	10	15	20	25	30	35
40	1.12	1.94	2.50	3.54	4.33	5.00	5.59	6.12	6.61
80	0.79	1.37	1.77	2.50	3.06	3.54	3.95	4.33	4.68
100	0.71	1.22	1.58	2.24	2.74	3.16	3.54	3.87	4.18
150	0.58	1.29	1.83	2.24	2.58	2.89	3.16	3.42	1.00
200	0.50	1.00	1.12	1.58	1.94	2.24	2.50	2.74	2.96

由表 5-1 可绘出探测深度与水平分辨率的关系曲线。

由上述分析可知：①随着雷达天线频率的提高，其探测深度逐步降低，但雷达天线的探测频率越高，其探测精度越高；②对于多层地层场地条件，采用地面雷达探测手段，无法满足深度 15~20m、精度 1~2m 的探测任务要求；③采用孔中雷达法，配置 100~200MHz 孔中天线，能探测出测孔周围 3~5m、粒径在 0.7m 以上的孤石。

8.跨孔雷达法

跨孔测量是将发射天线和接收天线分别置于不同的钻孔之中，在一口井中固定发射天线，然后在另一口井中将发射天线自井口向井底以一定的步长移动，每到一个位置接收一次信号，扫描需要探测的区域，得到一个钻孔雷达剖面。然后再以一定的步长移动发射天线，接收天线从上至下重新扫描就完成了另一次扫描；继续移动发射天线进行扫描，直到射线覆盖整个探测区域。雷达波速度层析成像原理介绍如下。

左右两侧分别是两口井，左侧的井内按一定的步长布置发射天线，右侧的井内按照一定的步长布置接收天线。发射天线每发射一次，就会产生 N（N 为接收天线的数量）条射线穿透介质并被右侧的接收天线接收。假设所有的射线均为直射线，则对于每一条射线，都满足

$$I = vt \qquad (4-4)$$

式中：I——射线的路径长度；

V——雷达波速；

t——雷达波的旅行时。

则有

$$s = I/v \qquad (4-5)$$

式中：s——雷达波速的倒数，称为慢度。则式（4-4）可以转换为

$$t = ls \qquad (4-6)$$

对整个探测区域进行网格剖分，在水平和垂直方向上被剖分成 MXN 个网格，

则式（4-6）可以写成

$$\sum_{1=1}^{M \times N} Iijsj = pti \qquad (4-7)$$

式中：i——射线的编号；

j——网格编号。

则有

$$T = LS \qquad (4-8)$$

在速度层析成像中，需求解

$$S = L^{-1}T \qquad (4-9)$$

层析成像的结果就是关于慢度的矩阵，并以图像的形式表现出来。层析成像的关键问题就是如何式（4-9），求得地下介质的雷达波速度分布。在平直射线层析成像中，很容易求出基本式（4-9）的系数矩阵，并且其系数矩阵也是固定的。可用迭代的方法求解其慢度向量。

（1）钻孔雷达层析成像法反演算法。用雷达波反演成像的系数矩阵通常是大型稀疏矩阵。因此要求反演算法必须具有稳定、节省内存、效率高等特点。目前，有多种适用的算法，其中基本的算法有代数重建算法（ART）、联合迭代重建算法（SIRT）、共巍梯度方法（CGX）、极小残量法（GMRES）、双稳定共轭梯度法（BICGSTAB）等。以下重点介绍代数重建算法、联合迭代重建算法。

（2）代数重建算法（ART）。1970年，GT.Henmen 等人提出了 ART，这是迭代重建法中经典的方法。迭代类算法的基本思想是，首先给出反演区域的初始模型参数 $x^{(0)}$，算出其正演数据 $b^{(0)}$，进而可以计算正演数据与实际观测数据的误差。如果这个误差不在可接受范围之内，则求出模型修改量 $\triangle x$，得到新的模型参数 $x^{(1)}$，再计算其正演数据与实际观测数据的误差，如此往复，直到计算数据与实际观测数据的误差满足迭代停止条件。

ART 的迭代公式如式（4-10）所示：

$$\chi^{(k+1)} = \chi^{(k)} + \lambda \triangle \chi = \chi^{(k)} + \lambda \frac{bi - bi(k)}{ai2a} \qquad (4-10)$$

式中：$a_i = a_{i1}$，a_{i2}，a_{i3}，$\cdots$，a_{im}；第 i 条射线的路径；

$b_i^{(k)} = \sum_{i=0}^{n} aijxk(k)$——第 i 条射线的计算数据；

b_i——第 i 条射线的实际观测数据；

λ——松弛因子（$0 < \lambda < 2$），增加松弛因子的目的是增加计算的稳定性和收敛的速度。

（3）联合迭代重建算法（SIRT）。1972年，Gilbert 提出 SIRT，它是对 ART 的一种改进。ART 在每一射线计算之后都会对模型进行修改，而 SIRT 采用的是并行迭代，即仅当所有的射线都计算完后，再用它们的平均修正值来修改模型，可以消除一些因素的干扰，而且计算结果和射线的编号次序无关。

SIRT 的迭代公式如下：

$$X_j^{(k+1)} = x_j^{(k)} + \frac{1}{\omega j} \sum_{i=1}^{M} \frac{(bi - bi(k))}{ai2} aij \qquad (4-11)$$

式中。ωj——通过第 j 个网格的射线数量。

9.其他几种电磁探测法

Stratagim™EH-4 电导率成像系统（EH-4）由美国 EMI 和 Geometries 公司联合生产，以地壳上部（0~2km）为主要探测和研究正交的两个电场分量（E_x，E_y）和两个磁场分量（H_x，H_y）。利用上述观测的参数可求得两个不同方向上的视电阻率，进而计算张量阻抗，获取地层的电阻率值。

可控源音频大地电磁测深法（CSAMT 法）是以有限长接地电偶极子为场源，在距偶极中心一定距离处同时观测电、磁场参数的一种电磁测深方法。

电磁排列剖面法（EMAP 法）是在大地电磁法（MT 法）和 CSAMT 法的基础上发展起来的，既具有 MT 法的轻便灵活，又具有 CSAMT 法的稳定性。

CSAMT 法具有勘探深度大、数据采集自动化程度高、受地形影响相对小等优点，但是对于埋藏深度较浅、发育规模较小的孤石，在电阻率剖面上反映不太明显，探测效果不太理想，无法发挥其探测优势。同样，EH-4 法和 EMAP 法亦是对大片低值电磁异常有明显反应，对于孤石等引起较小的电磁异常反应不明显。以上几种电磁法探测一般用于探测深部构造，探测孤石未见到工程实例。

（三）地震勘探

地震勘探是利用地下介质弹性差异，通过观测和分析大地对人工激发地震波的响应，推断地下地质体的性质和形态的地球物理勘探方法。地震波在向地下传播时，遇到介质性质不同的弹性分界面将发生反射、折射和透射，在地表或井中用检波器接收不同的地震波，便是不同的地震勘探方法。通过对地震波记录进行处理和解释，可推断地下地质体的性质和形态。以下分类介绍各种地震方法在孤石探测中的应用。

1.地震映射法

地震映射法即地震共偏移距法，是以相同的小偏移距逐步移动测点接收地震信号，在地面或水面对地下地层或地下目的物进行连续扫描，利用多种地震波信息来探测地下介质变化的浅层地震勘探方法，其前提是地下介质密度、速度、泊松比具有差异。根据地震法的反射系数和发射波振幅可以分析出岩层界面波阻抗大小，还可以根据反射波中是否包含有其他干涉、绕射波，确定出下伏岩层是否为软弱层或有无孤石存在。

地震映射法可以利用反射波、折射波等多种弹性波作为有效波来进行孤石等地质体综合探测；根据探测目的要求，也可以仅采用某一种特定的地震波作为有效波探测某一深度特定的地质体。地震映射法采用自激发和自接收方式，炮间距小，激发点和接收点之间的反射波基本垂直，测量点设在激发和接收距离的中点，数据信号的信噪比较其他方法有较大的提高。地震映射法由于测量点设在激发和接收距离的中点，每个记录通道偏移距相同，地震记录在时间上的变化主要为地下地质体的反映，地震时间剖面即为地下界面形态的反映。地震映射法采用单炮激发、单道接收，通道偏移距相同，信号不需要进行校正和叠加等处理，没有浅层反射波的拉伸、畸变影响，没有处理误差，可直接对资料进行数字分析。

2.地震面波法

地震面波勘探常指利用瑞利波进行勘探。瑞利波应用多集中于近地表勘探领域，在工程地质勘察、地质灾害检测与评价等领域中常以有效信号被拾取。与体波不同的是，瑞利波是一种面波，沿自由界面传播，在垂直于自由界面方向上呈指数级衰减。非均匀介质中瑞利波是频散波，均匀介质中它以略小于横波速度的速度传播且不发生频散。可用面波进行勘探是因为它具有两个明显的特征：①层状介质中面波具有频散特性，即相速度随着频率（或波长）的不同而改变，且不同频率反映不同深度范围内介质的性质。②面波相速度与横波速度具有很好的相关性。故而地震面波勘探的直接成果是瑞利波频散曲线，为获取可靠的频散信息，地震面波探测需要一条不少于12道的记录剖面。而后通过带阻尼的广义线性迭代反演方法结合最少的假设可求得一维近地表横波速度剖面。其中横波速度与地下介质的刚度系数直接相关，故可以利用地震面波探测来获得探测区域内地下的强度分层信息，从而对不同地层进行划分。

地震面波探测技术具有以下特点：

（1）震源具有便携式、可重复使用的性质，并可产生有效能量为宽频带的2-100Hz瑞利面波；

（2）用来提取、分析一维瑞利波频散曲线的处理程序具有稳定、灵活、好用和准确的特点；

（3）利用广义线性迭代反演方法结合最少的假设求得的一维近地表横波速度剖面，具有算法稳定、灵活等特点；

（4）构建了一个二维横波速度场；

（5）野外数据采集与共深度点叠加反射地震观测系统相同，只是勘探深度主要取决于观测用的检波器频率。

地震面波法野外采集和浅层地震反射相似。这种方法探测的最小尺度与道间距、数据质量、炮点距、地下目标介质与周围介质的横波速度差异大小、目标深度等有关。表现为：道间距越小，数据质量越高；炮点距越小，差异越大；目标深度越浅，能探测的最小尺度值越小。当然还同所使用的地震波频率有关：频率越高，分辨率越高，探测深度却越浅。

地震面波数据处理的流程图主要包括：①数据预处理：格式转换、自动增益处理、体波切除、带通/带阻滤波/二维滤波等。②频散曲线提取。在频率-相速度域提取面波基阶频散曲线。③频散曲线反演。根据测线布设处地质信息设置反演初始模型，进行近地表一维横波速度反演，求取检波器排列下方介质的横波速度与分层厚度信息。④横波速度剖面及滤波处理。将不同测点处反演所得的横波速度值绘成沿该测线的二维横波速度剖面图，对剖面上由于个别测点数据质量较差引起的异常，采用平滑滤波处理。

3.地震反射法

地震反射法勘探的主要原理是利用地下介质弹性和密度的差异，通过观测和分析地下介质对人工激发地震波的响应，包括时间、振幅、相位等信息，推断地下岩层的性质和形态。在花岗岩风化残留体探测中，由于花岗岩风化残留体与周围介质存在明显的速度、密度差异，地震波在传播至孤石位置时会发生反射、散射等现象，使得地面检波器接收到的反射波产生时间变化，通过检波器对产生的不同响应的分析，可以推断出地下是否存在花岗岩风化残留体异常及其具体位置、大小等。

4.微动探测法

微动是地球表面日常微小的颤动，微动的振幅为 $10^{-4}\sim10^{-2}$mm，频率变化范围为 0.3~5.0Hz。它由体波和面波组成，并且面波的能量占信号总能量的 70% 以上，微动勘探正是利用微动信号中的面波。微动信号在一定时空范围内具有统计稳定性。微动探测方法是以平稳随机过程理论为依据，从微动信号中提取面波频散曲线，通过对频散曲线的反演，获得地下介质横波速度结构，从而达到探测目的。采用空间自相关法从微动信号中提取瑞利波频散曲线时，频散特性与介质结构有关，通过频散特性可获得介质结构信息。如深圳地铁 7 号线车公庙——上沙段将微动探测技术应用于地铁工程勘察，取得了一定的成果，减少了钻探工程量。微动探测适合于城市环境的探测，是一种较有前景的物探方法，在交通繁忙、钻探无法实施的地段具有其独特的优势，但是其精度仍需进一步提高。

（1）微动探测基本原理。发射体波和面波产生振动后，通过提取微动信号的频散曲线，并对频散曲线进行反演，以获得所需探测介质的横波速度结构特征，该特征能够有效反映介质的物理属性。

微动信号频散曲线是关于时间 t 和位置矢量 $\eta(x, y)$ 的函数，可以表示为 $x[t, \eta(x, y)]$，其频散曲线方程为

$$X[t, \eta(x, y)] = \S\exp(icot+iHrj)\,\mathrm{d}Z'(\omega, H) \tag{4-12}$$

式中：ω——角频率，$\omega=2\pi f$；

　　　　H——波数矢量，$H=(hx, by)$；

　　　　Z——平稳随机过程。

获取了频散曲线后，再计算横波（S波）速度，即可解译被探测介质。

（2）微动探测基本步骤。微动探测是一种基于微动台阵探测的地球物理探测方法，又称为"类空间自相关法"（spatial autocorrelation method，SPAC），该方法的基本步骤是从微动台阵记录中提取瑞利波频散曲线，计算视S波速度V，再经插值光滑计算获得二维视S波速度剖面，视S波速度剖面能够直观地反映地层岩性变化，是地质解释的基本依据。

对视S波速度剖面进行地质解译后，再获取台阵平均H/V曲线，H/V曲线通过水平分量和垂直分量的频谱比值得到，是各分量进行傅里叶变换所得到的频谱。

微动探测的观测系统主要采用正五边形圆形阵列，每个圆形阵列由放置于正五边形顶点和中心点的6个摆和数据采集系统组成，正五边形顶点到中心点的距离称为观测半径R。根据现场场地条件的不同，分别采用了不同半径的台阵进行观测，按5m测点间距逐点进行，以形成二维剖面观测。

（四）综合物探方法

重力探测法一般用于深度异常情况，对于能否探测到浅部的孤石未见工程实例。探地雷达的探测深度与天线频率及地下水密切相关，还有在城市复杂电磁环境中的天线屏蔽问题，因此，探地雷达在孤石探测工作中的应用被限制。地震反射波共反射点（CDP）叠加技术在台山核电海域花岗岩孤石探测中得到了成功应用，但该方法不适宜推广到陆地。多道瞬态瑞利波法在城市马路中有噪声干扰大的问题，传感器与地面的耦合也不容易克服。大地电磁测深法一般用于探测深部构造，探测孤石未见工程实例，各类孔间/孔中CT方法受到钻孔间距的影响。微动或天然源面波利用城市中车辆等的噪声作为振动源，提取的频散曲线可变换为地层的视S波速度。由于S波速度与介质的密度有良好的相关性，特别适合城市环境，是一种很有前景的物探探测方法。

近年来，物探探测方法先后在重大工程建设领域得到了成功应用，取得了显著的社会效益和经济效益，未来物探探测方法将更多地应用于工程建设当中。然而，利用物探探测的某一种探测方法难以满足所有的探测需求，一般需要两种以上的物探探测方法互相对比验证，以克服物探方法解译的多解性，使得到的结果更加接近于实际情况，同时，还需结合现场钻孔资料对探测结果进行验证，以提高解译的准确度。

例如，结合地震法、雷达法和跨孔电阻率法3种方法各自的特点及其适用范围，选择地震法和雷达法作为大范围孤石普查的基本方法，对于地震法探测的异常区域采用电阻率CT法，并结合地质钻孔进行进一步精确探测，锁定孤石的位置和大小以便进行预处理，即采用"地震法+雷达法+跨孔电阻率法"进行联合探测。

各种物探探测方法探测花岗岩风化残留体的优缺点及分析见表4-2。实际施工中，应结合工程概况、工期、成本等因素，选择一种最佳的孤石探测方法。

表4-2　花岗岩风化残留体的物探探测方法汇总

方法	分类	应用条件	优缺点	综合评价	应用情况
重力探测	重力法	探测目标与周围介质存在密度差异	优点：在深部构造研究上具有其他方法不可比拟的优势 缺点：受地形影响大，干扰因素较多	受地形影响很大，且复杂的地表施工条件对探测设备的校准和数据质量的保证十分不利	应用极少
电磁法探测	电阻率成像法	探测目标与周边介质存在电性差异	优点：灵活性高，能够精确描述地下介质的电性差异 缺点：探测深度有限，不利于深部构造的探测	能克服地表泥泞的恶劣环境，能高效反映地下视电阻率的变化，进而对孤石赋存情况进行评估	应用较少，在城区探测限制较多
	跨孔高密度电阻率法		优点：采集数据量丰富，探测精度高 缺点：需要钻设钻孔放置探测探头	建议将该方法与工程钻孔勘查相结合，可最大限度发挥其优势	推荐采用
	瞬变电磁法		优点：分辨能力较强，工作效率高，受地形影响小，能穿透高阻覆盖层 缺点：城市管线等外界干扰因素对其影响很大，定位精度较差	探测设备对施工环境要求十分苛刻，从施工效率上来讲不可取，且不能提供深度信息	应用较少
	甚低频电磁法		优点：工作效率高，受地形影响小 缺点：分辨能力较低，受城市电磁干扰影响	城市多种电磁信号对其影响严重，不适合于城区探测	应用极少

续表

方法	分类	应用条件	优缺点	综合评价	应用情况
电磁法探测	探地雷达法		优点：工作效率高，探测深度可控，分辨率高，操作简便 缺点：探测受到介质水的影响较大，严重影响其探测深度	建议将该方法与工程钻孔勘查相结合，可最大限度发挥其优势	采用多，推荐采用
地震法探测	浅层地震反射波法	探测目标与周围介质存在地震波阻抗差异	优点：对于探测地层分层界线效果较好 缺点：探测速度较慢，外界振动对其干扰大，后期数据处理麻烦	该方法用于探测地层分层界线时效果明显，对于孤石探测效果较差	应用较多，可探测基岩面
	瑞利波法		优点：能获得地下介质的强度信息 缺点：受外界环境如地形、施工噪声影响大	对于地表条件要求较高	应用一般
	地震波CT法		优点：探测精度高，采集数据量丰富 缺点：需钻设钻孔放置探头，采集速度较慢，采集过程麻烦	探测效率低下，且受外界干扰影响较大	应用一般
	微动探测法		优点：外界干扰因素对其影响极小 缺点：该方法尚处于理论研究阶段，且探测精度较低	钻探实施困难地段具有其独特优势，但是其精度仍需进一步提高	应用较少

二、孤石处理技术

根据孤石形状、大小、所处地理位置，结合周边环境的实际情况，并综合考虑技术、成本、工期、安全等因素，将孤石处理技术分为直接掘进通过、地表处理和洞内处理三种。

（一）直接掘进通过

当盾构区间所需处理孤石地段周围没有管线、桩基础及地下建筑物，并且工期较紧、施工对地表的变形要求较低时，可不采取辅助方法，在盾构到达孤石段前，及时检查更换刀具，采用"小推力、低转速、低扭矩、低贯入"方法掘进。当刀盘与孤石接触时，凭借刀盘的冲击力破碎孤石。掘进过程中增加泡沫注入量，并做好同步注浆、二次注浆及地表沉降监测。此方法适合处理较大型孤石。

（二）地表处理

1.地表注浆加固后掘进通过

在确定孤石形状、大小、位置后，当地面具备地层加固的条件时，可在地面对孤石周围一定范围，采用袖阀管注浆工艺进行注浆加固，加固范围为孤石位置前方2~3m、孤石后方2~3m，左、右方加固范围可根据孤石位置与隧道中轴线之间的关系确定，注浆孔采用梅花形布置方式，加固顺序为先外侧后内测。浆液凝固后，将孤石与周围地层紧密固结在一起。待盾构抵达孤石加固区时，孤石不会随刀盘在掌子面发生转动而带来对周围地层的扰动，而是受到刀盘正面的切削作用，进而发生破碎。

2.钻孔爆破

当地表具备处理条件，且施工时间比较宽裕的情况下，可根据已查明孤石的形状、大小、埋深等参数确定炮孔的数量、间距及装药量。利用地质钻机在地表垂直钻孔，一般情况下，爆破孔采用矩形或梅花形布置，根据孤石大小及场地的实际情况，结合相关技术规范，炮孔行排距为80~120cm，炸药单耗按照瑞典经验公式进行计算，装药结构可根据孤石厚度确定，当孤石厚度小于2m时，采用径向集中装药结构，而厚度大于2m则采用间隔装药（见表4-3）。

表4-3 不同体积孤石的装药参数

孤石体积（m³）	0.8	1.0	1.5	2	3	4	5
装药量（kg）	2.4	3.0	3.6	4.8	7.2	9.6	10.8

运用爆破过程中的爆破振动测试及爆破后钻孔取芯验证相结合的方法，反馈优化爆破设计，以确保孤石破碎的最大粒径小于30cm（便于盾构顺利出渣）。

3.冲孔桩破碎

冲击破碎法是指确定孤石的位置、大小和形状后，在地表采用十字冲击锤冲击破碎孤石的施工方法。根据孤石大小确定冲击钻机锤头大小、钻孔间距和数量，钻孔前首先探明有无地下管线或其他建（构）筑物，若钻孔位置下方有管线等市政管道，则需要将钻孔位置旁移一段距离，待孔内孤石破碎完成后，及时采用原土对钻孔层回填夯实，并进行土体压密注浆，直至将整个孤石区域处理完毕。

4.全回旋套管钻机清除

采用全回旋套管钻机清除孤石主要工艺为：地质钻探明孤石→全回旋套管钻机定位→同步进行全套管设备场地布置与机械、电力系统、后台作业指挥系统定位→作业平台就位→吊装设备就位→套管回旋压入→回旋偏心切削→全断面回旋切断→清除障碍物→障碍物装卸处理→分段清除至作业深度→起拔套管→同步回填混凝土作业→主机台定位销撤除→转场施工重复上述步骤循环至全部施工完毕→端头加固→盾构推进。

（1）钻机定位。在开钻之前，将钻机固定在准确位置上，并把其依次安装在桩芯位置。安装和检查完钻机设备后，使其进入工作状态，然后定位钻机点。全回旋钻机的质量直接取决于钻机定位的准确度。

（2）清理上层土体。开钻之前，采用反复旋转套管清理干净上层土体，在挖掘套管土体时，可使用冲抓斗，从而将上层土体完全清除干净，促进钻进工作顺利进行。

（3）孤石砸碎及清理。在实际施工过程中，当出现孤石时，将最坚硬的钻头安装在前端，并在回旋切削的同时用落锤将切削下来的岩石泥块砸碎，最后清理碎石。

（4）回填 C15 混凝土。将 C15 混凝土灌满钻进的孔道内，为确保施工质量，必须保证灌注的饱满度。

5.人工挖孔桩

与竖井开挖方法类似，对于单个较大直径孤石，在地表对孤石位置准确定位之后，人工利用铲、镐或锹对上方土层开挖，直至孤石上界面。对于小直径孤石，人工借助风镐可直接破除；而对于大直径孤石，利用风枪在孤石上进行垂直打孔，通常情况下，孔间距为 40~60cm，钻孔深度为 60~90cm。钻孔完成后，在孔中插入岩石劈裂枪将岩石分裂。如周围区域对噪声无特殊要求，则可采用爆破的方法将孤石破碎。

整个开挖过程中，采用吊桶将碎石垂直吊出，为防止孔壁失稳而引起坍塌，每一循环结束后，应及时施作混凝土护壁。渗水量较大时，可在竖井一侧挖集水坑，然后将其排出，必要时，需采用超前注浆、超前支护等处理措施。岩石碎块清理完毕后及时对挖孔桩进行分层回填，回填完成后对挖孔区域进行注浆加固。

6.海域环境下孤石处理

施工步骤：依据探测情况设计爆破钻孔施工方案→潜孔跟管钻机与地质钻机配合成孔→跟管钻机在回填层中预先引孔→下套管→地质钻机在跟管钻机套管内下套管至基岩顶面→再钻至设计标高→装药爆破→注浆加固。

（1）船定位控制。钻孔船到达施工区域后，根据测量指挥定位，钻孔船采用左右四门八字锚及前后两门主锚共计六门锚控制船舶前后左右移动，左右边锚控制船舶横向移动，前后主锚钢丝缆控制船舶纵向移动。对正孔位的工作，都由设在岸上控制点的经纬仪或全站仪进行指挥。

2.钻孔定位及成孔控制。

（1）套管作业。在钻机平台上安装直径140mm的导向管、直径110mm的钢套管。其中钢套管采用钻机锤锤击打入，如能顺利打入，则直接打至基岩面，钻机再进行基岩开孔作业；如不能顺利打入，则等钻机钻入一定深度后，再打入钢套管，直至基岩面。

（2）开孔作业。开孔位置必须准确，一般采用硬合金钻头，并采取导正措施，防止钻具滑离原孔位，钻进0.5~1.0m后，打入钢套管，钢套管必须牢固竖立在基岩内0.5~1.0m处。并改用90mm钻头继续钻进，钻孔深度应达到设计超深位置。

（3）安装护孔套管。钻孔达到设计位置并取出岩芯后，为防止淤泥及流砂堵塞孔位，采用直径为90mm的PVC管作为护孔套管。

3.爆破及注浆施工

参照本章节钻孔爆破相关内容，并根据孤石直径、强度等参数，结合相关施工案例，合理设计爆破施工参数。爆破完成后，对爆破区域进行注浆加固。

（三）洞内处理

1.洞内超前注浆后掘进通过

当地表不具备注浆加固或孤石处理的条件时，在洞内对孤石位置准确定位之后，待盾构刀盘抵达孤石区域后停机，通过盾构前方预留的注浆孔，将准备好的钢花管（在直径80mm的钢管上布置梅花形孔，孔径为8mm，纵向间距为10cm）插入刀盘前方的土体中，并使超前注浆孔的延伸方向与盾构掘进的中轴线方向存在一定角度。注浆加固范围为孤石前方2~3m，后方2m，隧道轮廓线外（上、下轮廓线及左右边界）各2~3m、浆液可根据需要，采用水泥单液浆或水泥-水玻璃双液浆均可。注浆结束后，可通过调整盾构掘进参数，借助刀盘对加固地层切削、破碎孤石，而后顺利通过孤石段。

2.洞内人工处理

当掌子面前方地质比较稳定时可直接开仓，而地质稳定性较差时需提前对地层加固，进行带压进仓处理。对于小直径孤石而言，人工可直接破除，强度高、直径大的孤石需借助风枪及岩石分裂机等设备凿除，凿除后通过带压进仓打捞方式进行处理。

气垫仓底部打捞作业流程为：首先将气垫仓液位降低，为保证打捞人员安全，气垫仓的液位稍高于泥浆门即可，保证掌子面压力平衡；其次，作业人员加压进仓，在气垫仓底部清理和打捞孤石，当此区域打捞完成后，人员撤出气垫仓底部，进入人员仓休息。然后，在确保人员安全后，开始转动刀盘，将刀盘辐条开口、四周由于挤压产生悬空的孤石转动至仓底部，以此方法循环打捞。

3.洞内人工爆破

地面不具备处理条件时，在洞内超前注浆加固刀盘前方土体，确保掌子面稳定的基础上，开仓对孤石进行人工爆破处理。该处理方法的原则是：通过打孔装药的弱爆方式，将孤石以大化小，并通过螺旋输送机排出。为尽量减小爆破对刀盘的影响，采用转动刀盘的方法，将孤石对准刀盘开口位置。

为降低爆破所产生的振动对洞内盾构及地表建筑物、临近管线的扰动，洞内弱爆技术应严格遵循"浅孔、密眼、小药量、间隔装药"原则，对于大体积孤石，可分排、按顺序依次处理。爆破后及时通风，检查确认安全后方可清渣。

4.静态破碎技术

当孤石所在盾构区间地处居民区或重要建筑设施（电力、通信、天然气管道等），地表不具备处理条件，并且对振动、飞石、有害气体等要求比较严格时，岩石静态破碎技术具有独特的优势。岩石静态破碎技术是运用静态破碎剂与水发生反应后产生巨大的径向压力，当压力在孔壁切向的拉应力大于岩石的抗拉强度时，岩石就被拉裂破碎。

在对洞内地层加固后，根据孤石的力学性能参数选择合适的静态破碎剂。孤石上垂直钻孔的直径是决定破碎效果的重要因素，钻孔直径一般为30~50mm，钻孔深度为破碎孤石厚度的80%~90%，结合孤石岩体的强度及破碎效果设计钻孔的行、排间距，一般为20~50cm。钻孔由临空面外侧向内逐步布设，以利用前排破碎后为后排提供的临空面。钻孔完成后及时清孔，将配置好的破碎剂浆液倒入孔内，待反应完成后将破碎石块清除。例如，深圳地铁2222标安托山站——侨香站，为保护距竖井开挖边线仅50cm的雨水箱涵，采用HSCA-I型高效无声破碎剂对中、微风化花岗岩进行开挖，其布孔及装药参数见表4-4。

表4-4　静态破碎法布孔间距及装药量

岩石坚固性系数F	孔深（m）	行距（cm）	排距（cm）	孔径（mm）	装药量（kg/m³）
2~4	1.5	40	30	40	10~15

综上所述，孤石处理技术各有千秋，施工中应结合工程实际情况，从工期、成本、风险、处理效果等方面进行综合考虑。在现场处理过程中，当隧道上方地面具备冲孔、挖孔条件时，建议以地表处理方法为主、洞内处理为辅，在权衡各项利弊的基础上，因地制宜，找出既安全又能降低成本、保证工期的最佳处理方法，为保证盾构的顺利通过奠定基础。不同孤石处理技术比较见表4-5。

表4-5　不同孤石处理技术比较

孤石处理技术	适应地层	孤石大小	环境影响	施工风险	效果	工期	成本
盾构掘进破除	较好	较大	较大	较大	差	较短	较低
加固后，盾构掘进破除	较差	均可	较小	较小	中等	较短	较高
钻孔爆破	较好	较小	较小	较小	较好	较短	较低
全回旋钻机清除	均可	较小	较大	较小	较好	较短	中等
人工挖孔	均可	较大	中等	中等	较好	较长	较高
冲孔破碎	较好	较大	较大	较小	较好	较长	中等
洞内超前注浆	较好	均可	较小	中等	较差	较短	较低
洞内人工爆破	均可	较小	较小	较大	中等	中等	中等
岩石分裂机破碎	较好	较小	较小	较大	较好	中等	较高
静态破碎	均可	均可	较小	较大	中等	中等	较低

第三节　盾构适应性选型设计

一、选型原则和依据

（1）具备开挖面稳定、掌子面压力精确调整和控制功能。

（2）具有在孤石地层直接掘进通过的能力，应充分考虑刀盘、主驱动、螺旋输送机/泥浆循环系统能力储备。

（3）应充分考虑地层中孤石直径大小和数量，这将直接影响刀盘及刀具磨损、开挖时对地层的扰动范围、刀盘开口率、对孤石破碎方式及排出方式。

（4）应根据孤石强度及分布情况，确定刀具的形状、材质和配置。

（5）参照本书"选型原则和依据"相关内容。

二、孤石地层适应性设计

盾构选型时必须考虑孤石、岩层、黏土等地层条件，综合考虑各种因素选择适宜的盾构机型、刀盘刀具形式以及配备相应的辅助工法。确保盾构在孤石地层掘进平稳、安全。

（一）主要功能配置

1.泥水平衡盾构基本功能配置

泥水平衡盾构由掘进系统、同步注浆系统、泥水循环系统、综合管理系统、泥水分离系统五大系统组成；具有泥水压力平衡功能、泥水输送及管路延伸功能、自动控制及故障显示功能、测量导向系统、数据采集处理和分析功能、管片安装功能、同步注浆功能、泥水分离等基本功能。

2.土压平衡盾构基本功能配置

土压平衡盾构应具有开挖系统、出渣系统、渣土改良系统（加泥系统）、交接系统、人闸气压装置、管片安装系统、注浆系统、推力系统、控制系统、测量导向系统等基本功能。

（二）适应性设计

1.刀盘驱动及结构设计

盾构刀盘驱动设计应具有足够的能力储备，在孤石地层提供低速大扭矩掘进模式，满足在恶劣工况下刀盘脱困能力；刀盘结构建议采用"辐条+面板"结构形式，设计有足够的强度、刚度和耐磨性，可安装足够数量的滚刀刀具；配置高耐磨性能的周边保护刀和合金耐磨环。

2.刀盘开口率设计

刀盘开口率是表征盾构地质适应性的一个重要参数。开口率不仅对土仓压力和刀盘扭矩有明显的影响，还影响渣土从刀盘进入土仓/泥水仓的流动性。

如果刀盘开口率较低，渣土中黏粒含量较高且流动性差，渣土不能及时进入土仓中，在高温、高压的作用下，渣土中的细颗粒压实固结而形成泥饼。刀盘结泥饼后，不仅会造成刀盘的扭矩和推力增加、掘进速度降低，还会加速刀盘和刀具的磨损，导致地面沉降过大或者隆起。

在孤石复合地层刀盘应具有较大的开口率，刀盘开口率建议设置为33%～45%。

3.刀具配置

盾构刀具必须与岩土类型相适应，否则会带来刀具异常磨损、掘进困难的后果。另外，所选刀具应与岩土的强度相适应，保证正常的破岩能力。虽然滚刀在孤石等软硬不均地层易发生偏磨，但鉴于其他先行刀无法破碎孤石以及硬岩地层，应配置足够数量的滚刀。

同时，结合地层特性，应合理配置滚刀、切刀、边刮刀、先行刀和周边保护刀等刀具，以具有较高的破岩能力、耐磨性能和抗冲击性能。详见表4-6。

表 4-6 刀具适应性设计

序号	项目	适应性设计
1	滚刀	滚刀密封设计应具有耐高压、耐高温、耐高冲击等特性；启动扭矩设置合理，具有较高的破岩能力和整体耐磨性
2	切刀、边刮刀	宜采用大块合金结构设计，耐磨和冲击性能好
3	先行刀	在刀盘面板和周边弧形区域宜设置适当数量的先行刀，起到保护滚刀刀箱、边刮刀和刀盘面板的功能，并与滚刀形成立体切削；结构设计宜采用大块合金，具有较好的耐抗冲击、耐磨性等特性
4	周边保护刀	周边保护刀宜采用大块合金结构设计，适当增加配置数量

4. 辅助功能

盾构需配置环向和水平超前注浆系统，具备在特殊地层超前注浆功能；泥水平衡盾构气垫仓/土压平衡盾构土仓应设置液压系统接口，满足带压或常压进仓采用液压岩石分裂机处理孤石的功能。

5. 泥水平衡盾构

（1）破碎机。在含孤石的复合地层施工过程中，由于地质条件复杂，破碎机经常出现颚板、颚齿及盖板磨损，以及破碎机油缸磨损、连接螺栓断裂等问题，导致破碎不彻底或破碎能力下降。针对孤石强度高、不易破碎等特点，通过对破碎机进行针对性设计，可降低破碎机损坏概率，提高使用寿命。一般采取如下主要措施：①对破碎机主要部件的材质进行合理选择和优化，鄂板及主要构件采用锻件代替焊接件，增强破碎机的结构强度和耐磨性；②油缸采用倒装式，油道置于活塞杆内部，减少油缸和油管接头的磨损；③优化结构设计，降低螺栓剪切受力，防止螺栓异常断裂。

（2）泥水循环系统。应具有较强的调制浆、泥水循环、泥浆处理等功能。整个系统均应具有较高的耐磨性，如泥浆泵站、泥浆管路、破碎机及格栅，同时格栅还应设计足够的强度，防止孤石破碎过程中受到挤压而变形；盾体排浆口、排浆泵入口区域应合理设计检查口，便于排浆口管路及排浆泵堵塞时进行检查和处理。

（3）泥浆冲刷系统。盾构应合理配置冲刷系统，配置参数应与盾构泥浆循环系统相匹配，防止刀盘结泥饼、排浆口滞排。冲刷泵及管路均应具有较高的抗磨损性能。

6. 土压平衡盾构

（1）螺旋输送机系统。盾构螺旋输送机出土口设置双闸门，且预留膨润土和高分子聚合物注入接口；合理设置检查孔，以便孤石卡螺旋输送机时进行检查或处理。

提高整体耐磨性能，以适应盾构在高强度孤石地层掘进时的出渣需求，在螺旋轴最前端叶片上加装复合耐磨合金块；同时，螺旋输送机第一筒体上设计装有可更换的耐磨块，当筒体磨损后，可以在洞内快速更换，提高筒体使用寿命。

（2）渣土改良系统。在盾构施工过程中，需要根据开挖地层的土体性质进行渣土改良，改良的最终效果是：压力仓内的混合土体能达到理想的"流塑性状态"，以降低刀盘的推力，避免渣土在土仓内发生"闭塞""泥饼"，避免在螺旋出口发生"喷涌"和开挖面失稳等工程事故。

土压平衡盾构还配置有泡沫注入系统、膨润土注入系统。为提高渣土改良的效果，泡沫系统采用单管单泵的方式，每路泡沫均可独立工作，不受土仓压力和管道阻力的影响，采用成熟的防堵塞设计。且渣土改良注入口采用整体背装式结构，便于洞内维修或更换。

第四节　盾构开挖面稳定控制技术

一、泥水平衡盾构开挖面稳定技术

（一）泥水平衡盾构工作方式

泥水平衡盾构利用循环悬浮液的体积对泥浆压力进行调节和控制，采用膨润土悬浮液（俗称泥浆）作为支护材料，开挖面的稳定是将泥浆送入泥水仓内，在开挖面上用泥浆形成不透水的泥膜，通过该泥膜的张力保持水压力，以平衡作用于开挖面的土压力和水压力。盾构推进时由旋转刀盘切削下来的土砂经搅拌装置与输送进来的泥浆搅拌后，形成高浓度泥浆，用泥浆泵通过管路输送方式送到地面的泥水处理系统（包括泥水分离和泥水调制），待渣土、泥浆分离后，再把地面滤除掘削土砂后且经过调整符合质量要求的泥浆，用泥浆泵通过管路输送方式重新压送回盾构的泥水仓。如此不断循环，完成掘削、排土、推进。

根据对泥浆压力控制方式的不同，泥水平衡盾构分为直接控制型和间接控制型。

1.直接控制型泥水平衡盾构

直接控制型泥水平衡盾构掘进模式采用泥水平衡模式，其泥水循环系统的工作流程如下：进浆泵从地面泥浆调整池将新鲜泥浆输入盾构泥水仓，与开挖泥土进行混合，形成稠泥浆，然后由排浆泵输送到地面泥水分离处理站，经分离后排除土渣，而稀泥浆流向调整池，再对泥浆密度和浓度进行调整后，重新输入盾构循环使用。直接控制型泥水平衡盾构泥水仓中的泥浆压力，可通过调节进浆泵转速或调节控制阀的开度来进行。进浆泵安装在地面，控制距离长而产生延迟效应不便于控制泥浆压力，因此常用调节控制阀的开度来调节泥浆压力。

2.间接控制型泥水平衡盾构

间接控制型泥水平衡盾构掘进模式采用气压模式。其泥水系统由泥浆和空气双重回路组成。在盾构的泥水仓内插装一道半隔板，在半隔板前充以压力泥浆，在半隔板后面盾构轴心线以上部分充以压缩空气，形成空气缓冲层，气压作用在隔板后面与泥浆接触面上，由于接触面上气、液具有相同压力，因此只要调节空气压力，就可以确定和保持在开挖面上相应的泥浆支护压力。当盾构掘进时，有时由于泥浆的流失或推进速度的变化，进、排泥浆量将会失去平衡，气液接触面就会出现上下波动现象。通过液位传感器，根据液位的高低变化来操纵进浆泵转速，使液位恢复到设定位置，以保持开挖面支护液压的稳定。也就是说，进浆泵输出量随液位下降而增加，随液位上升而减小，另外在液位最高和最低处设有限位器，当液位达到最高位时，停止进浆泵，当液位降低到最低位时，则停止排浆泵。由于空气缓冲层的弹性作用，当液位波动时，对支护泥浆压力变化无明显影响。间接控制型泥水平衡盾构通过配置气压仓等压气设备，通过气压仓压力与工作面周围的静水压力及土压力平衡，维持切削仓内的压力来保证开挖面的稳定。与直接控制型相比，其操作控制更为简化，泥水压力波动小，控制精度高，对开挖面土层支护更为稳定，对地表变形控制也更为有利。

（二）泥水平衡盾构开挖面稳定机理

泥水平衡盾构开挖面稳定依靠密封仓压力泥浆来实现，当泥浆渗入地层中，形成渗透性非常小的一层泥膜，泥浆压力通过泥膜有效地作用于开挖面，从而可防止开挖面的变形和崩塌，确保开挖面的稳定。

利用泥浆稳定掘削面的想法源于地下连续墙的泥浆护壁原理，其基本原理是通过在支撑环前面装置隔板的密封仓中，注入适当压力的泥浆，使其在开挖面形成泥膜，支撑正面土体，并由安装在正面的刀盘切削土体表层泥膜，与泥浆混合后，形成高密度泥浆。

泥浆与掘削面接触后，在压力的作用下可迅速地在掘削面的表面形成隔水泥膜。在泥浆与掘削地层接触时，由于作用在掘削面上的泥浆压大于掘削地层的间隙水压（地下水压），泥浆中的细粒成分及水通过地层间隙流入掘削地层。其中，细粒成分填充地层间隙，使地层的渗透系数变小。而泥浆中的水通过间隙流入地层，这部分流入地层的水称为过滤水，对应的水量称为滤水量（也称脱水量）。滤水的出现使地层的间隙水压上升，该地层间隙水压的升高部分称作过剩地下间隙水压（简称过剩地下水压）。

在泥水平衡理论中，泥膜的形成至关重要。当泥浆压力大于地下水压力时，泥浆按达西定律渗入土壤，形成与土壤间隙成一定比例的悬浮颗粒，其被捕获并积聚于土壤与泥水的接触表面，泥膜就此形成。随着时间的推移，泥膜的厚度不断增加，渗透抵抗力逐渐增强。当泥膜抵抗力远大于正面土压时，产生泥水平衡效果。

泥水平衡盾构是通过在支撑环前面装置隔板的密封仓中，注入适当压力的泥浆，使其在开挖面形成泥膜，支撑正面土体，并由安装在正面的大刀盘切削上体表层泥膜，与泥浆混合后，形成高密度泥浆，然后由排浆泵及管道把泥浆输送到地面处理。整个过程由通过建立在地面中央控制室内的泥水平衡自动控制系统统一管理。

（三）泥浆的基本性能

泥浆必须具备物理稳定性好、化学稳定性好，密度和黏度适中、流动性好、成膜性好等特性。

1.物理稳定性

物理稳定性是指泥浆经长时间静置，泥浆中黏土颗粒始终保持浮游散悬物理状态的能力。通常用界面高度判定泥浆稳定性的优劣。界面高度变化越小，说明泥浆的物理稳定性越好；界面高度变化越大，说明泥浆的物理稳定性越差。

2.化学稳定性

化学稳定性是指泥浆中混入带正离子的杂质［水泥（Ca^{2+}）或海水（Na^+、Mg^{2+}）］时，泥浆成膜功能减退的化学劣化现象，其原因是黏土颗粒带负离子，当遇到 Ca^{2+} 等正离子时，黏土颗粒就从散悬状态变为凝聚状态，使泥浆的黏性增加。泥浆中浮游散悬态的黏土颗粒的数量锐减，导致泥膜生成困难。

研究发现，泥浆未遭受正离子污染劣化时 pH 值的分布范围为 7~10，呈弱碱性；当泥浆遭受正离子杂质污染劣化后，pH 值远超过 10。可利用 pH 值增加的现象，判定正离子造成的劣化程度，即可鉴别泥浆的化学稳定性。

3.密度

为保持开挖面的稳定，即把开挖面的变形控制到最小限度，泥浆密度应根据地层特性适当调整，从理论上讲，泥浆密度提高能使泥浆屈服值升高，同时能使泥膜的稳定性增强。试验证明，高密度的泥浆可以产生高质量的泥膜，泥浆密度最好能达到开挖土体的密度，但是，高密度的泥浆会引起进排浆泵超负荷运转以及泥浆处理困难；而低密度的泥浆虽可减轻泥浆泵的负荷，但因泥粒渗走量增加，泥膜形成慢，对开挖面稳定不利。因此，在选定泥浆密度时，必须充分考虑土体的地层结构，在保证开挖面稳定的同时也要考虑设备能力。

4.黏度

泥浆必须具有适当的黏度，以起到以下效果：

（1）防止泥浆中的黏土、沙粒在泥水仓底部沉积，保持开挖面稳定；

（2）提高黏性，增大阻力防止泥浆逃逸；

（3）使开挖下来的弃土以流体输送，经泥水处理设备将泥浆分离。

5.脱水量

脱水量是指泥浆中的水通过地层间隙流入地层的数量，脱水量大，致使地层中的过剩地下水压增加，即泥浆的有效泥浆压减小，可以通过检测脱水大小，来判定泥浆稳定掘削面的有效性。

6.渗透成膜状态

泥浆在掘削面上的渗透形态可分为以下三种：

（1）类型1。地层的有效间隙 $L<D_{min}$（泥水最小粒径）的情形。当泥浆与掘削开始接触后，泥浆中的水渗入地层，而颗粒成分吸附聚积在掘削面表面，经过一段时间（成膜时间）后，掘削面上形成一层泥膜。成膜后脱水量、过剩地下水压停止增加。这种情形多发生在黏性土、粉粒土及细砂土等土层。

（2）类型2。地层的有效间隙 $L>3_{min}$ 情形。全部泥浆可经过地层间隙流走，无法形成泥膜，渗流速度大、脱水量大、过剩地下水压大，无法稳定掘削面。这种情形多发生在粗砂、沙砾等地层。其解决措施是增大泥浆的粒径，即在泥浆中添加沙粒。

（3）类型3。$D_{min}<L<3 D_{min}$ 的情形。该类型的特点是泥浆中的颗粒成分向地层间隙渗透、填充，最后成膜。因膜厚取决于渗透深度，所以该膜较类型1的吸附聚集膜更厚。这种情形多发生于中、细砂地层。

7.可渗比

可渗比用以表征泥浆是否能在掘削面形成泥膜的条件，用地层空隙直径 L 与泥浆有效直径 G 的比值如表示。$n=L/G<2$ 时，泥浆颗粒无法渗入地层；$n=2\sim4$ 时，泥浆颗粒可以渗入地层；$n>4$ 时，泥浆颗粒通过地层空隙流走。

（四）泥浆参数设置

泥水平衡盾构开挖面稳定性是一个非常复杂的问题，在实际施工中，除控制好泥浆性能形成有效的泥膜，使支撑有效地作用在开挖面上以外，土仓压力的控制和流量平衡、推力和刀盘转速的配合也至关重要。

孤石地层造浆能力差，要稳定开挖断面内上部软弱地层并确保泥浆的携渣能力，需要浓度较高的优质泥浆，另外泥水平衡盾构掘进过程中多种因素致使泥水质量劣化，偏离原定最佳值，因此应不断调整泥水的质量，主要靠向泥水中添加添加剂，使其质量始终保持在最佳状态，此外还需要根据地质情况事先储备较高浓度的泥浆进行备用。

1.泥浆材料组成

泥浆的配制材料包括水、颗粒材料、添加剂。颗粒材料多以黏土、膨润土、陶土、石粉、粉砂、细砂为主。添加剂多以化学试剂为主。泥浆材料需根据掘削地层的土质条件确定，其使用要求如下：

（1）胶化黏土。成本低，效果好，是配制泥水的主要用料，应最大限度地使用排放泥浆中的回收黏土。

（2）膨润土。泥水主材黏土的补充材料，膨润土通常是以蒙脱石为主要成分的黏土矿物，其相对密度为2.4～2.9，液限为330%～600%、遇水体积膨胀10~15倍。另外，其颗粒表面带负电，易与带正电的地层结合形成优质泥膜。

（3）CMC。木材、树皮经化学处理后的高分子糊，溶于水时呈现极高的黏性，故多用来作增黏剂。

（4）纯碱。碳酸钠（Na_2CO_3）又称苏打，俗名纯碱，外观为白色粉末或细粒结晶，味涩，相对密度（25℃）2.532，易溶于水，在35.4℃其溶解度最大，每100g水中可溶解49.7g碳酸钠（0℃时为7.0g，100℃为45.5g），其水溶液水解呈碱性，有一定的腐蚀性，能与酸进行中和反应，生成相应的盐并释放出二氧化碳。纯碱的作用是增加泥水的活性，以降低泥水的密度和黏度，可根据泥水实测黏度和密度情况掺入。

（5）水。在使用地下水和江河水的场合下，事先应进行水质检查和泥浆调和试验，必须除去不纯物质和调整pH值。

（6）砂。盾构在上软下硬地层掘进时，有可能遇到一定的孤石，因地层的有效空隙直径较大，故需在泥浆中添加一定的砂，以便填充掘削地层的空隙。此时，根据$n=14~16$的条件确认砂的粒径。

2.泥水配比确定

（1）根据地质勘探粒度试验结果，通过计算得出掘进地层的D15（D15为地层粒径累加曲线15%的粒径）。

（2）选定使用的膨润土，求出该膨润土的粒度级配累加曲线

（3）选定2~3种与膨润土混合后，对掘削地层具有n值为14~16粒度分布的颗粒添加剂。

（4）向选定膨润土和泥浆添加剂的混合液中加入增黏剂和分散剂，按相对密度为1.2、漏斗黏度25~30s、n值为14~16的标准质量确认。

二、土压平衡盾构开挖面稳定技术

（一）土压平衡盾构掘进模式

土压平衡盾构一般具有敞开式（OPEN）、半敞开式（SEMI-OPEN）和土压平衡式（EPB）三种掘进模式，每一种掘进模式具有不同的特点和适用条件，见表4-7。

表4-7 掘进模式及适应条件

有关事项	掘进模式		
	敞开式	半敞开式	土压平衡式
适应地层	掘削地层完全可以自立，且地下水少，即使有少量地下涌水，也完全可以控制，多数为硬岩层	掘削地层的地下水压力为0.1~0.2MPa，且地下水丰富。具体地层多为硬岩层，局部强风化岩层或全风化岩层、软岩层	掘削地层为不能自立的土层，地下水压较大（超过0.2MPa），且地下水丰富，具体指隧道全断面或上部处于不稳定地层和强风化岩层、全断面处于断裂构造带及地层涌水量大的地层
系统参数设定	土仓内无须建立压力（超过大气压的压力）。螺旋输送机的转速可据出土状况设定	向土仓内压注压缩空气，气压<0.2MPa。土仓内掘削土可顺利压往螺旋输送机入口	可根据具体情况随时改变螺旋输送机的转速，从而调节土仓内压，可适当加大泥浆（或泥水）的注入压力
添加材料的使用状况	掘削土体黏度较大时，可向土仓内注入适量的水	需往掘削面上的土仓内添加发泡剂	需往掘削面上和土仓内添加发泡剂，有时也添加膨润土等添加材料
掘进速度	8~12cm/min	5~8cm/min	2~5cm/min
注意事项	注意观察渣土状况，一旦发现涌水或出土量不正常，应立即建立土压或气压	掘进结束后，土仓内应保持一定的渣土，以防止下次打开螺旋输送机时土仓发生喷涌	控制好螺旋输送机的出土速度及盾构的推进速度，使土仓内的压力保持在设定值

1.敞开式

该掘进模式类似于TBM掘进，盾构切削下来的渣土进入土仓内即刻被螺旋输送机排出，土仓内仅有极少量的渣土，基本处于清空状态，掘进中刀盘和螺旋输送机所受反扭力较小。由于土仓内压力为大气压，故不能支撑开挖面地层和防止地下水渗入。该模式适用于能够自稳、地下水少的地层。

2.半敞开式

半敞开式有的又称作局部气压模式。掘进过程中土仓内下半部是岩渣，上半部是压缩空气（气压<0.2MPa），靠该气压对抗掘削面上的土压和地下水压，防止掘削面的土体坍塌及地下水的涌入。

该掘进模式适用于具有一定自稳能力和地下水压力不太高的地层，其防止地下水渗入的效果主要取决于压缩空气的压力。

3.土压平衡式

土压平衡式就是将刀盘切削下来的渣土充满土仓，并通过推进操作产生与土压力和水压力相平衡的土仓压力来稳定开挖面地层和防止地下水的渗入。该掘进模式适用于不稳定的软土和富水地层。土压平衡式是目前应用最为广泛的一种。

（二）开挖面稳定机构组成

土压平衡盾构开挖面稳定机构组成是通过刀盘的旋转和盾构主机的推进，由安装在刀盘面板前部的各种刀具将前方土体切削下来，切削下来的土体通过刀盘面板上的空隙进入土仓内，再通过螺旋输送机和渣土输送设备将切削土体排出到隧道外的渣土坑。刀盘后部面板和盾构主机隔板上分别分布有一定数量的搅拌棒，用以对土仓内渣土进行强制搅拌；同时，通过添加剂输入管道向土仓内注入泡沫、水或膨润土等添加剂，用以改善土仓内渣土的流动性和止水性；盾构主机隔板上分布有土压传感器，可以实时测量土仓压力的大小。通过调节刀盘转速、推进速度、螺旋输送机的排土速度来控制土仓压力大小，最终达到开挖面土压力和水压力与土仓压力的值基本保持平衡，实现开挖面的稳定。

1.刀盘

刀盘作为转动的盘状掘削器，由刀具、面板、出土口、驱动机构、轴承机构等构成。刀盘设置在盾构的最前方，其功能是既能掘削地层土体，又能对掘削面起一定支撑作用从而保证掘削面的稳定。

（1）刀盘结构设计与刀具配置。在孤石地层掘进施工时，建议选用面板式刀盘或复合式刀盘。

（2）刀盘开口率。盾构在孤石地层掘进时，刀盘开口率的大小和位置取决于以下因素：

①保证切削面切削下的块状孤石能够穿过开口进入土仓，否则被切削的石块在掌子面随刀盘转动，将对刀盘产生损害。②进入土仓的石块必须与螺旋输送机的最大通过粒径能力相适应，确保进入土仓的石块能被螺旋输送机顺利排出，即符合"吃得进、排得出"原则。一般采取在开口部位焊接隔板的方法控制进入土仓的孤石的粒径。

2.螺旋输送机

螺旋输送机是土压平衡盾构的重要组成部分，是土压平衡盾构排土和建立土压平衡的主要设备，安装于前盾的底部和管片安装机之间。由刀盘切削下来的土体进入土仓，经改良后成为流塑状，流塑状土体充满土仓。螺旋输送机工作时，深入土仓内的螺杆和螺旋叶片在液压马达的驱动下旋转，渣土在叶片和螺旋机筒体的共同作用下，沿一定角度的螺旋线进行输送提升，至出土口处排出。在保持刀盘转速及推进速度不变的情况下，通过对仓内土压力的实时反馈来控制螺旋输送机转速，可将其土压力控制在设定的范围内，使得开挖面基本稳定，达到控制地表沉降的目的。

（1）螺旋输送机的主要功能。①从有压力的密封土仓内将渣土排出。②渣土在螺旋输送机内形成密封土塞，保持土仓内压力稳定。③改变螺旋输送机的转速，调节排土速度，即调节土仓内的压力值，使其与掌子面水土压力保持动态平衡。

（2）螺旋输送机的分类。按照螺旋轴的形式不同可以分为轴式螺旋输送机和带式螺旋输送机，轴式螺旋输送机是将螺旋叶片焊接至一根圆形钢管上制作而成；带式螺旋轴是由单独的螺旋叶片焊接而成，中心轴位置是一个空腔，带式叶片通常经过铸造完成，叶片厚度较厚。

两种螺旋输送机能够输送的最大颗粒粒径为：

①$H \leqslant 0.35D$（针对轴式螺旋输送机）；

②$H \leqslant 0.60D$（针对带式螺旋输送机）。

根据孤石地层的特性，一般情况下选用轴式螺旋输送机。

（3）轴式螺旋输送机的特征。①轴式螺旋输送机内部为一个带轴的螺杆，螺杆上分布有螺旋叶片，螺杆能够沿着螺旋输送机中心轴线前后伸缩，可以有效防止螺杆被卡；同时，每两个螺旋叶片之间能够形成土塞，保持土仓压力的连续性和稳定性。盾构在孤石地层掘进时，由于仓内堆积的石块较多，随着刀盘的转动，驱赶着堆积起来的石块一起运动，易造成搅拌棒、螺旋输送机轴断裂等问题，故在掘进过程中，螺旋输送机适当收回，确保盾构正常出渣。②调节轴式螺旋输送机的出土速度（螺杆转速）是控制土仓压力的重要方法之一。螺旋输送机通过液压马达驱动，其转速范围可以在 $0 \sim 22r/min$ 内无级调速，从而可以很好地控制排土量。③为了提高渣土的流动性，轴式螺旋输送机圆周设计有渣土改良添加剂注入口，减小渣土输送阻力。④轴式螺旋输送机上安装有土压传感器，和盾构主机前隔板上土压传感器一起构成土仓压力测量系统，以便更好地实时反馈土仓压力的变化情况。

3.添加剂注入机构

在上软下硬孤石地层中掘进时，一般采取向盾构隧道开挖面、土仓或螺旋输送机内注入添加剂进行渣土改良，这样不仅可以对上部软弱地层起到一个泥模的作用，使土仓内的高压空气不易逸出，阻止地下水的涌入，有效防止上面软土地层的坍塌，而且可以降低渣土的内摩擦角从而降低刀盘的扭矩，增加渣土的流动性，降低渣土的透水性，从而达到堵水、减摩、降扭矩及保压的效果，对平衡、维持开挖面的稳定性有重要作用。添加剂的种类主要有泡沫、膨润土和水。

（1）刀盘前面板上的注入口，可以改善土体的切削性能，减少刀盘刀具的磨损。

（2）土仓隔板上的注入口，可以提高土仓内渣土的流动性，降低刀盘转动阻力，改善螺旋输送机进料效果，提高土压传感器测量精度。

（3）螺旋输送机的注入口，改善螺旋输送机的排土效果，减少螺杆和螺旋叶片的磨损，提高渣土在螺旋输送机壳体内的密封效果。

第五节　孤石地层盾构掘进控制技术

一、总体思路

总体思路是"优化刀具、限制转速、调整泥浆/渣土改良、控制姿态、带压进仓、仓内打捞"。宜遵循"慢"和"稳"的原则，刀具贯入度不宜过大，推力、扭矩及刀盘转速应避免较大波动。

通过实验段拟定盾构掘进参数，实行超前管理，制定严格的参数预警值；当盾构掘进的各项参数达到预警值时，及时采取措施，优化掘进参数；合理组织开仓检查，及时更换刀具，防止刀盘、刀具出现异常磨损现象。

二、施工控制要点和技术措施

盾构通过孤石地层时，盾构掘进参数会发生变化，且会出现异常情况，如掘进振动大、推力和扭矩变化大、刀盘仓有异响等。盾构司机必须时刻警惕掘进参数变化，发现异常情况时应立即上报，并采取相应措施，严禁盲目掘进。

（一）控制要点

（1）根据地层情况保持一定的泥水仓/土仓压力。泥水平衡盾构做好泥浆调制，合理控制泥浆参数；土压平衡盾构根据地质条件向刀盘仓注入泡沫及膨润土改良渣土，做好渣土改良工作；降低刀盘温度，减少刀具磨损，减小刀盘扭矩。

（2）采用小推力、低扭矩、低转速、低速度平稳掘进，并严格控制掘进贯入度，防止滚刀不旋转造成偏磨或滚刀过载损坏。

（3）泥水平衡盾构合理控制刀盘仓顶部压力和泥浆循环系统；土压平衡盾构采用土压平衡模式掘进；控制出土量，防止超挖，并加强地面监测，做好注浆加固的应急准备。

（4）掘进过程中，确保同步注浆量与掘进速度匹配，合理设置浆液配比和注浆参数，并及时进行二次补充注浆。

（5）严格控制推力、扭矩、姿态等各项参数，减少对土层的扰动，并通过注意盾体区域声音、观察渣样、分析参数等方法来判断掘进异常情况，及时检查更换刀具，使盾构保持平稳掘进。

（二）技术措施

（1）加密补充地质勘探，掌握孤石分布情况。提前做好准备工作，如地面预加固进行孤石破除和更换刀具。

（2）孤石段掘进不比正常掘进，盾构犹如逆水行舟，举步维艰，在此过程中盾构司机要随时注意参数变化，发现异常立刻停机汇报，待找到原因后方可恢复推进，以免造成不必要的损失。

（3）遇到未探明孤石时，首先要从盾构掘进参数上去判断是否遇到孤石，一般遇到孤石时，盾构掘进参数总推力增大、扭矩波动大、速度减慢，刀盘前面有异常响声，可通过出渣情况和掘进参数判断孤石大小，调整盾构施工掘进参数。

（4）遇到孤石后，以"低速度、低转速、低扭矩、小推力、低贯入"的思路进行掘进参数选择。应如实记录掘进参数，并进行分析，发现异常情况，应立即停机检查。

（5）盾构掘进参数异常时，应遵循"主动检查、积极处理、禁止盲推和强推"的原则，主动带压检查和更换刀具，积极采取措施处理孤石，坚决杜绝盲目掘进。

（6）应勤检查、勤换刀，有计划地组织带压进仓作业，把带压进仓作为一项常规工序进行管理和执行。

（7）必须对出渣量进行动态监控，严格控制出渣量，减少对开挖面扰动影响范围，以确保开挖面的稳定。

（8）盾构穿越孤石地层技术难度及施工风险极大，当遇到大型孤石群和大直径孤石时，盾构很难正常通过，应遵循"预先探明、提前处理"的原则。

（9）在施工过程中，做好地面巡视、监测和盾构风险管控信息化管理，提前做好各种施工风险应急预案，发现问题及时处理和解决，防止事态扩大。

（10）盾构施工应严格执行标准化、程序化管理，确保掘进参数指令、设备保养等各项措施执行到位，避免管理缺陷造成事故后被动的局面。

三、掘进参数设置与分析

盾构到达含孤石段前，应及时检查更换刀具，根据地层埋深合理设置掌子面压力，采用"低速度、低转速、低扭矩、小推力、低贯入"方法掘进。盾构穿越孤石段复杂地层过程时，对地层的扰动较大，通过合理选取盾构掘进参数，可以从很大程度上减小这种扰动，避免长时间停机，保证盾构安全通过。

（一）始发段掘进参数设置

以台山核电引水隧洞工程为例，采用泥水平衡盾构施工，开挖直径9000mm。始发段经过钻孔和爆破，洞身以及隧洞上部和周边围岩原有的自稳性被破坏，岩层间裂隙和孔洞较多，在一定程度上增加了渗水、冒气、冒浆甚至小范围地层沉陷风险，而且强度高的花岗岩和孤石在刀盘转速过快时对刀具的破坏程度较大。

为了更好地规避施工风险，使盾构掘进施工顺利，减小刀盘转动对掌子面的扰动和出渣顺畅，采取"推力适中、低转速、低速度"的原则进行施工。始发段掘进参数设置见表4-8。

表4-8　盾构始发段掘进参数设置

序号	掘进参数	设定值	备注
1	泥水仓顶部压力	根据埋深调整	地面载荷20kN/m²，系数取1.1~1.3；压力波动范围控制在0.01MPa之内
2	进浆相对密度/进浆黏度	1.15~1.20/23s	始发段处于中风化花岗岩地层中，隧道顶部出现少量淤泥和粉质黏土，且含有孤石
3	掘进速度	0~15mm/min	在孤石预爆破段掘进速度控制在15mm以内
4	进排泥浆流量差	与掘进速度相匹配	避免大的超挖
5	总推力	10000~15000kN	根据情况确定，保证推进速度小于15mm/min
6	转速	1.0~1.3r/min	

（二）正常段参数设置

1.泥水平衡盾构穿越孤石预处理段主要参数设置

以台山核电引水隧洞工程为例，采用泥水平衡盾构施工，开挖直径9000mm。如DK0+390-DK0+450孤石段，采用"中转速、低贯入度"掘进。盾构掘进参数指标见表4-9。

表4-9 主要参数指标（一）

序号	掘进参数	设定值	备注
1	掌子面压力	根据埋深调整	依据地层埋深进行切口水压计算
2	掘进速度	8～15mm/min	
3	进排泥浆流量差	与掘进速度相匹配	保证进排浆流量差不大于300m³/h
4	总推力	18000～23000kN	推进速度小于15mm/min
5	扭矩	2000～3000kN·m	扭矩大于3000kN·m时禁止掘进
6	转速	1.6～2.0r/min	保证贯入度不大于15mm/（r/min）
7	注浆	10～13/m³环	保证管片壁后填充密实

2.土压平衡盾构穿越孤石段主要参数设置

以深圳地铁11号线工程为例，采用土压平衡盾构施工，开挖直径6950mm。土压平衡盾构穿越孤石段地层时，合理设置掘进参数，控制螺旋输送机转速，避免长时间停机。

（1）盾构直接掘进主要参数设置。盾构遇到未探明孤石时，应主动检查，积极处理，禁止盲推和强推。根据出渣情况和掘进参数变化判断孤石大小，合理调整盾构施工掘进参数。例如深圳地铁11号线某区间，主要参数指标见表4-10。

表4-10 主要参数指标（二）

序号	掘进参数	设定值	备注
1	土仓压力	根据埋深调整	盾构穿越孤石段
2	掘进速度	0～20mm/min	
3	总推力	根据扭矩控制推力	
4	扭矩	800-2000kN·m	
5	转速	0.8～1.0r/min	
6	渣土改良	根据地质变化调整	

（2）盾构穿越预处理段参数设置。深圳地铁11号线某区间隧道穿越地质主要为砾质黏性土、全风化粗粒花岗岩，岩层天然抗压强度为37.3-126.1MPa，平均值为81.7MPa。区间隧道范围内的孤石提前采用爆破或破碎处理。主要参数指标见表4-11。

表4-11 主要参数指标（三）

序号	掘进参数	设定值	备注
1	土仓压力	根据埋深调整	盾构穿越孤石段
2	掘进速度	0～30mm/min	
3	总推力	小于20000kN 盾构穿越孤石段	
4	扭矩	800-2000kN·m	
5	转速	1.0～1.5r/min	
6	渣土改良	根据地质变化调整	

（三）到达段掘进参数设置

以深圳11号线车公庙站—红树湾站土压平衡盾构为例，盾构开挖直径为6950mm。在盾构刀盘距离到达段连续墙20m左右时，通过地表沉降监测参数优化盾构掘进参数，逐渐降低掘进速度和推力，确保到达端墙体的稳定和防止地层坍塌，主要参数设置见表4-12。

表4-12 主要参数指标（四）

序号	掘进参数	设定值	备注
1	土仓压力	根据埋深调整	逐渐减小
2	掘进速度	0～25mm/min	
3	总推力	8000kN左右	
4	转速	1.0～1.5r/min	

当盾构进入加固区时，主要以控制参数"推力、姿态、刀盘转速"为主，尽量减少对接收井结构的影响，确保盾构姿态在可控范围内。同时，安排专人密切观察掘进参数、洞门变形情况，提高信息反馈和处理速度，发现异常情况立即停止掘进，并采取相应措施。主要参数指标见表4-13。

表4-13 主要参数指标（五）

序号	掘进参数	设定值	备注
1	土仓压力	逐渐降低土压力至0MPa	
2	掘进速度	10~15mm/min	
3	总推力	小于6000kN	
4	转速	1.0～1.2r/min	
5	注浆压力	0.08-0.1MPa	
6	垂直方向姿态	-10～+20mm	
7	水平方向姿态	-10～+10mm	
8	地面隆陷	+10～-30mm	

（四）掘进参数分析

1.土仓/泥水仓压力

土仓/泥水仓压力主要根据地层埋深进行设定，掘进过程中尽量控制好压力波动，防止地面沉降，压力波动控制在±0.02MPa。

土压平衡盾构可将螺旋输送机转速控制在1r/min，以螺旋输送机仓门开启程度控制出土，遇到孤石后难免会出现喷涌，严禁螺旋输送机长时间停机，为减少喷涌可适当注入聚合物以缓解喷涌。

泥水平衡盾构应合理操作泥浆循环系统，当掌子面压力波动超过0.02MPa，应及时停止推进，通过排浆泵吸口压力、破碎机或泥浆门的开闭程度判断是否出现滞排或堵仓，并加强破碎机区域泥浆循环和冲刷，避免堵仓和滞排引起掌子面压力波动。同时，严禁停止掘进即停止泥浆循环系统，根据地质特点合理控制泥水循环时间，避免停机时间过长引起排浆口区域渣土沉淀。

2.刀盘转速

刀盘转速的控制直接影响到孤石的磨损周期，转速越快，扭矩越大，孤石磨损周期缩短，但存在滚刀刀刃崩裂、刀箱变形、盾构扭转等风险。刀盘转速过慢，孤石磨损周期加长，推进速度缓慢。合理地选择刀盘转速直接影响到盾构掘进孤石段的安全及功效。

3.刀盘扭矩

刀盘扭矩的变化主要由孤石的大小、硬度和嵌入刀盘的方式决定，应根据盾构掘进试验段掘进参数设定，合理地设置扭矩上限值是保证掘进安全的前提。当扭矩过大时可适当注入聚合物（有一定的润滑作用，且可以防止喷涌），可大大降低扭矩（注意：聚合物和膨润土不能同时使用，若同时聚集在土仓内极易形成泥饼）。

4.推力

在孤石段掘进推力控制难度较大，推力过小盾构无法掘进，推力过大易造成刀盘扭矩大且盾构抖动较大，只能根据刀盘扭矩变化控制推力，即只能根据"扭矩控制推力法"。

5.推进速度

孤石段掘进与正常掘进截然不同，由于地质原因盾构不能正常发挥其功能，各项参数波动频繁，设备负载波动频繁，在此期间要严格控制推进速度，禁止盲目掘进。并根据孤石的抗压强度适当将上限值调低。

四、掘进异常情况分析

盾构在孤石地层中掘进，应遵守"勤检查、勤换刀"的方针，尤其是在掘进过程中出现异常时要及时检查换刀，不能盲目掘进。掘进异常情况可通过以下方式进行判断：

（1）掘进时通过盾体区域的声音判断刀具使用情况。如听到刀盘仓内有硬物滚动的异响，则可能有孤石或部分刀具损坏滚落仓内。

（2）通过掘进参数判断刀具的状态。掘进过程中如出现以下情况则可能刀具已部分损坏：①推力大，但扭矩小、速度小；②扭矩大，但速度小；③扭矩、速度波动明显较平常大。

（3）观察泥水处理系统渣土/螺旋输送机排出的渣样判断刀具的磨损情况。正常低速均匀掘进时，一般排出的渣土比较均匀，当排出渣土中的碎石大小不一、异于平常时，则可能部分刀具已损坏。

（4）通过泥水循环不畅、破碎机关闭异常，或螺旋输送机出渣不畅等现象，判断是否存在刀具或孤石掉落堵仓，并及时停机检查和处理。

五、同步注浆

盾构穿越孤石段施工时，因掘进速度较慢，孤石对周边层扰动大造成土体流失，出渣量难于控制，可能存在超挖现象，必须保证同步注浆量。

（一）施工工艺流程

施工工艺流程及质量保证措施参照第四章"同步注浆"相关内容。

（二）浆液性能指标

结合孤石地质特性，通过调研国内相关工程施工案例的注浆浆液配比及施工情况，确定同步注浆浆液的性能指标。

（1）胶凝时间。具有良好的稳定性及流动性，初凝结时间控制在 3～5h，保证注浆效果和及时支护的要求。

（2）固结体强度。1d 不小于 0.2MPa，28d 不小于 2.5MPa。

（3）固结率。大于 95%，即固结收缩率小于 5%。

（4）稠度。8～12cm，当处于 10cm 左右为最佳。

（5）浆液稳定性。静置不沉淀、不离析或在胶凝时间内静置沉淀离析少。倾析率小于 5%。

（6）防稀释性。在压力地下水作用下，浆液具有较好的防水稀释性能。

六、二次注浆

为提高孤石爆破段衬砌注浆层的防水性及密实度，考虑前期同步注浆效果不佳以及浆液固结率的影响，在同步注浆结束后进行二次注浆。

（一）二次注浆分类

二次注浆一般分为两种，即环箍注浆及二次补强注浆。

1.环箍注浆

指在掘进完成后，每隔一定距离进行二次注浆，在管片衬砌外形成一道加强止水环，防止裂隙水流沿同步注浆与围岩相接面处纵向渗流。

2.二次补强注浆

指根据沉降监测的反馈信息及管片内表面渗漏水情况，综合判断需要进行二次补强注浆的部位。

（二）二次注浆施工工艺流程

施工工艺流程参照本书第四章"二次注浆"相关内容。

（三）二次注浆材料及配比选择

（1）注浆材料与设备。水泥：普通硅酸盐水泥；水玻璃：模数2.4～2.8，波美度为51°Be（°Be表示溶液的浓度）。注浆设备为双液注浆泵。

（2）浆液参数。在孤石地层中环箍堵水注水泥-水玻璃浆参数，见表4-14。

表4-14　浆液配比参数

水玻璃（A液）	水泥浆（B液）	凝胶时间（S）	注浆终压（MPa）	注浆流量（L/min）
水玻璃：水	水灰比			
1：1	1：1	30~45	0.5~0.8	10~20

注：表中所述比例均指质量比。

第五章　大粒径卵石地层盾构处理技术

大粒径卵石地层主要分布于北京、成都、兰州等地，在盾构施工过程中存在很大的风险和困难，如掌子面前方大粒径卵石难以有效破碎、掌子面压力难以建立与欠压掘进、刀盘或螺旋输送机卡死、地层超挖明显及地表沉降难以控制等。

本章结合地层特性和施工难点以及施工案例，主要针对设备适应性选型、卵石地层处理技术、开挖面稳定控制技术、掘进控制技术等方面进行分析和总结。

第一节　地层特性与施工难点

一、地层特性

（一）砂卵石地层的定义

广义上，所有以漂石（块石）、卵石（碎石）、砾石（角砾）为主，含有砂土及少量黏性土粒的粗碎屑堆积物，统称为砂卵石，天然的砂卵石是由许多大小不等的颗粒组成。根据土力学相关规定，砂是指粒径为0.075~2mm的颗粒，卵石是指粒径为60~200mm的颗粒，砂卵石地层是指以砂和卵砾石为主的地层，并且卵石含量较高。

（二）工程特点

（1）大粒径砂卵石地层是一种典型的力学不稳定地层，卵石颗粒间空隙大，黏聚力低，具有明显的离散特点。

（2）卵石含量高、颗粒粒径大，卵石含量达55%~90%，局部富集大粒径卵石（直径：200mm），含量高达50%~85%。

（3）卵石单轴抗压强度高，一般在65~200MPa，平均值100MPa以上。卵石主要成分为花岗岩、玄武岩、闪长岩、石英岩和灰岩等。

（4）大粒径砂卵石地层由大粒径卵石、卵石、砂或黏性土等组成，局部有胶结层，地质条件复杂多变。

（5）砂卵石地层中，当卵砾石等粗集料的含量在70%以上时，工程特性主要由粗集料控制；含量在70%以下时，工程特性主要由细集料控制。一般而言，当地层中卵石、砾石含量越高时，其摩擦角越大，变形模量也越大，渣土的和易性和流动性也较差。

二、施工难点

砂卵石地层属于力学不稳定层，其主要特性是结构松散、无胶结、呈大小不等的颗粒状，且颗粒之间的空隙大、黏聚力为零，颗粒之间的传力方式为点对点，围岩整体强度较低，但单个卵石强度高，在地层中起骨架作用。在这种地层中盾构掘进所受到的不利影响主要表现在以下几个方面：

（一）刀盘卡死

在砂卵石地层条件下盾构施工时，大粒径卵石易松动、掉落，尤其在弱胶结高渗透性地区，在刀盘旋转、切削作用下，大粒径卵石随着刀盘一起转动，难以有效破碎和排出，极易出现刀盘卡死现象。

如某工程排出的最大卵石直径超过500mm，掘进过程中刀盘贯入度和掘进速度较低，同时出土量较大，出现刀盘卡死，采用正反转、刀盘后退等常规方法无法得到有效解决，只能采取开仓方式进行处理。

（二）设备磨损严重

大粒径砂卵石地层卵石流动性差、石英含量高，局部有砂卵石胶结层，且大粒径卵石破碎难度大。在盾构掘进过程中，刀盘和刀具、螺旋输送机/泥浆循环系统磨损严重，同时由于卵石对刀具的撞击致使刀具出现非正常损坏，加剧了刀具的磨损和损坏。

（三）地面沉降控制难度大

大粒径卵石地层均一性、气密性和自稳性差，在盾构掘进过程中，大粒径卵石由于强度和硬度都很高，不易被破碎，破碎过程对地层扰动大，导致砂卵石地层地表沉降具有突发性和随机性，在外界环境因素作用下出现地表沉降、坍塌。

在采用土压平衡盾构施工时，大粒径卵石容易在螺旋输送机中卡住，导致出土不畅，为了将卵石排出就需加大螺旋输送机转速，进而引起超挖及掌子面失稳。

在采用泥水平衡盾构施工时，大粒径卵石易堆积在泥浆门和破碎机区域，堵仓现象时有发生，长时间进行泥浆循环或冲刷时，掌子面压力波动大，极易发生掌子面失稳，造成地面沉降。

（四）带压作业风险大

大粒径卵石地层刀盘及刀具磨损严重，盾构掘进过程中势必要停机进行换刀作业，因砂卵石地层气密性和稳定性差，盾构停机带压换刀过程中掌子面安全性差，带压维修作业风险极大。

第二节　盾构适应性选型设计

一、选型原则和依据

（1）结合隧道穿越地层中大粒径卵石直径和含量，以及地层的密实程度，充分考虑盾构刀盘的结构形式和刀具配置。

（2）具有在大粒径卵石或大漂石地层直接掘进通过的能力，应充分考虑刀盘、主驱动、螺旋输送机/破碎机和泥浆循环系统的能力储备。

二、卵石地层适应性设计

（一）设备形式确定

按照盾构选型原则和依据，结合大粒径卵石地层特点，泥水平衡盾构和土压平衡盾构均可采用。在卵石粒径大、含量高及有大粒径漂石存在的地区，优先推荐采用土压平衡盾构施工。在细颗粒含量较多，且卵石层中有黏土存在，卵石粒径相对较小，出现大粒径漂石的可能性较少，同时具备较大的施工场地，可以采用泥水平衡盾构进行施工。

（二）地质适应性设计

盾构除具有开挖、管片安装、注浆、渣土改良/泥浆处理、测量导向等基本功能外，还应具有大粒径卵石地层掘进的地质适应能力。

（1）合理的刀盘结构设计，应具有足够的刚度和强度以及耐磨性能。在砂卵石地层掘进时，受刀盘的扰动和地下水的作用，砂层很容易液化造成掌子面的自立性很差。辐条式刀盘有利于提高掘进效率，降低刀盘扭矩；面板式刀盘有利于掌子面压力控制和限制进入土仓的卵石粒径。结合砂卵石地层特性，建议采用辐条和小面板结构组合方式，即复合式刀盘。

（2）合理的刀盘开口率，在满足开挖面稳定的条件下，开口要足够大，这样才能使刀盘切削下来的渣土较快地进入刀盘后部，从而保证掘进速度。当地层中存在黏土层时，尽量加大中心开口率，保证中心开口率在40%以上，防止中心结泥饼。刀盘单个开口的大小将限制进入搅拌仓的颗粒或漂石的大小，其基本原则是进入搅拌仓的颗粒能够经过螺旋输送机排出/破碎机破碎后排出。

（3）刀具布置需考虑砂卵石地层的特性，因其单个卵石的抗压强度高，主切削刀具不能有效破碎，主要是起扰动作用，即把卵石从开挖面土体中先松动下来，再经过刀盘开口进入土仓。滚刀在沙土含量较多时易出现偏磨，因此，盾构刀具配置除滚刀外，还需布置适当数量的撕裂刀、贝壳刀，其不仅起到扰动卵石的作用，而且在含砂量较大时掘进效率相对更高。

（4）刀盘、刀具、螺旋输送机/破碎机等设计应充分考虑大漂石的处理能力，刀具结构设计和材料选用应具有较好的抗冲击性能；螺旋输送机/破碎机应具有较高的能力储备和耐磨设计。

（5）主驱动系统需要有足够的功率和扭矩，一般采用液压驱动。液压驱动具有耐冲击性、高扭矩等特性，能更好地适应砂卵石地层掘进。

（三）土压平衡盾构

（1）卵石以排为主，破碎为辅。刀盘建议采用中间支撑方式，辐条加小面板式结构，刀盘开口率在35%左右，同时加大刀盘中心部位的开口。

采用轴式螺旋输送机可以直接排放大部分的卵石。预留二级螺旋机接口，分段设置检查窗口，便于检修和维护。

（2）卵石不破碎，直接排放。建议采用辐条式刀盘，开口率在65%左右，带式螺旋机排渣方式。日本在这方面成功经验较多，日立盾构采用直径为1000mm的带式螺旋机，可以输送$L725×φ670mm$的卵石；直径845mm的带式螺旋机，可以输送$L630×φ570mm$的卵石，即使在含大漂石的砂卵石地层中亦完全适用，但地下水位较高的地区，带式螺旋机不易形成土塞效应，实际效果还有待于验证。

（四）泥水平衡盾构

（1）建议脱困扭矩大于$5500kN·m$（常规地铁盾构），在发生掌子面局部坍塌堵塞泥水仓时，可以顺利脱困，尽量避免采用地表加固地层后人工清仓脱困的方法。

（2）采用工作面破碎和卵石分级的方式，盘形滚刀将卵石在刀盘前方破碎之后，利用在气垫仓与排泥管之间设置的旋转式分级器进行卵石分级处理，将粒径大于50mm的卵石分离出来，用矿车等运输工具运至洞外。

（3）采用工作面破碎和破碎机破碎的方式，刀盘开口大小与破碎机处理能力相匹配，刀盘结构采用复合式刀盘，全盘配置滚刀，并设置足够数量的焊接撕裂刀，提高刀盘和刀具的破岩能力。首先将大粒径卵石在刀盘前方进行破碎，再依靠破碎机进行二次破碎后通过泥浆循环系统排出。

第三节　大粒径卵石地层处理技术

在盾构施工过程中，由于砂卵石地层空隙率大，盾构掘进扰动后易造成土体损失、地表沉降。同时，局部砂卵石地层夹砂层透镜体，其自稳能力比较差、透水性强，在开挖面上极容易出现涌砂、涌水等现象，使得卵石地层中细颗粒物随着涌水大量流失，从而引起开挖面失去稳定性、地面沉降严重甚至出现塌陷事故。此外，大量砂卵石地层中的细颗粒随着施工降水被排走，卵石之间形成大量的空洞，地层变得疏松，卵石颗粒之间形成的骨架在受到盾构施工扰动时极易垮塌。

一、砂卵石地层特性分析

（一）砂卵石地层盾构掘进的力学特征

从受力特点来看，砂卵石地层主要依靠卵石间点对点进行接触和传力。卵石之间填充细小颗粒和水分，颗粒之间存在一定咬合摩擦力。卵石之间的咬合摩擦力很容易受外界因素干扰而发生较大的变化，在极端受力的状况下变成完全的松散结构体，颗粒产生流动现象，因此，砂卵石地层属于典型的力学不稳定地层。其基本特征主要表现在结构松散、卵石粒径的大小不均匀且颗粒间无胶结力等，同时，卵石的空隙大多被中、粗砂填充，在无水的情况下，颗粒之间相互传力，地层灵敏度较高，受力敏感。当盾构刀盘旋转切削的时候，刀盘会与卵石层接触，而接触压力不均匀，由此可导致刀头不断振动。在推进油缸顶进力的作用下极容易破坏地层原有的平衡和稳定状态，最终导致坍塌。当坍塌发生，又会引起很大的围岩扰动，使开挖面与洞壁同时失去约束和稳定性，从而造成更大的地层变形，易诱发掌子面坍塌及地表沉降等问题。围岩中卵石的粒径越大，这种扰动的程度便会越大，特别是隧道顶部大块卵石坍落会引起上覆地层的突然沉陷。

（二）砂卵石地层盾构开挖面的失稳特征

通常情况下，砂卵石地层在没有外界动力扰动的情况下，颗粒间会依靠彼此相互嵌固咬合而保持稳定。盾构在对砂卵石地层进行开挖时，如果开挖面的压力不足或螺旋输送机的排土量大于刀盘切削土量，或者是大粒径的卵石被排出，位于刀盘前上方的开挖面便会产生较大的空洞区域。盾构开挖面失稳后，当土仓上部未填充满渣土时，开挖面前上方的松散颗粒由于重力作用向下运动，因此，当欠压掘进时，由于土仓渣土不饱满而使开挖面上部的土体出现临空面而脱落，涌入土仓，造成地层损失塌方。

当盾构位于富水砂卵石地层内掘进时，由于开挖面处的地下水、土压力比较大，往往使得被切削入土仓内的渣土流动性比较差。加之土仓内渣土搅拌不够均匀且渣土改良效果较差时，很难形成与开挖面地层压力相平衡的水土压力，从而导致开挖面地层稳定性难以控制。地层开挖面发生失稳后容易塌落，盾构实际出渣量大于理论出渣量而造成空洞。砂卵石地层之间往往夹杂软弱砂层，缺乏粒间黏聚力。由于盾构掘进对于开挖面属于卸载作用，不平衡的支护压力会导致砂土塌陷而涌入土仓，进而诱发地层内部出现空洞。

开挖面空洞的出现会使卵石与砾石不断松动，使开挖面和洞壁失去约束而发生失稳，随之出现快速的塌落，进一步加大上覆松散砂卵地层土层的松动范围。如果隧道的埋深较浅，上覆土层较薄，且盾构刀盘上方为砂层或单一级配的圆砾层时，则盾构推进过程中很容易出现局部地表下沉；如果上覆土体的抗剪强度很低，还会引起冒落的危险，诱发地面小范围坍塌或引起较大的地表沉降。

二、大粒径卵石处理技术

我国在较为单一岩土地层中的隧道修建技术方面已经积累了丰富经验，相比之下，在卵石类地层中隧道的设计及施工经验相对缺乏。卵石类地层（砂卵石、卵砾石）作为一种特殊的岩土结构，其物理力学性质介于土与岩石之间，由于胶结不良、结构较松散、整体性差等，围岩结构受扰动易发生失稳破坏，遇水时细颗粒易流失，在施工中易发生较大的收敛沉降而出现坍塌甚至冒顶。一般通过加强超前预支护等措施加以克服，对于卵石类地层分布规模较大的隧道，可采取深孔注浆进行加固。盾构穿越卵砾石地层不但施工困难，施工进度慢，而且施工安全风险大。下面以常规地铁盾构为例介绍大粒径卵石处理技术。

（一）盾构直接掘进

盾构法作为区间隧道的主要施工方法，具以下优势：掘进速度快，施工全过程可实现自动化作业，施工劳动强度低、安全系数高，不影响地面交通与设施，施工中不受季节、风雨等气候条件影响，施工中没有噪声和扰动，适合地层范围广、地质情况复杂的施工作业环境等。但因地质、水文等条件差异性大，在隧道施工中需解决盾构的适应性、施工辅助措施的有效性。

在进行隧道盾构施工时，砂卵石层由于其地质的特殊性，致使盾构掘进施工中遇到许多技术难题，例如：刀盘前方大粒径卵石难以有效破碎；掌子面平衡土压力难以建立与欠压掘进；渣土改良效果较差与螺旋机喷涌；地层超挖明显、隧道上方地层出现空腔以及地表沉降现象难以控制等。在卵石地层盾构施工的关键是掘进参数的合理选择。施工时，根据地质环境和施工条件的变化，严格控制和灵活调整盾构掘进参数，主要包括土仓压力、出渣量、刀盘转速和扭矩、掘进速度和推力、注浆压力和流量等。

1.土仓压力控制

采用土压平衡模式掘进，刀盘极易"卡死"而造成推进困难，因而采取适量欠压模式掘进。土仓压力通过采取设定掘进速度、调整排土量的方法建立，并以维持切削土量与排土量的平衡为基准。在盾构掘进速度一定的情况下，主要通过调整螺旋输送机的转速来调整出土量，以维持土仓压力的相对平衡。

2.出渣量控制

在砂卵石地层盾构掘进时，出渣超量会造成地面沉降超限，因此，必须将出渣量作为各项掘进参数的重点加以严格控制。出渣量采用体积与质量双重控制机制，螺旋输送机出土以保证土压值的稳定为前提，不能过大波动。

在施工中对渣斗车进行分格量化，从渣斗车顶往下每10cm所对应的渣土数值进行精确计算，确保快速确定每环出渣量。掘进时采取渣土改良措施增加渣土的流动性和止水性，密切观察螺旋输送机的栓塞和出土情况并及时调整添加剂的掺入量。螺旋输送机转速一般控制在7~10r/min为宜。

3.刀盘转速及扭矩

因卵石地层自稳性差，如刀盘转速过高，将加大刀盘、刀具的磨损，同时对土体扰动也会加大，不利于土体自稳，因此，需适当降低刀盘转速。刀盘转速控制在1.0~1.2r/min较为合适，刀盘扭矩控制在3000~4600kN•m为宜。

4.掘进速度和推力

理论上，只要有足够的推力就能获得足够的掘进速度，但在刀盘转速一定的情况下，掘进速度越大，刀盘贯入度也越大，在粒径大的密实卵石层中极易出现卡刀盘现象。

推力的大小依据掘进速度来调整，过大会引起刀盘向掌子面的正压力增大，对刀盘扭矩控制不利。另外，推力也易受到土压变化的影响，从盾构总推力的构成分析，除了要克服盾体前进时的摩擦力和刀盘正面破碎岩石的正压力外，还要克服土体对掌子面的正压力，一般情况下，盾构掘进速度与推力应分别控制在45~55mm/min、10000~13000kN范围内为宜。

5.同步注浆压力和注浆量

注浆压力和注浆量是同步注浆的关键数据。

（1）注浆压力。同步注浆最大压力根据地层的水土压力大小来确定。从尾盾圆周上的四个点同时注浆，注浆压力根据隧道掌子面压力适当提高0.1~0.2Mpa。

（2）注浆量。浆液注浆率按1.5~2.2计算，每环同步注浆量按6m进行控制。注浆速度和推进速度保持同步。

6.二次注浆参数

盾构欠压模式掘进过程中，易造成地面沉降，因此，二次注浆至关重要。

当盾构正常掘进时，在卵石地层同步注浆浆液终凝时间长，为防止浆液流动，利用管片吊装孔孔位对管片背后进行补充注双液浆，每隔10环封闭1圈。

当盾构掘进出现超挖时，通过管片吊装孔及时对管片上方进行注浆填充，以防止地面塌陷。

（二）超前注浆加固

1.目的

由于砂卵石地层具有卵石颗粒间空隙大、黏聚力低等特点，为保证盾构施工安全，在盾构机到达施工风险点前进行超前注浆预加固，以提高地层稳定性，减少地面沉降，进而保护地面建（构）成物和地下管线。

2.超前钻机简介

超前钻机主要由驱动马达、钻杆制动、夹具、钻轴、钻头、旋转轴、止水装置等构成。

3.超前注浆施工方法

超前注浆施工方法是指先将超前钻机固定在管片安装机上，通过管片安装机的旋转来调整超前钻机钻杆对应的超前注浆孔。然后在超前钻机上安装钻杆，通过超前注浆孔插入钻杆，斜向上方钻孔，外插角根据盾构设计注浆孔位置确定。然后插入注浆管，后退式分段注浆加固地层。

一般情况下，仅对上半断面进行加固，加固土层的厚度可视钻机打孔深度而定，并且根据加固效果，结合地表沉降监测结果来确定注浆加固的步距。超前注浆加固稳定后，合理地选择盾构掘进参数通过砂卵石地层。

4.注浆参数设计

（1）浆液配比。

①普通水泥浆。W/C=0.8~1.0。②惰性浆液。粉煤灰：膨润土：石灰：水=190：260：180：1115。

（2）注浆参数。注浆压力、扩散半径、注入率根据地层特性和周边环境进行计算后确定。

第四节　盾构开挖面稳定控制技术

一、泥水平衡盾构控制技术

砂卵石地层颗粒松散、无黏结力，颗粒间通过接触点实现点对点传力，在富水条件下地层稳定性极差，泥水平衡盾构主要通过泥浆在开挖面的渗透作用形成泥膜，提高开挖面的稳定性。

（一）切口水压控制

盾构掘进时的切口泥水压力应介于理论计算值上、下限之间，并根据地表建（构）筑物的情况和地质条件适当调整。在逆洗过程中，由于泥水仓或盾构内的排泥管处于堵塞状态，因此逆洗时应提高排泥流量，但不能降低切口水压。盾构推进、逆洗和旁路三状态切换时的切口水压偏差值均控制在±20kPa。

（二）泥浆参数控制

由于泥浆中的黏粒受到泥浆压力差作用在开挖面形成一层泥膜，对提高开挖面的稳定性起到极其重要的作用，尤其在均匀系数较小的砂层、沙砾和砂卵石（含大粒径卵石）中的稳定作用尤为显著。泥水的相对密度随土层的不同而变化，在黏性土中相对密度可小一些，取1.03~1.05，在砂层或沙砾层中相对密度要大一些，取1.05~1.10，在砂卵石地层中选取1.08~1.25。其他泥浆指标如下：

（1）漏斗黏度=20~30s；

（2）析水率＜5%；

（3）pH值为8~9；

（4）API失水量＜30cc/30min。

（三）出渣量控制

盾构掘进实际掘削量 VR 可由式（5-1）计算得到：

$$V_R = (Q_1 - Q_0)t \tag{5-1}$$

式中：V_R——实际掘削量（mVRing）；

Q_1——排泥流量（m3/min）；

Q_0——送泥流量（m3/min）；

t——掘削时间（min）。

当发现掘削量过大时，应立即检查泥水密度、黏度和切口水压。此外，也可以利用探查装置，调查土体坍塌情况.在查明原因后应及时调整有关参数，确保开挖面稳定。

二、土压平衡盾构控制技术

参照本书第四、第五章"盾构开挖面稳定控制技术"相关内容，同时做好以下参数控制，保证施工安全。

（一）工作模式选择

在大粒径卵石地层段，多选择土压平衡模式掘进，在密实卵石段，地层稳定性好，大粒径卵石集聚时，为减小刀盘扭矩，加快渣土进入土仓，可根据地表建（构）筑物和沉降情况等，适当选择气压平衡模式。

（二）土压平衡掘进控制措施

（1）土仓内土压力值 P 应略大于静水压力和地层土压力之和 P_0，即 $P = KP_0$。（K 值介于 1.5~3.0）；在地层松散时，由于受盾构掘进的扰动影响，前方 5~10m 地层会出现 5~10mm 的沉降，需要适当加大盾构掘进时的压力。

（2）土仓压力通过采取设定掘进速度、调整排土量或设定排土量、调整掘进速度等方法建立，并应维持切削土量与排土量的平衡，以使土仓内的压力稳定平衡。

（3）保持合理的贯入度，禁止刀盘空转，防止卵石间的镶嵌摩擦冲击造成的切削作用，从而造成掌子面坍塌。

（4）在实际掘进施工中根据地质条件、排出的渣土状态以及盾构的各项工作状态参数等动态地调整优化，此模式掘进时采取渣土改良措施增加渣土的流动性和止水性。

（三）盾构掘进渣土管理

在盾构施工中渣土的管理也是一个重要的内容，特别是在卵石土层中掘进时更应该做好渣土管理工作。渣土管理包括渣土改良、出渣量控制、渣土性状鉴别等内容。

1.渣土改良

（1）渣土改良的作用。在砂卵石地层中盾构施工时，进行渣土改良是保证盾构安全、顺利、快速施工的一项不可或缺的技术手段。其具有如下作用：

①保证渣土与添加介质充分拌和，以保证形成不透水流塑性的渣土，从而建立良好的土压平衡机理，只有渣土改良效果好才能从根本上保证掘进过程中地表的沉降控制，同时提高掘进效率，以保证预定的施工进度目标。②使砂卵石土具有流塑性和较低的透水性，形成较好的土压平衡效果而稳定开挖面，控制地表沉降。③降低砂卵石土的渗透系数，使之具有较好的止水性，以控制地下水流失及防止或减轻螺旋输送机排土时的喷涌现象。④改善砂卵石土的流塑性，使切削下来的渣土顺利快速进入土仓，并利于螺旋输送机顺利排土。⑤改善砂卵石土的流动性和减小其内摩擦角，有效降低刀盘扭矩、降低对刀具和螺旋输送机的磨损、降低掘进切削时的摩擦发热，提高掘进效率。

（2）渣土改良的方法。渣土改良就是通过盾构的专用装置向刀盘面、土仓或螺旋输送机内注入添加剂，利用刀盘的旋转搅拌、土仓搅拌装置搅拌或螺旋输送机旋转搅拌使添加剂与渣土混合，其主要目的就是要使盾构切削下来的渣土具有良好的流塑性、合适的稠度、较低的透水性和较小的摩阻力，以满足在不同地质条件下掘进都可达到理想的工作状况的目的。添加剂主要有泡沫、膨润土以及聚合物。

（3）改良剂的确定及配比、掺量。根据成都地铁同类地层盾构施工工程案例，一般在正常推进阶段采用泡沫剂和水，局部采用膨润土的改良方法，可显著降低刀盘、螺旋输送机的油压及盾构推力，减小刀盘扭矩，减轻砂卵石地层对盾构的磨损，提高掘进速度和设备的使用寿命。

根据成都地质情况，正常推进阶段泡沫剂添加率为20%~35%。泡沫组成为90%~95%压缩空气和5%~10%泡沫溶液；泡沫溶液的组成为泡沫添加剂2%~4%、水97%~98%。所用泡沫剂黏度不低于0.05Pa•s。例如按添加率25%（切削1m³渣土需注入250L）算，按照发泡倍率10，土仓内土压力取0.1MPa，所需的起泡液的体积为25L、空气的体积为450L，按起泡剂、水的比例分别为3%、97%，起泡剂、水的体积分别为0.75L、24.25L。

膨润土泥浆配比为水：膨润土=100：52，膨润土为优质的钠基膨润土。

（4）泡沫的作用机理。泡沫的作用机理主要表现在以下几个方面：

①通过注入泡沫，在刀盘前方形成一层膜，建立起泥土压力，为土体结构提供水平推力，有利于形成拱结构。②泡沫使开挖面土体的强度和刚度得到加强，提高了开挖面土体的竖向抗力，对开挖面土体起到了支护作用，减小了开挖面土体失稳的可能。③砂卵石地层颗粒松散，无黏聚力，颗粒之间的传力方式为点对点，向开挖面土体添加泡沫后，泡沫包围在颗粒周围，形成了一层膜，增加了颗粒之间的黏聚力，使得颗粒之间的传力得到扩散，改善了土体的受力状况。在空气和刀盘的搅拌下泡沫迅速渗透到土层中，将砂卵石颗粒包裹起来，降低了土体的密实度，改善了土体的流塑性。④利用泡沫优良的润滑性能，改善土体粒状构造，同时吸附在颗粒之间的气泡可以减小土体颗粒与刀盘系统的直接摩擦。降低土体的渗透性，又因其相对密度小，搅拌负荷轻，容易将土体搅拌均匀，从而做到既能平衡开挖面土压，又能连续向外顺畅排土。同时泡沫具有可压缩性，对土压的稳定也有积极作用。

（5）渣土改良的主要技术措施。渣土和易性是判定渣土改良成效的重要标准。好的和易性土水不分离且流动性较好。这从很大程度上提高了盾构推进效率。

在砂卵石地层，设置合适的泡沫参数、向刀盘前注入适量泡沫，在土仓偏上位置同步注入适量的水，形成流动性较好的土石混合物，降低了刀盘扭矩和对刀具、螺旋输送机的磨损，在螺旋输送机内形成土塞效应，防止喷涌。

在地下水发育或富水砂层地段，可在土仓下部靠近螺旋输送机部位注入空气，将土仓内和前方的土体空隙水疏干，从而防止喷涌。

对于土仓旋转主臂内结饼的预防措施：通过在回转单元增加一条注入管道，该管道将在靠近土仓的中间区域进行高压水注射，以防止渣土在中间部分阻塞。

2.出渣量的控制

出渣量管理是保证控制地层损失率的最直接、最有效的手段。

出渣量控制必须以渣土体积控制为主，重量复核为辅。隧道内值班人员对每一车渣土方量进行测量并进行记录，渣土运至井口进行垂直吊装时由龙门吊司机对每一箱渣土重量进行记录。

以推进1.5m长度计算，掘进的土石方量 V 按下式（5-2）计算：

$$V = \frac{\pi}{4} \times D^2 \times T \times K_1 = \frac{\pi}{4} X 6.280^2 \times 1.5 \times 1.2 = 55.75 \, (m^3) \qquad (5-2)$$

式中 V——每环掘进的土石方量；

D——刀盘外径（m）；

T——推进长度（m）；

K_1——松散系数1.2。

环宽1.2m的每环出土量控制在45m³为佳，上下偏差最大不超过2m³。以45m³为标准，每车出土量（15m³）需与相应的推进距离（0.402m）及时对比复核。

环宽1.5m的每环出土量控制在56m³为佳，上下偏差最大不超过2m³。以56m³为标准，每车出土量（15m³）需与相应的推进距离（0.402m）及时对比复核。

盾构施工中，对掘进所排出的渣土样本进行分析、判断地质情况，根据不同地质情况，确定相应出土量。

盾构推进过程中，每天及时检查对应的地面是否存在异常；当出土量超标时，需加大检查频率，专人监控。严格保证土仓内满土状态及渣土和易性是出渣量管理的重要方面。

第五节　大粒径卵石地层盾构掘进技术

一、主要技术措施

（一）刀盘设计优化

（1）刀盘结构应具有较强的强度和刚度，刀盘面板和周边圆环区域均应进行耐磨设计，周边区域还应配置合金保护刀，以提高刀盘耐磨性能。

（2）主切削刀应具有较高的耐磨性能和耐冲击性能，提高刀具寿命。合金类刀具应采用大块合金结构设计，刀具与刀盘连接螺栓应加强，防止卵石撞击致使刀具合金脱落或刀具掉落。

（3）刀盘驱动扭矩应有较大富裕量，满足在特殊条件下的脱困能力。

（二）渣土改良

当采用土压平衡盾构施工时，必须做好渣土改良。土仓内渣土的流塑性主要取决于渣土的改良效果，而渣土的改良效果又主要取决于所用膨润土或泡沫剂的材料性能。一般情况下，良好的膨润土浆液可以很好地改善开挖面土体的物理和力学性质，其效果直接影响到土仓内土体的流塑性与抗渗性，又会进一步影响到螺旋输送机出土情况、盾构掘削面刀盘扭矩的大小，以及出现切削面土体的稳定性等问题。

砂卵石难以有效排出的主要原因为土仓内的砂卵石沉底，出现砂石分离的状况；只有让砂卵石"漂浮"起来，才能让其有效排出。实践证明，单纯使用一种改良剂将无法将土体调成理想的流塑状态，难以建立真正的土压平衡，因此，施工中应适当调整膨润土浆液的稠度、改善泡沫剂的发泡率，并将膨润土浆液与泡沫剂联合使用，增加渣土的流塑性。

（三）泥浆质量控制

当采用泥水平衡盾构施工时，必须严格按照"盾构开挖面稳定控制技术"关于泥浆参数的设置要求，并严密监视泥浆质量，及时进行泥浆质量调整，保证开挖面泥膜形成质量，提高掘进过程中和带压开仓期间掌子面的稳定性。

（四）盾构掘进参数设置

盾构掘进过程中，千斤顶推力、刀盘扭矩、刀盘转速、推进速度以及注浆压力是反映推进最直观的参数，它们是一个互相联系的整体。其设定的一般原则为：在满足注浆压力和出土不多的前提下，推进速度要尽可能快；在推进速度达到要求的前提下，千斤顶推力、刀盘扭矩和转速要尽可能小。

在盾构施工中保证盾构推进参数合理，对推力、扭矩、土压、出土量等盾构掘进参数进行控制与适时调整，及时观察掌子面土层变化情况，当土层变化大时调整掘进参数。

（五）其他技术措施

（1）在盾构施工的砂卵石地层中，地层超挖和地面沉降现象时有发生，应准确记录出渣量，掘进通过后应根据出渣及注浆量统计结果，对可能存在的空洞区域进行注浆加固，更应注意同步注浆的填充效果，改良浆液配比，缩短尾盾空隙内浆液初凝时间。

（2）根据地质变化、隧道埋深、地面载荷、地表沉降、盾构姿态、刀盘扭矩、千斤顶推力等各种勘探、测量数据信息，不断优化掘进参数，完善施工工艺，控制地面沉降。

（3）加强盾构姿态控制和地面的监控测量。

（4）在盾构掘进过程中不断对尾盾密封处注入油脂，防止地层泥水和注浆浆液进入盾体内损坏盾构密封刷。

二、主要参数设置

盾构掘进过程中，推力、刀盘扭矩、刀盘转速、推进速度以及注浆压力是反映推进最直观的参数，是互相联系的一个整体。其设定的一般原则是：在满足注浆压力和出渣量的前提下，推进速度要尽可能快；在推进速度达到要求的前提下，推力、刀盘扭矩和转速要尽可能小。下面以成都某砂卵石地层工程为例，介绍大粒径砂卵石地层主要参数设置。

（一）压力设置

（1）泥水平衡盾构掘进。主要通过控制泥水仓压力实现泥水平衡掘进的富水砂卵石地层中，泥水压力是根据地质情况和隧道埋深情况，采取水土分算的经验公式计算并与地表监测相结合的方法来确定的。

经验公式为：

$$P_a = \frac{1}{2} Y_\pm H^2 K_a + \frac{1}{2} Y_w H_水 \tag{5-3}$$

式中　P_a——泥水压力；

K_a——土的静止侧向压力系数；

$Y_\pm$——体的平均重度（kN/m³）；

H——隧道埋深（m）；

Y_w——水的重度（kN/m³）；

$H_水$——地下水位距隧道顶部的距离。

泥水平衡盾构在掘进施工中泥水压力的设定值，应根据盾构埋深、所在位置的土层状况以及监测数据进行不断地调整才能达到最佳。

（2）土压平衡盾构掘进。一般来说土仓压力的调整应根据隧道沿线地质、埋深及地表沉降监测信息，通过维持开挖土量与排土量的平衡来实现。如土仓压力设置过大，则会引起盾构刀盘前方土体隆起；如土仓压力设置过小，又会引起盾构刀盘前方土体下沉、坍塌等。结合施工监测信息和掘进参数，进行不断优化和调整，考虑到砂卵石透气性比较好，在掘进停机时，土仓内压力高于设定压力。

（二）始发和到达掘进参数设置

在富水大粒径卵石地层中施工时，洞门常采用玻璃纤维筋围护结构，在始发和到达时，盾构可直接掘进通过。具体参数设置见表5-1。

表 5-1　盾构始发和到达主要掘进参数

土仓压力 （MPa）	刀盘转速 （r/min）	推力 （kN）	掘进速度 （mm/min）	刀具贯入量 （mm/r）	工程地质
根据地层 埋深计算	1.0 ~ 1.2 0.6 ~ 0.8	<10000 <8000	<20 <10	<11 <6	砂卵石、粉细砂原状地层 玻璃纤维筋围护桩

同时，加强始发段试掘进时的地面沉降监测，监测频率为3次/d，沉降控制值为 [+10，-30] mm，报警值为控制值的70%。

（三）正常段掘进参数

盾构正常段掘进主要掘进参数见表5-2。

表 5-2　盾构正常段主要掘进参数

掘进施工参数					工程地质
土仓压力 （MPa）	刀盘转速（r/min）	推力（kN）	掘进速度（mm/min）	刀具贯入量（mm/r）	
根据地层 埋深计算	1.0~1.2	<20000	<40	<22	砂卵石、粉细砂原状地层

（四）出渣量控制

（1）泥水平衡盾构掘进。掘进施工中，良好性能的泥浆有助于在掌子面形成泥膜，泥膜对维持掌子面地层的稳定性起着决定性的作用，泥浆性能应根据盾构穿越地层的工程地质做相应调整。施工过程中，主要通过控制泥浆的相对密度和黏度，合理控制盾构出渣量。

（2）土压平衡盾构掘进。对土压平衡盾构施工来说，盾构掘进过程中的每环出渣量可根据试掘进段所取得的参数进行控制。出渣量控制可通过推进速度与螺旋输送机转速来实现，在掘进过程中，为了使土仓压力波动较小，必须使挖土量和排土量保持一种平衡关系，以尽量减小盾构施工对地层的扰动，防止超挖的发生，从而减小地表沉降。土仓压力表现较为稳定，有利于地表沉降控制。在卵石层中出渣量每环（环宽1.5m）拟控制在（58+1）m³，在泥岩中出渣量每环（环宽1.5m）拟控制在（64+1）m³在控制出土体积的同时，通过出渣门吊电子秤对每环渣土进行称重，从而对渣土进行双重控制。一般来说，在同等条件下，出渣量大、出渣量异常的地段，其地表沉降相应也较大，反之则相对较小。

三、盾构姿态控制

盾构姿态控制应考虑出土量、覆土厚度、同步注浆量、开挖面地层情况、千斤顶作用力的分布情况等影响因素。

盾构前进的轨迹一般为蛇形，要保持盾构按设计轴线掘进，必须在推进过程中及时对盾构机姿态进行修正和纠偏。调整姿态遵循"量小、勤纠"原则，每环姿态调整量在10mm以内。蛇行修正及纠偏时应缓慢进行，如修正过程过急，蛇行反而更加明显，同时在施工过程中要做到勤测勤纠，避免因纠偏量过大引起过多的超挖，影响周围土体的稳定，以便更好地控制地层位移。

盾构位于始发台上时尽量不要进行姿态调整，尾盾脱出始发台后根据实际姿态进行调整；在始发、到达掘进时，严格控制盾构的各组油缸压力不大于7MPa，盾构总推力小于10000kN（常规地铁盾构）。

（一）同步注浆控制

盾构推进中的同步注浆是填充土体与管片圆环间的建筑间隙和控制地表沉降的主要手段，也是盾构推进施工中的一道重要工序。盾构推进施工中的注浆，选择具有和易性好、泌水性小，且具有一定强度的浆液进行及时、均匀、足量压注，确保建筑空隙得以及时和足量的填充。

在富水砂卵石地层中，地下水十分丰富，其实际填充系数为1.5～1.8，注浆压力控制在0.3～0.4MPa，注浆效果较好。

对注浆后的管片抽样检查管片背后注浆的情况，发现注浆不饱满，及时进行二次补充注浆。在始发、到达、通过建筑物和联络通道特殊地段，使用加强型砂浆，保证同步注浆效果。

（二）管片拼装质量控制

严格进场管片的检查，破损、裂缝的管片不得使用。将管片表面进行彻底清洁，确保止水条及软木衬垫粘贴牢固。吊装管片下井和隧道内运输时注意保护管片和止水条，以免损坏。

管片安装前确保安装区及管片接触面的清洁。管片安装时必须运用管片安装机的微调装置将待装的管片与已安装管片块的内弧面纵面调整到平顺相接以减小错台。调整时动作要平稳，避免管片碰撞破损。严禁非管片安装位置的推进油缸与管片安装位置的推进油缸同时收缩。

为防止已拼装管片错台，要做到第一块管片与前一环的管片接触紧密，两管片的弧面要横向水平，两个连接螺栓孔三角必须对齐；先顶紧油缸，再穿螺栓，最后松开管片安装机。

为防止已拼装管片破损，推进油缸推出的顺序为：先中间后两边，先单缸再双缸，待封顶块（K）装好后，必须从1号到20号整体检查一遍所有油缸是否顶紧，确保管片均匀受力。

为防止已拼装管片漏水，止水条用专用胶水正确粘贴牢固，如发现已粘贴好的止水条不密实后需立即处理。为防止管片错台导致管片纵缝、环缝漏水，要求对管片连接螺栓进行两次紧固：第一次在封顶块（K）装完后立刻紧固；第二次在下一环掘进500mm时紧固。

四、渣土改良

参照本书第四章"渣土改良"相关内容，同时兼顾大粒径砂卵石地层特性，根据掘进参数不断调整和优化。

（一）渣土改良工程应用

在北京、成都等地铁区间隧道盾构掘进中，根据不同的砂卵石地层地质条件，反复研究掘进参数，不断优化渣土改良方案，保证了盾构掘进安全、连续、快速。

1.北京地铁10号线西钓鱼台站—慈寿寺站

（1）泡沫剂+钙基膨润土。区间1~80环掘进隧道范围内地质主要为卵石层，渣土改良采取30~50L泡沫剂加3~6m，钙基膨润土模式，改良效果比较差，渣土离析严重，每节矿车有500mm左右的水，渣土中带出卵石比较少，且无法建压掘进，造成掘进推力大、掘进速度慢、出渣无法控制，导致部分路段管线沉降超标。

（2）泡沫剂+水。区间81~150环掘进隧道范围内地质主要为粉质黏土层（黏土含量50%）、卵石层（卵石小），因黏土含量大，渣土改良采取30~50L泡沫剂加3~7m³水模式，改良效果相对比较好，渣土流塑性一般，扭矩仍然很大。

（3）泡沫剂+钠基膨润土。区间151~262环掘进隧道范围内地质主要为粉质黏土层（黏土含量10%）、卵石层（卵石密实），渣土改良采取50L泡沫剂加4~6m³钠基膨润土模式，改良效果相对较好，有部分卵石带出，对掘进参数有一定的改善。

（4）泡沫剂+聚合物。区间263-432环掘进隧道范围内地质主要为粉质黏土层（黏土含量10%）、卵石层（卵石密实），因地下水含量大，渣土改良采取50L泡沫剂加6~10聚合物模式，改良效果较好。

（5）泡沫剂+聚合物+钠基膨润土。区间433~504环掘进隧道范围内地质主要为卵石层（卵石密实），部分地方隧道顶部有粉细砂掘进难控制，渣土改良采取50L泡沫剂加5~6m³聚合物加2~3m³膨润土，刀盘前方添加泡沫剂，土仓内加聚合物和加入少量膨润土，改良效果相对较好。

2.成都地铁

成都地铁4号线盾构在大粒径卵石地层中的渣土改良方式主要是泡沫+水。通过判断仓内渣土的搅拌情况及螺旋输送机出渣情况来调整泡沫与水的配比，利用加入泡沫改善土体粒状构造，吸附在土体颗粒之间的气泡可以减小土体颗粒的摩擦，增大切削土体的黏聚力，同时降低土体渗透性，达到既能平衡开挖面土压，又能连续向外排土的目的，进而达到改良渣土的效果。

（二）渣土改良方式总结

在大粒径卵石地层掘进中，当盾构适应性较好时，采用膨润土加泡沫的改良效果较好。对于刀盘开口较小、土仓内渣土不能及时排出的盾构来说，保压时适当地添加膨润土可以起到改良渣土的效果，但是在掘进过程中渣土堆积等原因造成膨润土不能有效地对其进行改良，反而通过水与泡沫的浸泡可以使渣土流动性更好。因此，在特殊情况下，部分地段可以适当采用添加水与泡沫的形式进行改良。同时通过北京与成都地铁的经验证明，在砂卵石地层中正常的盾构掘进需要加入膨润土、泡沫与水三种添加剂，并随时对其比例进行调整，这样进行渣土改良的效果最佳。

五、同步注浆浆液配制及施工技术

（一）同步注浆

同步注浆施工流程及要求参照本书第四章相关内容。

（二）同步注浆浆液配制

1.注浆配比

在盾构掘进隧道穿越大粒径卵石地层过程中，同步注浆采用水泥砂浆，浆液的初步配比见表5-3。

表5-3　同步注浆材料配比

水泥（kg）	粉煤灰（kg）	膨润土（kg）	砂（kg）	水（kg）	黄黏土（kg）	外加剂
126	180	72	720	480	216	根据试验加入

2.浆液主要性能指标

（1）胶凝时间：一般为3~10h，根据地层条件和掘进速度，通过现场试验加入促凝剂及调整配比来控制胶凝时间。

（2）固结体强度：1d不小于0.2MPa，28d不小于2.5MPa。

（3）浆液结石率：＞95%，即固结收缩率＜5%。

（4）浆液稠度：8~12cm。

（5）浆液稳定性：倾析率（静置沉淀后上浮水体积与总体积之比）小于5%。

同步注浆材料受地质条件、地下水状况、施工技术等多方面因素的影响，要充分考虑这些因素，在满足设计要求的前提下，有针对性地进行配比设计，并根据现场实际情况进行调整，使各项指标不但能满足施工要求，而且有良好的经济性，有利于降低施工成本。

3.注浆量

注浆量的确定是以管片背部建筑空隙量为基础，并结合地层、线路线性及掘进方式等考虑适当的饱满系数，以保证达到填充密实的目的。注浆量与盾构掘进时扰动地层范围有关，扰动范围是变量，一般情况下填充系数为1.3~1.8；在裂隙水发育较好或地下水量大的岩层地段，填充系数一般取1.5~2.5。

同步注浆量经验计算公式如：

$$Q = V\lambda \tag{5-4}$$

式中 V——填充体积（盾构施工引起的空隙，m^3）；

λ——填充系数（宜取1.3~2.5）。

其中

$$V = \pi(D^2 - d^2)L/4 \tag{5-5}$$

式中 D——盾构切削外径；

d——预制管片外径；

L——回填注浆段长度，即预制管片衬砌每环长度。

在富水砂卵石地层中，地下水十分丰富，其实际填充系数为1.5~1.8。

4.注浆时间及速度

根据盾构推进速度，以每循环达到预计总注浆量而均匀注入，从盾构推进开始的同时注浆，到盾构推进结束注浆完成，注浆速度由注浆泵的性能、单环注浆量确定，应与掘进速度相适应。

5.注浆结束标准

采用双指标标准，即注浆压力达到设计压力，或注浆压力未达到设计压力但注浆量达到设计注浆量，即可停止注入。

（三）同步注浆效果评价

1.同步注浆填充率对地表沉降的影响

在富水砂卵石地层盾构掘进时，由于建立了合理的泥水压力/土压力，注浆填充系数为1.5~1.8，注浆压力根据隧道埋深计算值进行控制，注浆填充饱满，地表沉降控制在规范允许范围内。

一般在隧道轴线处的地表沉降值最大，土压平衡盾构施工引起的地表最大沉降量一般为12~15mm，而泥水平衡盾构施工引起的地表最大沉降量一般只有8~11mm。两者均能满足规范要求，但土压平衡盾构施工引起的地表最大沉降量明显要大于泥水平衡盾构施工引起的地表沉降量，特别是隧道埋深较浅时，土压平衡盾构施工的地表沉降控制相对困难。

2.联络通道开挖时验证同步注浆效果

在区间隧道联络通道开挖时，可以直观地看到同步注浆浆液凝固后的状况，从浆液凝固后强度和厚度上验证了同步注浆效果。

3.采用超声波检测同步注浆效果

超声波检测是通过注浆前后超声波波速提高幅度的方法来分析注浆质量和效果的，测试仪器采用SYC-2型声波岩石参数测定仪和FSS型换能器。在检测注浆效果时，通过岩体声速变化规律和测孔注浆压力、注入量等情况进行分析，得出以下结论：

（1）若注浆后信号较弱，声速较低，说明岩层裂隙较多，注浆不足，岩层裂隙没有得到很好的填充；若注浆后波形信号明显，声速值较高，则说明随着注入浆液的填充、固结，形成了比较致密完整的岩体。

（2）在围岩松动圈范围内声速变化较大，而在松动圈范围外声速值、波幅值变化不大。这是因为：松动区域围岩较破碎，注浆时进浆量较多，注浆压力由小到大变化，故此区域声速提高幅度也大，这样可测出浆液的有效扩散距离。

超声波速度是岩体超声波测定的主要参数之一，也是衡量岩体结构的主要指标。用超声波检测注浆质量及效果，主要是将其声速测定的结果进行分析和研究。注浆后声速幅度值越大，说明裂隙被填充越密实，注浆质量和效果越好，从而达到了填充间隙和固结堵水的目的。

六、地表滞后坍塌控制

（一）坍塌机理

砂卵石地层在不受外力扰动的情况下能保持较好的稳定状态，特别是在无水的状态下。受到扰动后，在刀盘上方形成一松散带，坍塌过程如下：

刀盘前上方卵石变得松散；

盾构掘进产生扰动或长时间换刀时，松散卵石进入土仓在刀盘前上方造成地层损失，形成空洞；

由于砂卵石地层的内摩擦角（为35°~40°）较大，具有一定的拱效应，在拱效应的作用下，地层损失进一步向地表转移，从而逐渐坍塌到地表。

砂卵石地层地表坍塌的显著特点是：隧道上方形成空洞，砂卵石地层骨架效应较好，在一定时间内可自稳，在地面载荷作用下，逐步延伸至地表，造成地表塌陷，且表现为滞后性，短则一两个月，多则一年甚至两年以上，施工风险和隐患极大。

（二）坍塌主要成因

地表坍塌原因是多方面的，主要包括地质、设备选型和施工工艺三方面。

1.地质特性

砂卵石地层空隙率大，盾构掘进扰动后地层逐渐密实，造成地层损失。

局部砂卵石地层夹透镜体砂层，自稳能力差，透水性强，开挖面容易产生涌水、涌砂，造成细颗粒物质大量流失，引起开挖面失稳、地面沉降甚至塌陷。

受到沿线周边建筑物、地铁车站施工降水影响，砂卵石地层中粉细砂等细颗粒随着降水排走，卵石之间形成孔洞，地层疏松，卵石骨架受到盾构施工扰动而垮塌。

2.设备原因

（1）刀盘开口率小，且开口部分加焊隔栅，只允许300mm以下粒径的卵石进入土仓，卵石在刀盘前多次破碎，对地层扰动大。

（2）刀盘中心部位没有开口，降低了卵石进入土仓的效率。

（3）选用轴式螺旋输送机，其渣土排送能力远低于带式螺旋输送机。

3.施工工艺原因

（1）压力设定不合理。隧道顶部覆土为人工填筑土、粉质黏性土或夹带粉细砂层，自稳能力差，盾构掘进时平衡土压力过小，可能引起地面坍塌。

穿越全断面砂卵石层，受砂卵石土层渗透率大的影响，不能建立土压平衡掘进模式，或土仓压力不稳定，容易造成地表发生沉降。

（2）出土量超标。掘进过程中出土量难以控制，造成实际出土量远大于理论出土量，地层损失过大。主要表现在以下方面：

①通过范围内为高强度、大粒径的卵石、漂石，盾构掘进时排渣困难，卵石堆积在刀盘前方反复破碎，对地层扰动大，容易造成超挖。②局部砂卵石地层夹透镜体砂层，自稳能力差，透水性强，开挖面容易产生涌水、涌砂，出土量难以控制，造成细颗粒物质大量流失，引起地面沉降甚至塌陷。

（三）坍塌多发位置分析

1.端头

车站施工时长期降水，地层内细颗粒流失，形成空洞，受盾构掘进扰动影响，空洞扩展造成地表沉降或坍塌。

（1）始发端头。坍塌原因：一是始发时盾体未全部进入地层中，不能建立土压平衡模式，工作面失稳；二是始发时推力小，掘进进度慢，出渣控制困难，造成超挖。

（2）到达端头。盾构即将到达端头时，无法建立土压平衡。另外为防止损坏车站结构，有意识地降低掘进速度，对围岩扰动时间长。

2.城市主干道

盾构掘进扰动造成地层密实或盾构掘进出渣量超标都容易形成空洞，由于砂卵石地层的自稳性能，地层维持稳定的假象，城市主干道交通流量大、超载车辆多，在地面载荷作用下，空洞逐步向地表扩展，最终形成坍塌。

3.换刀位置

常压换刀时采用降水等辅助措施，砂卵石地层可以维持一定时间的稳定，当换刀时间超过地层自稳时间，刀盘上方卵石逐渐掉落形成空洞。

带压换刀时反复加压减压，多次扰动地层，造成地层松弛进而形成空洞。

4.花坛绿化带

花坛绿化带的土体疏松不密实，长期受水浸泡，盾构掘进扰动后沉降尤其明显。

5.残留降水井

市政工程施工时大量降水，地层中的细小颗粒流失，造成空隙，盾构掘进时在残留降水井位置极易发生小范围坍塌。

6.电缆管沟

各类市政管沟众多，普遍存在管沟下部回填不密实、疏松、盾构掘进时扰动，造成管沟位置地表沉陷。

7.行车道辅道和人行道

行车道辅道和人行道回填要求比主干道低，车站施工进行交通改道后，辅道和人行道临时成为交通主干道，在庞大的车流量作用下，地层进一步密实造成地表沉陷。

（四）坍塌防控措施

1.加强盾构掘进参数控制，落实施工技术措施

严格控制每一循环的出渣量，进行体积、重量双重控制，保证数据真实性。

不同地层的松散系数和密度不同，渣土改良效果不同，含水量也不同，体积和重量控制困难，必须加强数据反馈和报警制度管理，每环出渣重量由门吊司机统计后，及时反映到主机室，以便采取相应的措施。

2.做好注浆量与出渣量的匹配，加大洞内同步注浆量

同步注浆主要控制注浆压力、注浆量和砂浆的质量。对于特殊地段（建筑物下、河底管线下）改变配比，增大水泥加入量，加快浆液凝固速度。

根据出渣量和地表监测数据，对出渣多的地方和建筑物下面，尾盾通过该处时加大注浆量；地表有条件时在地表钻孔注浆；盾构通过后，在隧道内通过管片吊装孔进行注浆加固。管片背后注浆流程如下：

（1）注浆管加工。注浆管采用必 φ50mm、壁厚4mm无缝钢管，每节长度初步定为6m，根据现场钻孔情况适当调整长度，在距离管底4m范围内设泄浆孔，孔间距为10~15cm，呈梅花形布置4mm的溢浆孔，注浆管在下管之前将溢浆孔用贴片或者胶布粘贴封孔。

（2）开孔。采用隧道顶部开直孔，开孔位置避开封顶块和拼接缝，在邻接块吊装孔位置每环管片开一个孔，两孔之间距离不得小于3m，开孔采用Z1Z200EI程钻机钻孔施工，工程钻机先用机 φ100mm钻头在管片上钻深10cm，然后用 φ75mm钻头再钻10cm，安装单向止水阀，用堵漏材料对周边进行封堵。

（3）钻孔及注浆管安装。采用潜孔钻机在已开孔的位置继续钻孔，把管片钻透，插入 φ50mm注浆管进行跟管钻进，钻孔完成后保证管片外弧面以上2m内注浆管不得有溢浆孔。

（4）注浆。预埋好注浆管后，采用单液浆进行二次补强注浆。

3.加强特殊地层段的渣土改良，保证出渣顺畅

砂卵石地层泡沫用量在30~35L/环，泥岩地层40~45L/环，根据渣土改良的效果加入适量的水。

必须确保上述施工记录的真实性，建立强有力的技术管理制度，首先加强施工管理，特别是数据及报警流程严格界定，落实责任，层层负责。

（五）特殊地段的措施

对始发、到达端头提前采取处理措施，从成都地铁1号线、2号线的施工经验看，提前注浆加固的效果很不理想，采用跟踪注浆加固，效果较好，但有一定的滞后性。

换刀等停机时间长时，刀盘处卵石变得松散或局部坍塌，盾构恢复掘进时建立土压平衡模式，同时加大同步注浆量，补充地层损失。

第六章　极软地层盾构处理技术

极软地层（工程上常称作软土地层）广泛分布于我国东南沿海和内陆地区，如上海、苏州、杭州、南京、宁波等地。软土地层其特点主要包括高含水量、高压缩性、高灵敏度、高黏粒含量、低承载力、低透水性、抗剪强度低、固结时间长，即"四高三低一长"的特点。主要包括淤泥、淤泥质黏土、淤泥质粉土等地层。

本章结合土压平衡盾构相关施工案例，通过设备选型、适应性设计以及相关盾构施工控制技术进行分析和总结。

第一节　地层特性与施工难点

一、地层特性

（一）含水量高、空隙率大

软土的天然含水量一般大于液限，呈软塑或半流塑状态，液限一般在 40%~60%，天然含水量大于 35%，饱和度大于 95%。空隙率一般为 1.0~1.5。

软土的天然含水量虽然大于液限，但是只要不被破坏或扰动，仍可处于软塑状态，然而一经扰动，其结构将受到破坏，从而变成流塑状态。

（二）压缩性高

软土属于高压缩性土，压缩系数一般大于 0.5MPa^{-1}，为 0.5~2.5MPa；压缩指数为 0.35~0.75，其压缩变形大部分生在垂直压力为 0.1MPa 左右。在受到外载荷作用下，具有变形大而不均匀、变形稳定历时长等特征。

（三）具有触变性

黏性土的抗剪强度随时间恢复的胶体化学性质称为触变性。软土一经扰动，其强度将被削弱，但当扰动停止后，逐渐恢复絮凝结构，强度又得到恢复。软土的灵敏度为 2~4，属中等灵敏度。

（四）透水性低

软土的透水性很低，其渗透系数一般为 $1.0×10^{-8}~1.0×10^{-8}$ cm/s，垂直方向的渗透系数通常比水平方向要小一些。

（五）抗剪强度低

软土的抗剪强度很低，抗剪强度的大小与施加载荷的速度和排水固结条件有关。软土的天然不排水抗剪强度一般小于 20kPa，其变化范围在 5~25kPa。排水固结条件下，软土的抗剪强度将产生显著变化，固结速率越快，强度增长越快。

二、施工难点

（一）盾构姿态不易控制

在富水软土地层，含水量高、地层流塑性大，盾构在施工过程中容易出现盾构姿态不受控制的现象，主要表现为盾构在掘进过程中的载头和上浮，长时间停机时易出现盾构下沉。在淤泥质软土地层盾构掘进时，当所受浮力大于自重和上部抗力的总和时，容易导致盾构上浮。

（二）成型隧道管片上浮

管片上浮是指管片脱离尾盾后，因受到集中应力而产生向上运动。在软土地层盾构施工时，管片上浮现象比较严重。管片上浮会造成管片错台、开裂、破损和漏水等问题，严重时影响工程质量。

（三）管片破损

由于软土地层具有高压缩性、高灵敏度、抗剪强度低、承载力低等力学特征，在软土地层盾构施工时，盾构轴线变化大，尾盾间隙难以有效保证，导致管片在拼装过程中或拼装完成后掘进时，管片出现破损。

（四）地表沉降控制难度大

由于软土地层具有高含水量、高压缩性、低强度、易触变、高灵敏性等特点，容易造成地层不能自稳，在盾构掘进过程中，地表沉降量过大。

第二节 盾构适应性选型设计

一、选型原则和依据

在极软地层的盾构选型极为重要，对于施工安全、进度、成型隧道质量等关系重大。盾构选型是盾构施工的一个关键步骤，一般按照适用性、可靠性、先进性、经济性相统一的原则进行。

（一）基本功能要求

（1）土压平衡盾构适用于含水的淤泥质粉质黏土、粉质黏土、粉砂、粉土、粉细砂地层施工。

（2）具备平衡掌子面水土压力的能力，控制地表隆陷值不超过−30~+10mm。

（3）具备渣土改良功能，配置有膨润土、泡沫、高分子材料等注入系统。

（4）控制系统具有自动及手动控制模式，能自动控制推进力、刀盘扭矩、推进速度、土仓压力、螺旋输送机转速、螺旋输送机渣门开度等参数。

（5）合理的盾构重量防上浮。

（6）盾构必须配备主动铰接装置，满足最小转弯曲线半径和设计坡度，千斤顶的行程满足更换第二道尾盾刷的要求。

（7）激光导向系统，有足够的掘进方向控制能力及自动纠偏能力，能对盾构姿态进行监测及控制，并能显示报警，以便对盾构进行及时调整和采取必要措施，确保隧道掘进的质量和安全。

（8）管片注浆采用同步注浆系统，注浆管路外置，及时有效地对衬砌背部和地层间的空隙进行填充。

（9）配备超前钻机及注浆系统。

（10）配备有效耐久的尾盾密封装置。

（二）刀盘设计选型的原则

（1）刀盘宜采用面板式或复合式结构，并具有足够的强度。

（2）由于黏土和粉土受盾构刀盘旋转切削后，土颗粒都向刀盘中心堆积，造成该处流动性较差，容易结块。因此，在刀盘中心区域应合理设置泡沫和膨润土注入口，做好渣土改良，并设置主动搅拌棒，防止砂土固结。

（3）为减少砂土对刀盘的磨损，应对刀盘的面板与外周区域做好耐磨防护和磨损检测。

二、极软地层适应性设计

(一) 刀盘及刀具

刀盘开口率一般设置为30%~45%,中心开口率适当加大,刀盘开口均匀布置。刀盘设有软土及软岩开挖的撕裂刀、切刀及刮刀,满足砂层、黏土及淤泥层等软弱地质条件下的掘进要求,而且撕裂刀刀座具有通用性,滚刀和撕裂刀可以互换,满足软岩地层的开挖。

刀盘外周堆焊网格状耐磨硬质合金,提高耐磨性能,延长使用寿命。在刀盘和前盾隔板上设置搅拌棒,对刀盘仓内的渣土、添加剂等进行强制搅拌,提高渣土的流塑性,增加其和易性,使土仓中的土体具有良好的流动性和止水性,便于出渣。

(二) 压力控制系统

盾构具有先进且完善的土压平衡系统,土仓压力隔板有4个土压传感器,可以对土仓内不同位置的压力进行实时监控;可通过螺旋输送机的无级变速功能精确控制出渣量。此外,通过控制系统可以对土仓压力、掘进速度、螺旋输送机出渣速度、泡沫等添加材料的注入量及参数进行全自动或手动控制,确保在掘进过程能达到良好的动态压力平衡效果。

(三) 渣土改良系统

盾构配有泡沫系统和膨润土注入系统作为渣土改良系统。

(1) 泡沫注入系统。泡沫系统为单管单泵系统,可实现单管单泵控制,能够高效地完成盾构在砂层、残积土层及淤泥质土层等地层掘进过程的渣土改良,有效防止"泥饼"形成。泡沫喷口总成可从刀盘背面抽出,便于维修或更换。

(2) 膨润土系统。由两台加泥泵、流量计、压力计、阀及管路等组成。加泥箱采用卧式搅拌,液压驱动。压力、流量等可以在操作显示屏上进行操作、设定。

(3) 防喷涌设计。螺旋输送机采用轴式螺旋输送机,配置有双闸门系统、聚合物注入系统和保压泵接口,具备断电自动关闭螺旋输送机闸门的功能。

(4) 防泥饼设计。在盾构中心隔板上设置泥饼检测通道,配置球阀和堵塞棒。当刀盘扭矩和推力变化较大时,利用泥饼探测管探测土仓中心区间是否存在泥饼。

(5) 超前注浆系统。盾构设计时考虑完善的超前注浆方案。盾体圆周和前盾隔板均设置有超前注浆孔,在必要时可对开挖面前方进行超前注浆和地层加固。

(6) 尾盾注浆系统。在常规尾盾注浆口设计的基础上,在上部增设2个注浆口,尾盾注浆口配置10=4×2+2)根。在砂层、淤泥质等地层掘进过程中,根据现场情况适当调整注浆管路连接位置,保证顶部注浆量,防止拱顶注浆填充率不足时，拱顶形成空洞，可有效减小地面沉降，有利于减少管片上浮。

第三节　极软地层加固处理技术

盾构在极软地层施工过程中，端头加固的成败直接影响到盾构能否安全始发与到达。因此，必须重视软土地层端头加固方案的合理性和加固质量的控制，合理选择施工工法。

目前，端头加固主要有三轴搅拌桩、旋喷桩、冷冻及注浆等施工工法。端头加固可以单独采用一种工法或采用多种工法相结合的加固手段，主要取决于地质情况、地下水、覆盖层厚度、盾构直径、盾构机型、施工环境等因素。同时考虑施工安全性、方便性、经济性、进度等。

一、三轴搅拌桩

三轴搅拌桩是利用水泥浆液作为固化剂，通过搅拌桩机搅拌叶片强行将水泥浆液和土体搅拌混合，经过一系列的物理和化学反应，使原来软土硬结成具有整体性、水稳定性和一定强度的土体，从而提高地基的强度和稳定性。

三轴搅拌桩适用于处理正常固结的淤泥与淤泥质土、粉土、饱和黄土、素填土、黏性土以及无地下水的饱和松散砂土等地层。三轴搅拌桩施工质量控制主要指标为水泥掺入量、提升速度、喷浆的均匀性和连续性。

二、旋喷桩

高压旋喷桩是指以高压旋钻的喷嘴将水泥浆喷入土层与土体混合，形成连续搭接的水泥加固体。高压喷射注浆法适用于处理淤泥、淤泥质土、流塑软塑或可塑黏性土、粉土、砂土、黄土、素填土和碎石土等地层，但不适用于含有动水的地层。施工占地少、振动小、噪声较低，但容易污染环境，成本较高。高压旋喷桩类型包括单管法、双重管法和三重管法。

（一）单管法

高压水泥浆直接切割破坏土体，使浆液与土体上崩落下来的土搅拌混合，经过一定时间凝固固结。单管只喷水泥浆液，桩径最小，桩径一般小于等于0.6m，一般用在松散、稍密砂层中，水泥用量一般小于200kg/m，正常施工速度一般在20cm/min。

（二）双重管法

双重管同时喷射高压浆液和空气，两种介质冲击破坏土体，最后水泥浆液和分散土体固结，形成固结体。桩径一般为 0.6~0.8m，一般用在中密砂层中，水泥用量一般小于 300kg/m，正常施工速度一般在 10~20cm/min。

（三）三重管法

三重管法采用的是水泥浆液和空气及高压水，其机理是用高压水去切割土体，然后用水泥浆填充切割后的土体，桩径一般为 1.0~1.2m，可以在圆砾层内施工，水泥用量一般在 400kg/m，正常施工速度一般在 10~20cm/min。

在旋喷施工中，水泥浆的用量和提速、灌浆压力、喷嘴大小都有关系的，所以在施工前得先做试验桩，确定合理施工参数和桩径。

三、冷冻法

冷冻法适用于富水砂层、淤泥层等复杂地层条件施工，其工艺就是利用冷冻机对冷冻液进行降温，并通过循环管路输送到需要冷冻的区域，并保持温度，使温度向外扩散产生冻结效果。其冷冻原理和电冰箱差不多，先用氟利昂降低盐水温度，冷盐水通过一根根打入土层的管道进入土层，不断循环，把土层中的热量带出来，土层慢慢降温，最后冻结。

适用范围：本工法适用于软弱含水土层的地层加固、洞门加固、联络通道以及类似地层的加固施工，对于动水层质量不宜保证，含水量低的地层不适用。

在软土地层中施工时，可采用"工作井内钻孔水平冻结加固"方案，即在工作井内利用水平冻结和部分倾斜孔冻结加固地层，使盾构外围及洞口范围内土体冻结，形成圆柱加板块、强度高、封闭性好的冻结帷幕。

第四节　盾构开挖面稳定控制技术

一、开挖面稳定机理

软土地层土压平衡盾构开挖面稳定的机理，可按工程地质条件分为黏性土层的开挖面稳定机理和砂质土层的开挖面稳定机理两大类。

（一）黏性土层的开挖面稳定机理

在粉质黏土和粉质砂土等黏性土层中盾构掘进施工时，由刀盘旋转切割下来的土体进入密封土仓后，可对开挖面地层形成被动土压力，与开挖面上的主动土压力相抗衡。在密封土仓和螺旋输送机内有足够多的切削土体时，产生的被动土压力即可与开挖面上的主动土压力大致相等，使开挖面的土层处于稳定状态。

在密封土仓的土压与开挖面地层的土压保持平衡的状态下，如在盾构推进的同时，启动螺旋输送机排土，使排土量等于开挖量，即可使开挖面地层始终保持稳定。由于由刀盘切削下来的土体强度一般低于开挖面地层的原状土的强度，易于流动，且即使在内聚力较大的土层中，刀盘的搅拌作用也可以使渣土的流塑性增大，因而采用螺旋输送机转速和出土口装置予以控制。出土口装置一般采用滑动闸门，对流塑性大的松软土体，一般设置为双闸门。

当地层含砂量超过一定限度时，泥土流塑性将明显变差，密封仓内的土体因固结作用而被压密，导致渣土难于排送，甚至被迫停止盾构掘进。出现这种情况时，可向密封仓内注入水、膨润土或泥浆等添加剂，同时进行搅拌，以期适当改善仓内土体的流塑性，使可顺利排土。

（二）砂质土层的开挖面稳定机理

在砂土、沙砾等砂质土层中盾构掘进施工时，因土的摩擦力大、渗透系数高、地下水丰富等原因，一般单靠掘进提供被动土压力，常不足以抵抗开挖面的土、水压力；此外，由于土体的流动性差，使密封仓内充满砂质土体后，原有的盾构推力和刀盘扭矩常不足以维持正常掘进切削的需要，密封仓内的渣土也不易流入螺旋输送机和排出。因此，需要向密封仓内注入水、泡沫剂、膨润土或泥浆等添加剂，同时进行充分搅拌，改善仓内土体的流塑性和止水性，并合理控制螺旋输送机转速和出土闸门开度，控制出土量，使开挖面保持稳定。

二、软土地层的变形机理

在外载荷作用下，土体将产生沉降变形。软土的沉降可分为瞬时沉降和固结沉降。其中固结沉降包括主固结沉降和次固结沉降。主固结沉降是固结沉降的主要部分，是指饱和或接近饱和的黏性土在外载荷作用下，随着超静空隙水压力的消散，土骨架产生变形所造成的沉降（固结压密）。主固结沉降速率取决于空隙水的排出速率。次固结沉降是指主固结过程（超静空隙水压力消散过程）结束后，在有效应力不变的情况下，土骨架仍随时间继续发生变形所造成的沉降。这种变形的速率与空隙水排出的速率无关，而取决于土骨架本身的蠕变性质。

一方面，在骨架应力作用下，由于颗粒表面所吸附的水（气）的黏滞性、颗粒的重新排列和骨架体的错动具有时间效应，致使土体变形与时间有关。另一方面，土体内部应力的调整，也与时间有关。土体变形和应力与时间有关的现象称为土的流变。流变是软土的重要工程性质之一。由于黏性土的流变性，土体在相对稳定的状态下随暴露时间的延长而产生移动是不可避免的。

软土具有固结和流变的特性，因此软土地区的隧道变形具有变形量大、变形持续时间长和影响范围广等特点。

软土地层的变形机理比较复杂，除以上内容外，还应参照本书第四章"盾构开挖面稳定控制技术"相关内容。

三、主要控制措施

（一）盾构开挖面压力控制

土压平衡盾构施工过程中，为了确保开挖面的稳定，需要维持土仓压力，压力的控制遵循以下原则：一是土仓内土压力应足以维持刀盘前方的围岩稳定，不致因土压偏低造成土体坍塌、地下水流失；二是尽可能减小土仓内的土压力，以降低掘进扭矩和推力，提高掘进速度，降低土体对刀具的磨损，以最大限度地降低掘进成本。

在软土地层施工过程中，一般情况下土仓压力设定的理论值为105%~115%，并根据地表沉降监测数据进行优化调整，如隆起过大则应适当调低压力设定值，如发生沉降过大则应适当调高压力设定值。

（二）掘进参数优化

由于地层、周边环境和盾构配置的差异，在盾构始发段应通过试掘进选定合适的掘进参数，通过加强施工监测，不断完善施工工艺和掘进参数，严格控制地面沉降。

（三）合理的同步注浆参数

同步注浆是控制或减少地层损失的关键措施。设置合理的注浆压力和注浆量、选用优配的注浆材料等，在盾构掘进过程中，及时填充衬砌环外围土体空隙，能有效控制地表沉降。

（四）渣土改良

根据软土地层特性，盾构在掘进过程中，选择适当的渣土改良方案，提高渣土的流塑性、止水性，使渣土具有较好的土压平衡效果，利于稳定开挖面，控制地表沉降。

第五节　极软地层盾构掘进技术

一、掘进控制技术

（一）盾构轴线控制

盾构在掘进过程中，保持盾构掘进轴线适当低于隧道设计轴线，保证隧道轴线偏差控制在设计允许范围内，提高成型隧道质量。

软土地层盾构轴线控制参考指标一般为-30~40mm。

（二）掘进参数设置

（1）土仓压力。一般来说土仓压力的调整应根据掘进过程中地质、埋深及地表沉降监测信息，不断进行参数优化。一般情况下，软土地层压力设定值应为理论计算值105%~115%。

（2）掘进速度。在正常段盾构掘进时，推进速度应控制在≤45mm/min；小曲线（≤350m）地段掘进时，掘进速度应控制在≤25mm/min，避免速度过快出现姿态偏差过大。掘进速度过快时，掘进油缸行程差变化加快，姿态控制难度增加。

在曲线段掘进过程中，当水平或垂直偏差≥50mm时，需采取纠偏措施，掘进速度宜控制在≤15mm/min，以便满足调整姿态的同时适应曲线段转弯。

（3）推进油缸操作。在盾构掘进过程中，当出现管片上浮情况时，合理操作盾构上部、下部推进油缸，适当提高上部和下部油缸推力差，一般调整范围为2000~5000kN。

（4）同步和二次注浆。隧道开挖完成后，由于软土地层高流变的特性，尾盾管片背后注浆时间、注浆压力、隧道埋深对地表沉降产生较明显的影响。在盾构掘进过程中，要及时进行同步注浆和二次注浆，注浆压力和注浆的控制应根据隧道埋深、地表监测数据及时进行调整，以保证注浆效果，使得周围土体得到有效支撑，地表沉降得到有效控制。

（三）管片拼装质量控制

当管片脱出尾盾后，应立即进行管片螺栓复紧，并及时进行二次注浆，提高成型管片稳定性，减少或避免管片出现上浮。

二、姿态控制与调整

在软土层盾构掘进时，盾构姿态较难控制，由于软土地层具有含水量高、空隙率大、压缩性高、强度低、灵敏度高和易触变、流变的特性，地层自稳性能极差，在外动力作业下土体结构极易破坏，隧道穿行于软土地层中盾构姿态极不理想，当盾构轴线偏离设计轴线时应及时进行调整。

（一）盾构姿态控制和调整

盾构姿态控制和纠偏控制参照本书第四章"盾构姿态控制"。

（二）纠偏注意事项

（1）盾构姿态发生偏移过大时，需进行纠偏操作，纠偏不宜过急，每环纠偏量应控制在 10mm 以内。

（2）在纠偏过程中，应考虑先保持住水平或垂直姿态中的一个，单独单方位进行纠偏，如先稳定住水平姿态，调整垂直姿态，待垂直姿态纠偏完成后，再保持垂直姿态，纠正水平姿态。

（3）在纠偏过程中应充分考虑尾盾间隙，在适应尾盾间隙的情形下进行纠偏。否则，因管片外壁对盾壳内壁的限制与挤压，将导致纠偏效果差或管片破损。

（三）盾构主机姿态控制

由于软土地层具有高压缩性、高灵敏度、抗剪强度低、承载力低等力学特征，在软土地层盾构掘进过程中易出现盾构头部下沉、尾盾上浮的"磕头"现象。如某工程根据盾构主机重心分布情况，在尾盾部分抛压一些重物，以此来平衡盾构的重量，逐步调整盾构姿态。

三、渣土管理

（一）渣土改良

通过向刀盘仓内注入泡沫、膨润土、聚合物等添加剂，在刀盘旋转过程中使渣土与添加剂充分拌和，提高土仓渣土的流塑性和止水性，防止刀盘形成泥饼，使土仓压力分布均匀，螺旋输送机排土顺畅，保证建立良好的土压平衡，有效控制地表沉降。

（二）出土量控制

出土量管理是盾构掘进的根本，是保证控制地层损失率的最直接、最有效的手段。出土量控制必须以渣土体积控制为主，重量复核为辅。隧道内值班人员对每一车渣土进行测量并进行记录，渣土运至井口进行垂直吊装时由龙门吊司机对每一箱渣土重量进行记录。

以推进 1.2m 长度计算，掘进的土石方量（V）计算方法参照第五章式（5-2），可得 $V=45m^3$。

在盾构施工过程中，对掘进所排出的渣土样本进行分析，判断地质情况，根据不同地质情况，对出土量进行优化管理。每天及时检查对应的地面是否存在异常；当出土量超标时，需加大检查频率，派专人监控。

四、同步注浆

（一）同步注浆

同步注浆施工流程和要求参照本书第四章相关内容。

（二）同步注浆浆液配制

1.注浆配比

在盾构施工过程中，注浆配比可根据软土地层特性以及周边环境条件，通过现场试验优化确定。同步注浆材料初步配比见表7-1，淤泥质地层同步注浆调整配比见表6-2。

表6-1　1m³同步注浆材料初步配比

水泥（kg）	粉煤灰（kg）	砂（kg）	膨润土（kg）	水（kg）
25	800	300	25	500

表6-2　1m³淤泥质地层同步注浆调整配比

水泥（kg）	粉煤灰（kg）	砂（kg）	膨润土（kg）	水（kg）
25	700	400	125	500

2.浆液主要性能指标

同步注浆浆液的主要物理力学性能参考本书第六章相关内容。

五、二次注浆

（一）浆液配比选择

二次注浆一般根据已有施工经验选择施工配比，双液浆浆液配比见表6-3。

表6-3　双液浆浆液配比

浆液名称	水玻璃（A液）	水泥浆（B液）	A、B液混合体积比
双液浆	35°Be	0.8~1.0	1:1~1:0.3

（二）二次注浆设备选择

二次注浆采用自备的KBY-50/70双液注浆泵。注浆管及孔口管自制，其加工应具有与管片吊装孔的配套能力，能够实现快速拆装以及密封不漏浆的功能，并配备泄浆阀。

（三）二次注浆质量保证措施

（1）注浆前进行详细的浆材配比试验，选定合适的注浆材料及浆液配比，保证所选浆材配比、强度、耐久性等物理力学指标符合设计要求。

（2）二次注浆压力一般应大于同步注浆压力。

（3）成立专业注浆作业组，由富有经验的工程师负责注浆技术工作。

（4）在可能或需要的情况下，对拱顶部分采用超声波探测法通过频谱分析进行检查，对未满足要求的部位，进行补充注浆。

（四）二次注浆效果评价

一般情况下，二次注浆压力达到设计注浆压力则结束注浆，视注浆效果可再次进行注浆。根据南京、苏州等地工程经验，在软土地层中二次注浆后管片背后基本上没有流水现象，管片后期位移较小，地表后期沉降也控制在较小范围，满足相关规范要求。

六、监控测量

（一）施工监测的目的

监测是对工程施工质量及其安全性用相对精确之数值表达的一种定量方法和有效手段，是对工程设计经验安全系数的动态诠释，是保证工程顺利完成的必需条件。在预先周密安排好的计划下，在适当的位置使用先进的仪器进行监测可收到良好的效果，特别是在工程师根据监测数据及时调整各项施工参数，使施工处于最佳状态，实行"信息化"施工方面起到日益重要的、不可替代的作用。

通过监测工作，要达到以下目的：及时发现不稳定因素；验证设计，指导施工；保障业主及相关社会利益；分析区域性施工特征。

（二）施工监测的意义

由于隧道穿越的地质条件比较复杂，而工程地质勘察总是局部的和有限的，尤其是穿越粉质黏土或粉砂土层时，有可能引起地表路面、建筑物和管线等变形或沉陷，危及其安全，因而必须了解和掌握施工过程中地表隆陷情况及其规律性，了解因地表隆陷而引起的地表路面、房屋及其他构筑物下沉及倾斜情况，了解围岩与结构物的相互作用力以及管片衬砌的变形情况等。在施工过程中，首先必须制定详细的监测方案，并根据监测成果，及时反馈信息，指导施工，以确保建（构）筑物及作业人员的安全。其次通过对监测信息的分析，指导盾构推进的施工，使掘进参数能够及时根据现有环境的变化而优化，以节省工程成本及减少对周围环境的影响。

（三）施工监控测量的方法

日常巡检采用目测结合尺量、丈测，并配以摄、录设备进行，主要进行隧道内、建（构）筑物、河流、桥梁及管线巡视，以及日常监测，包括沉降监测、隧道收敛、重要保护建筑的监测等。盾构法隧道监测频率见表6-4。

表6-4 盾构法隧道监测频率

序号	监测项目	位置	变化速率	监测频率
1	地表（及环境内）沉降点	盾构切口前20环、尾盾后80环	>5mm/d	2次/d
			1~5mm/d	1次/d
			0.5~1mm/d	1次/2d
			<0.5mm/d	1次/7~30d
		80环后	——	1次/月
2	隧道内沉降、收敛	拖车后20环	——	1次/d
		拖车后20~50环	——	1次/2d
		拖车后50环以外	——	1次/7d
		80环后	——	1次/月

注：①停工期间，数据正常时，1次/（7~15d）；

②测点报警时，监测频率根据现场情况适时进行调整。

（四）数据分析和处理

对监测数据及时进行分析、处理及反馈，预测围岩及结构和支护状态的稳定性，提出施工参数的调整意见，确保工程的顺利施工。监测数据做到及时、准确和完整，每日提交监测日报表，发现异常现象，更要加强监测。监测报表注明对应的施工工况、各监测点的日变形量、累计变形量等要素及工况平面分布图等施工信息，相关各方分析监测结果反映的情况，监测数据如达到或超过报警值时及时通报有关各方，以尽快采取有效措施。各监测项目警戒值见表6-5。

表6-5 各监测项目警戒值

序号	监测内容	变化速率报警值（mm/d）	累计报警值（mm）	限值（mm）
1	地表沉降	±3（连续2d）	隆起/+7	+10
			下沉/−20	−30
2	隧道拱底沉降	±3	±20	±30
3	收敛	±2	±10	±13
4	刚性管线	±2	±20	——
5	柔性管线	±5	±20	——
6	建筑物沉降	±3（连续2d）	±20	——
7	建筑物倾斜	0.3%	1.5%	3%

（1）数据处理。将原始数据通过科学、合理的方法，用频率分布的形式把数据分布情况显示出来，进行数据的数值特征计算，舍掉离群数据。

（2）曲线拟合。根据各监测项选用对应的反应数据变化规律和趋势的函数表达式，进行曲线拟合，例如，对现场测量数据及时绘制对应的位移——时间曲线或图标，当位移——时间曲线趋于平缓时，进行数据处理或回归分析，以推算最终位移量和掌握位移变化规律。

第七章　暗挖异形断面隧道技术

第一节　异形盾构隧道工法的应用与研究现状

一、国内外异形盾构隧道实例

由于条件的限制和工程的需求，日本从20世纪80年代开始研究异形断面盾构工法，先后开发应用了复合圆盾构、椭圆形盾构、矩形盾构、马蹄形盾构等多种类型，并完成了多条人行隧道、公路隧道、铁路隧道、地铁隧道、排水隧道、市政共同沟隧道等项目，使盾构技术向多样化、多领域方向进行了快速发展。

中国于20世纪90年代开始研究矩形隧道掘进机，分别研发制造了2.5m×2.5m可变网格式矩形顶管掘进机、3.8m×3.8m组合刀盘矩形顶管掘进机和3.8m×3.8m组合刀盘式矩形掘进机，主要应用于过街人行地道的施工。2004年，上海隧道股份有限公司（以下简称"上海隧道"）通过与日本企业的技术合作，引进了双圆隧道盾构机和相关技术，应用于上海地铁8号线中三段区间隧道的建设。2014年，上海隧道和中铁隧道股份有限公司分别研发了国内最大断面（10.4m×7.5m）的矩形顶管机，应用于郑州中州大道下立交的施工。国内其他单位相继研发了土压平衡式矩形盾构机、马蹄形盾构机和类矩形盾构机，用于地下连接通道、铁路隧道和地铁区间隧道的施工。

二、国内异形断面隧道衬砌结构受力特征

经过近200年的研究和发展，圆形隧道衬砌结构已有成熟的设计理论和计算模型，国际隧道协会（ITA）在研究报告——《盾构隧道衬砌设计指南（草案）》中推荐的计算模型主要有匀质圆环模型、弹性地基刚架模型和有限元法。

第二节　异形断面隧道成套技术的开发难点和技术路线

一、隧道结构设计的难点

圆形隧道（或双圆隧道）的结构形式具有较好的成拱效果，但缺点是开挖断面利用率较低；在相同工况下，异形断面隧道能够有效地提高开挖断面利用率，但结构内力相应增大。所以在进行异形隧道结构断面设计时，需要在结构内力和开挖断面利用率之间寻求平衡，最终获得性价比较优的隧道结构断面。

异形隧道结构的受力规律有别于圆形隧道，特别是接头的计算参数、刚度有效率、接头弯矩传递系数等重要的参数，需要结合 1∶1 整环结构试验和接头试验等确定。

异形隧道衬砌分块需要根据内力分布规律、接头承载能力、封顶块构造、立柱拼装形式等各方面因素综合考虑，确定最优的分块形式。

二、隧道掘进机研制的难点

异形断面隧道掘进机的研制主要有以下难点：

（1）异形刀盘的布置方式，尽可能实现全断面切削的要求。

（2）异形断面盾构铰接装置的设计。

（3）多自由度异形盾构管片的拼装系统。

（4）异形断面盾构的推进系统和螺旋机出土系统。

三、隧道施工技术的主要难点

因为异形隧道断面结构形式的特殊性，同时考虑实际工程周边环境复杂、隧道开挖土层灵敏度高等特点，需从盾构的"推、拼、压"、盾构施工的环境影响和综合管控等方面分析施工的主要难点。

（1）隧道开挖面稳定难度大。异形盾构开挖面的土压力分布形式不明，土舱压力设定难；断面底部呈平底状，渣土流动性差，局部易淤积，而且对于双螺旋机的出土模式，土舱压力保持难。

（2）管片拼装难度高。异形隧道的管片结构外形尺寸普遍特殊，且拼装机结构功能特殊、拼装区域空间小，没有成熟的拼装质量控制标准和拼装工艺。

（3）隧道轴线控制复杂。异形隧道管片结构拼装精度控制难，施工轴线控制复杂；除常规的水平和俯仰纠偏外，还需面临转角纠偏的问题。

（4）施工环境影响控制难。异形盾构隧道施工引发地层变形的影响因素和机理不明，地表沉降槽（横向、纵向）形态和范围的计算预测缺乏相关的理论和实践经验；异形断面隧道收敛和地面沉降变形控制尚无标准可循。

（5）施工数据管理难度大。异形盾构隧道的施工数据包含盾构机运行参数、自动导向系统、出土称量系统、盾尾间隙测量系统、周边环境监测和隧道变形监测等众多方面，数据的现场管理难度大。另外，施工数据规模大、种类多、信息关联性强，数据的远程管理复杂。

四、研究的技术路线

根据异形断面隧道成套技术研发的主要难题，研究的技术路线主要从总体方案、设计、装备、施工关键技术，示范工程应用及推广等方面展开。

第三节 异形掘进机暗挖隧道新技术及应用

为了有效地利用地下空间，大量的新型盾构施工技术应运而生。本章主要对国际上已有的异形暗挖隧道新技术做概要介绍，主要包括多圆隧道，多联体隧道，矩形隧道，椭圆形隧道，对接隧道，合体、分离隧道，MMST工法等，其中重点介绍掘进机的特点、衬砌结构设计要点、适用范围和主要优缺点。

一、双圆隧道、多联体隧道

（一）工法概况

为了有效地利用地下空间，工程师们提出了各种各样的方案。在20世纪中叶，以日本为代表，为满足在城市繁华地区施工及一些特殊工程的需求，大量的新型盾构施工技术应运而生，这些新技术主要反映在以圆形为基本断面，向双圆形、多圆形断面发展。MF（multi-circular face）工法就是解决开发地下空间问题的一种组合盾构工法，将具有丰富经验的圆形截面的土压平衡盾构连接在一起，构成特殊截面来建造异形圆截面的隧道。该工法能够在地下构筑物密集的道路下和有限的地下空间里，修建不同断面的地铁或其他地下设施。

多圆组合分离合体型隧道，采用三联拱盾构修建地铁车站，两侧小盾构可以拆卸，中间大盾构继续推进施工区间隧道。

双圆盾构（double-o-tube，DOT）工法能够将多个圆形断面按上下、左右组合而形成隧道结构。DOT工法亦属于多圆盾构工法的一种。

DOT工法是指采用在同一平面上配置了多个刀盘的多圆形加泥土压平衡盾构机，和在圆形断面连接部的相对位置上设置有Y形（飞鸟形）管片来构筑多圆形隧道的施工方法总称。

DOT工法不仅能代替以往地铁隧道和地下高速公路等一直使用的大断面圆形盾构构筑的单线（双向）隧道及单圆形盾构构筑的双线（单向）隧道。同时根据施工条件等因素，可对隧道形状进行各种选择和变化，是一种自由度较大的施工方法。

（二）掘进机特点

MF工法是将多只圆形断面盾构机刀盘按前后错开、部分重叠的方式构造的多圆形断面工法，可以选择前后开挖面型或前后独立开挖面型的掘削方式。其中，采用前后独立开挖面型的掘削方式，由于密封舱是独立的，可以根据不同的地质情况进行独立的开挖面掘削管理。此外，还可以灵活地变换刀盘的转动方向与转动速度的组合。

双圆隧道属于将两个圆形断面做左右组合的双圆形（横式）盾构隧道，在同一平面上配置两个如同齿轮一样咬合的加劲肋（辐条）型的切削刀盘，两个刀盘进行同步控制，相互以相同速度并始终。保持一致的相位角进行反方向旋转，以避免两者之间发生接触和碰撞。

（三）隧道衬砌结构设计要点

MF工法衬砌结构比单圆工法衬砌结构构件形式更为复杂，既有不同直径的圆弧形管片，也有两个圆环之间类似Y形的飞鸟块，还有连接上下飞鸟块的立柱。

1.衬砌环的分块

多圆或双圆盾构法隧道衬砌环的分块主要由管片制作、防水、运输、拼装、结构受力性能等因素确定。一般来讲，一环衬砌有三种类型管片：标准管片、翼形管片和中间立柱管片。以地铁双圆盾构区间隧道管片为例，一般分11分块，其中含2块翼块、8块标准块和1块中间立柱。

2.衬砌环拼装形式

双圆衬砌管片结构的总体刚度较普通单圆隧道要弱，因此一般采取错缝拼装，提高隧道整体抗变形能力。

3.衬砌管片接缝形式

为了提高双圆盾构管片环向接缝刚度，同时也为了施工时管片拼装连接，操作方便、快捷，双圆区间隧道管片采用的接头形式一般采用"预埋铸铁件+短直螺栓型接头"形式。

（四）施工要点

MF盾构由多个独立控制的圆形断面组成，可根据不同地质条件进行土体开挖，通过调整各刀盘的转速和转向，利用开挖时作用在盾构上的反力可有效控制盾构机的姿态，纠偏相对比较容易。

双圆盾构工法是把原来的土压平衡或泥水平衡盾构进行复式组合，并且在两圆形断面结合处使用Y形（飞鸟块）管片进行连接，从而一次性进行两条隧道掘进的隧道施工工法。从掘进原理和开挖面稳定机理来看，双圆盾构工法和单圆盾构工法差别不大。但是，由于双圆盾构机体型的变化及配置设备的不同，造成了两者施工方式上的差异。

1. 正面土压力控制

双圆盾构采用辐条式刀盘，隔舱壁上设置土压力传感器，由土压力的大小通过电信号控制螺旋运输机的转速，来维持土舱内的恒定土压力值，达到维护开挖面稳定、控制地面沉降的目的。盾构掘进时，两刀盘以某一固定的相位差进行同步转动，这样可以使两刀盘相互不接触，同时使土舱中的泥土可以被充分均匀地搅拌。

2. 隧道轴线的控制

由于双圆盾构机宽度相对较大，在同样的纠偏角度下所造成的额外超挖或欠挖均要大于单圆盾构。由于两刀盘接触的土质和承受的附加荷载不一样，易造成盾构机的旋转，在左右侧千斤顶推力差相同的情况下产生的力矩也就更大。为此，盾构平面控制的灵敏度较高，故在工程施工过程中需对盾构平面姿态随时监控并不断调整。

在左右圆隧道高程差（盾构转角）较大时，盾构高程轴线控制情况相对较差，故在控制时需对盾构高程和盾构转角两个因素进行综合考虑。

3. 盾构机转角控制

盾构机内提前放置一定量的压铁。盾构发生偏转时，对盾构单侧增加重物，实现盾构抗旋转。盾构机的单侧压重可通过盾壳内单侧压重物，还可以在推进时在盾构机单边拼装机上和单、双轨梁吊挂管片等措施。

4. 背部土体改良

由于双圆盾构本身的构造特征，该区段特殊工况下盾构上部中间存在凹槽容易产生背土现象，为了阻止盾构背土对地面沉降的影响，切口进入该区域前利用盾构中心顶部的注浆孔及时填充润滑材料、膨润土（或陶土粉）和水的混合物，减少凹槽处的背土现象。

（五）适用范围和优缺点

1. 适用范围

（1）轨道交通车站。日本采用双圆和三圆盾构法断面建设轨道交通车站的案例较多，名古屋高速铁路4号线采用了双圆盾构法实施茶屋坂公园车站；东京地铁 7 号线白金台站首次利用可分离式三圆盾构机实施了地铁车站及两侧的区间，三圆盾构由一台大直径盾构和两侧的小直径盾构组合而成，车站断面一次开挖成型，中间较大直径的盾构开挖出来的断面可作为双线车辆通过断面，两侧较小直径的盾构开挖出来的断面分别作为两侧的站台空间。两侧的小盾构还可以拆卸下来，大盾构继续推进单洞双线区间隧道。东京地铁 11 号线饭田桥站则采用了固定式三联拱盾构机施工，中间为站台，两侧分别为车辆通行区；之后东京地铁 11 号线、12 号线、大阪地铁 7 号线陆续采用了不同尺寸断面的三圆盾构法实施的地铁车站，断面形式根据各个车站的条件均有所不同。

（2）轨道交通区间隧道。20 世纪 80 年代，日本最早开始采用 DOT 工法实施双圆盾构法隧道。鉴于上海越来越紧张的地下空间，1995 年上海地铁也开始了双圆盾构隧道工程技术的引进、消化、开发与应用。2003—2006 年，上海地铁 8 号线工程有三段区间（开鲁路站—嫩江路站—翔殷路站—黄兴绿地站）隧道首次采用了 DOT 工法施工。随后在上海地铁 6 号线、10 号线等工程中均有部分区间隧道采用了 DOT 工法施工。

按照两隧道之间安全距离取 1D（D 为隧道直径）考虑的话，两条单圆区间占地宽度约 18m，而双圆区间仅需 11 m。这对于市中心道路红线狭窄的区段，特别是中心城区、老城区，红线两侧建筑物年代较早，道路下方管线错综复杂，对盾构施工敏感，采用双圆区间对于轨道交通线路设置有较大的灵活性，从空间上减小了对既有环境的影响。

2. 优缺点比较

（1）优点。①双圆或多圆盾构法区间隧道线路定线自由度较大，对道路两侧地块影响小，地下空间利用率高。②双圆盾构法可使两条隧道合二为一，从轨道交通规模上讲，可减少区间土建工程量 10%~15%。③双圆盾构法区间隧道防灾、救灾能力强，并可节省联络通道的工程费用。④两条隧道合二为一或车站区间同步施工，整体上讲施工效率高，工程进度快。

（2）缺点。①双圆或多圆盾构法一次开挖面断面较单条单圆区间断面大，对土体扰动相对较大。②双圆或多圆盾构机采用辐条式刀盘，设备复杂，对正面土压力的控制较难。③盾构机设备体型较大，姿态难控制，易造成超挖或欠挖。④国内仅上海在局部城区区段应用过双圆盾构法，而双圆或多圆盾构法施工技术较复杂，施工经验较缺乏，对各种复杂地质条件的适应性尚未完全掌握。

二、矩形隧道、椭圆形隧道

（一）工法概况

矩形断面相对于圆形断面，空间利用率高。明挖法、沉管法隧道或箱涵顶进地下通道等工法一般采用矩形断面，相比较而言，矩形断面的顶管法、盾构法隧道应用较少。因为从结构受力和施工便利的角度出发，圆形断面无疑是暗挖法隧道的首选，特别是盾构法隧道。随着城市地下空间的开发，越来越需要提高地下空间的有效利用率，同时为了尽可能地减小对地下环境的影响，需要不同用途的隧道合建，因此异形断面暗挖隧道的开发也日渐增多。在日本东京、大阪等城市因土地资源紧张，除了采用双圆、三圆等组合圆形断面外，也有椭圆形、马蹄形、矩形等隧道断面。

与国外在异形断面地下暗挖建造技术上已取得巨大发展相比，我国在该领域尚处于起步发展阶段。但是在我国城市化进程快速发展的背景下，严重的交通拥堵与地面道路发展到极限的矛盾，对建造不同类型的地下暗挖通道提出了迫切的需求。特别是在上海及沿海周边城市，中心城区地上空间的开发接近饱和，地下空间的利用日渐紧张。因此，近年来国内轨道交通、地下道路、城市管廊等行业均在积极探索更加节约地下空间的暗挖断面形式。地铁隧道采用双圆盾构法隧道及类矩形盾构法隧道已有成功案例，大矩形断面顶管法隧道也在郑州、上海等地成功运用。椭圆形隧道（或称为"类矩形隧道"）其实是矩形隧道的一种断面优化形式，目的是使大断面矩形隧道的受力更加趋于合理，减小结构的断面。

（二）掘进机特点

1.矩形顶管掘进机

在20世纪90年代，上海隧道公司开始矩形顶管机的研发应用，国内首台矩形隧道掘进机，断面尺寸2.5m×2.5m（内净尺寸2m×2m）为可变网格式矩形隧道掘进机，进行了60m的试验隧道推进（国内首条矩形隧道），为今后的工程应用打下了基础。目前已发展到第四代土压平衡式机型，先后在上海、南京、武汉、郑州等多个城市的市政管廊、轨道交通、道路隧道工程领域中得到了成功应用。近几年来，局部气压式、泥水加压式和土压平衡式等新型掘进机技术也用到了顶管掘进机领域；刀盘也有反铲式、条幅式、面板式、大刀盘式、多刀盘式、组合刀盘式、滚刀式和偏心多轴式等多种类型，广泛应用于各类地层及工程环境条件下。

以4.2m×6.9m行星号矩形顶管机为例，矩形顶管掘进机包括主机、纠偏中继间及其液压系统、顶进中继间（两套）及其液压系统、主顶进系统、液压系统和电气控制系统。其中主机包括壳体、大刀盘及其变频驱动系统、小刀盘及其变频驱动系统、螺旋机系统及其液压系统、铰接系统及其液压系统、干油密封系统、稀油润滑系统、泡沫和加水系统、泥浆套系统。

2013年12月，由上海隧道公司自主研发制造的当时世界最大矩形顶管机（宽10.4m、高7.5m）下线，应用于郑州中州大道下穿隧道施工，2014年3月第一条隧道贯通，110m长隧道掘进工期为69天，这标志着我国在矩形顶管技术领域已处于国际领先水平。

2.矩形盾构掘进机

20世纪60年代，日本名古屋和东京采用4.29m×3.09m手掘式矩形盾构机分别掘进2条长534m和298m的共同沟。1981年，日本名古屋中部电力公司采用5.23m×4.38m的手掘式矩形盾构机掘进1条长374m电力隧道。1995年，大丰建设采用1台4.38m×3.98m的DPLEX矩形盾构机，在千叶县习志野市菊田川2号干线掘进2条并列的矩形排水隧道。

日本2003年建成的京都市高速铁道东西线醍醐—六地藏延伸工程首次采用了大型矩形盾构机施工。醍醐—石田为渡线段、一般段两种矩形断面，渡线段、一般段矩形隧道截面尺寸（宽×高）均为9.9m×6.5m，渡线段中间无立柱，一般段中间设置立柱。渡线段衬砌厚度0.5m，一般段衬砌厚度为0.35 m。

日本用于东京富多新线的APoRo（allpotential rotary）Cutter工法也是矩形盾构工法，2013年建成通车。矩形隧道截面尺寸（宽×高）为10.3 m×7.1 m，衬砌厚度0.4m、环宽1.1m，为单洞双线隧道。

2011年大林组采用三菱重工制造的复合拱形盾构施工了相模纵贯川尻隧道。矩形盾构机尺寸（宽×高×长）为11.96m×8.24m×11.95m，隧道断面尺寸11.80m×8.08m，采用钢纤维增强高流动混凝土管片。

2016年，宁波市地铁3号线一期工程出入段线首次采用了土压平衡类矩形盾构掘进机（11.83m×7.27m）完成了单洞双线矩形区间隧道。

（三）隧道衬砌结构设计要点

1.矩形顶管隧道管节结构设计

（1）在满足工程使用、结构受力、防水和耐久性等要求的前提下，顶管管节结构宜选用预制钢筋混凝土管节。

（2）矩形顶管管节采用平面框架模型计算内力和变形。

（3）顶管管节整节预制，因此需要控制单节管节重量，在管节的宽度设计上要考虑吊装、运输等因素。若场地条件、机械吊装能力不足，亦可将整环管节"一分为二"分片预制、吊装，到井下进行现场拼装。

（4）一般小断面的顶管管节采用比较标准的矩形断面，当断面比较大的时候，为了优化结构的受力性能，需要采用类椭圆形断面的管节断面设计。

（5）顶管管节接头一般采用F形钢套环接头，以楔形橡胶止水圈作为接缝防水措施。钢套环端面上设置兜绕成环的遇水膨胀橡胶条。钢套环管节端头预留一沟槽，灌注低模量聚氨酯密封胶。管节之间设置胶合板衬垫材料。当整条顶管隧道施工完毕后，管节接头之间的嵌缝沟槽内嵌填高模量聚氨酯密封胶。

2.矩形盾构法隧道衬砌结构设计

（1）矩形盾构法隧道应根据断面大小、受力条件、所处环境和使用要求，以及结合其可靠性、耐久性和经济性选用不同衬砌结构材质。衬砌结构可采用钢筋混凝土结构、钢结构、铸铁结构，必要时也可采用复合结构。

（2）矩形盾构法隧道的结构形式应根据使用功能、结构受力、防水要求、耐久性和技术经济等综合因素进行比选，可采用单层衬砌、双层衬砌的形式，宜优先采用单层装配式管片衬砌结构。

（3）衬砌断面周边外轮廓宜圆顺，可由若干段圆弧组成，顶、底面宜起拱。

（4）衬砌管片块与块、环与环间宜采用螺栓连接。

（5）衬砌环封顶块拼装方式宜采用全纵向插入、半纵向插入，插入长度应与盾构设计、施工相配合，综合考虑拼装设备、千斤顶顶进行程、实践经验等因素选用。

（6）带立柱的衬砌环可根据施工经验，确定封顶块与立柱拼装先后次序；无立柱的衬砌环在拼装时宜设置临时支撑，同步注浆完成后拆除临时支撑。

（7）管片应根据连接方式、起吊方式、拼装方式、注浆要求及结构受力等因素合理确定螺栓手孔、定位孔、起吊孔、注浆孔的位置与尺寸。

（8）矩形盾构隧道接缝防水的首道防线是预制成框、能适应较大的接缝张开量的弹性橡胶密封垫，其断面为中孔型，材质为三元乙丙橡胶。

（四）施工要点

1.矩形顶管隧道施工要点

（1）土体改良技术。①加水：提高土体塑流性。②加膨润土泥浆：提高塑流性、提高防渗性。③加泡沫剂：提高塑流性、均匀性、降低内摩擦角。

（2）减摩泥浆技术。①高黏度、低滤失率的泥浆能降低混凝土管节与周围土体在顶进施工过程中的摩阻力。②一定压力的泥浆注入建筑空隙，可以有效降低地层损失，防止周围土体变形。

（3）顶管姿态和沉降控制技术。解决开挖面的稳定和土体改良，配以适宜的纠偏，可以实现顶管姿态的控制。平面偏差可以控制在±50mm以内。

通过控制开挖面的稳定和顶管姿态，配以减摩泥浆保压，控制地面沉降。最大沉降可以控制在30mm以内。矩形顶管机地层变形控制技术措施有：

①根据不同土质合理选择工具管。

②掘进过程中，根据地下水压力的变化及时采取相应的措施和对策。

③加强管理，严格避免人为的超量出泥。

④尽量避免大角度纠偏。

⑤减少触变泥浆套的厚度，顶进结束后采用双液浆对触变泥浆进行置换。

（4）矩形顶管机进出洞施工。①对洞口土体进行加固。②凿除封门前需确认外部土体的加固效果，矩形顶管在进入加固土体时可适当降低土压力。③矩形顶管机进洞在接收井封门被破坏后工具管应迅速、连续顶进管节，尽快缩短工具管进洞时间。④动态油脂压注，起到洞圈保压功能。

2.矩形盾构法隧道施工要点

（1）切削排土改良施工技术。相比圆形隧道盾构，矩形盾构断面底部呈平底状，渣土的流动性差，局部易产生淤积；刀盘结构和切削方式特殊，渣土流动形式不明，且不稳定。因此，要结合盾构刀盘切削方式、掘削土体在土舱中的运动规律等优化新型土体改良添加剂配合比和土体改良技术。

（2）盾构轴线控制技术。矩形隧道的断面高宽不同；盾构含有多刀盘和双螺旋机，正面土压力分布形式不明，且不稳定；矩形管片拼装空间小，拼装难度较高；在地层软弱、灵敏性高的地区盾构机姿态和隧道轴线控制难度较大。

应用矩形盾构机纠偏功能，研究矩形盾构机在曲线段掘进的状态及对轴线的影响，采用趋势化控制技术。

采用矩形盾构机姿态自动采集系统，重点掌控转角测量精度和频率；利用图形解析和摄影测量的原理，通过高分辨率的摄像机实时测定盾尾间隙；结合理论分析指导矩形盾构机姿态和转角控制。

（3）管片拼装技术。矩形隧道管片结构外形尺寸较为特殊，不规则，拼装顺序多样化，拼装过程稳定性控制难度大，环高差、张角控制难度大，拼装机构造功能特殊，相比圆形隧道拼装难度大。因此要掌握以下技术：①拼装机、管片稳定装置等应用技术。②研究合理的管片拼装顺序，分别通过管片水平拼装、拼装机试拼装、工程负环拼装，得出最合理管片拼装顺序。③弧形管片和立柱管片的高精度定位技术。④拼装过程中的管片稳定性技术。⑤拼装质量控制及防水技术。

（4）注浆技术。矩形盾构的顶部和底部建筑空隙呈水平状，浆液注入的流淌性、充填率和均匀性都较圆形隧道不利。同时，在大断面工况下，注浆控制不利易引起地表变形，进而引起隧道变形。因此，需要针对矩形盾构重点研究注浆孔位布置、浆液材料、配套设备和压注工艺。

（五）适用范围和优缺点

1.适用范围

在道路狭窄、建筑物拥挤、地下管线密集的市区，以及地下工程并行、交错的地段，隧道的宽度和高度受到限制时，采用矩形断面隧道可以更加经济地利用地下空间，减小相邻地下工程的矛盾。矩形盾构隧道可广泛应用于轨道交通车站、区间、城市下立交、快速路、过街人行通道、各类地下管线共同沟等地下工程项目。

（1）轨道交通车站、区间隧道工程。上海、宁波等地轨道交通出入口通道通过交通繁忙的道路或因技术经济原因，不宜采用明、盖挖法施工的时候，多采用矩形顶管或管幕等暗挖方法施工。

宁波市地铁3号线一期工程出入段线在国内首次采用了类矩形盾构施工单洞双线区间隧道，断面外包尺寸为11.2m×6.94m，区间长度约392m。衬砌环分为10块（不含中间立柱），由1块封顶块、1块邻接块、6块标准块、2块T形块构成。区间隧道所在场地为典型的高压缩性、高含水量的软弱地层。

（2）城市道路下立交工程。①上海淞沪路一三门路下立交工程。该工程位于上海市东北部淞沪路及闸殷路下方，需下穿9.85m×4.4m合流污水管，且要为规划地铁17号线预留穿越条件。采用矩形顶管可有效减小对淞沪路交通的影响及保护合流污水管，与合流污水管的最小竖向净距约为4.0m；与规划地铁17号线竖向净距约为4.3m，满足穿越条件。顶管管节采用钢筋混凝土管节，整节预制，外包尺寸为6.3m×9.8m，管节宽度为1.5m，单节管节重量约为68t。②郑州市纬四路下穿中州大道隧道工程。该工程顶管段位于郑州中心城区东部，四条顶管法隧道均自商务区工作井出发向纬四路工作井顶进，下穿中州大道。中州大道是贯穿城市南北向的一条重要快速通道，纬四路规划为东西向城市支路。工程周边道路两侧多为商铺及居民住宅楼等，建筑多为"多层+高层"建筑，均有地下室，地基采用复合地基或桩基。现有地面道路内地下市政设施众多，分布复杂。4条顶管法隧道为2条机动车道、2条非机动车道，机动车道隧道断面外包尺寸为10.4m×7.5m，节宽为1.5m，单节管节重量约为73t。非机动车道隧道断面外包尺寸为6.9m×4.2m，节宽为1.5m，单节管节重量约为42t。

（3）地下商业街。新疆辰野名品地下商业街位于乌鲁木齐市中心道路下方，商业街长328m、宽19.8m、高6m，顶覆土4.75m，采用20m×6.2m"大断面三联体矩形盾构+ECL工法"施工，用现浇钢筋混凝土结构代替传统的预制管片衬砌结构。在盾构尾部壳体内利用钢模板作为支撑系统现浇钢筋混凝土结构。

（4）各类地下管线共同沟等。地下管线埋深要求比较浅，过去多采用开槽埋管或明挖法施工，近年来许多大型电缆专用隧道、污水隧道等由于管径大，在市中心长距离穿行，采用盾构法、顶管法施工的案例越来越多。由于施工设备及工艺的原因，也基本采用圆形断面。作为地下管线隧道来讲，内部设施比较少，采用圆形断面，仅利用了中部空间，下部空间则采用了混凝土填充，上部空间难以利用。矩形断面隧道对于此类地下管线专用隧道或者管线共同沟隧道来讲，是非常合适的。

2.优缺点比较

（1）优点。①矩形隧道断面的空间利用率较圆形隧道大，在地下空间受限的情况下优势较明显。②矩形隧道所需的敷设空间较小，增大隧道与周边建筑物的距离，减小对周边敏感建筑的影响，而且矩形隧道上、下行线一次掘进完成，较单圆单洞隧道减少了二次扰动，对周边环境影响范围小。③矩形隧道施工对周边环境的影响可以控制在允许范围内。④矩形隧道开挖断面较同等功能的圆形隧道小，土方量少。⑤矩形隧道不仅可应用于一般正线地段，在出入段线、渡线段等配线区间段应用更加凸显其空间利用率高的特点。

（2）缺点。①矩形断面受力比圆形断面不利，特别是断面尺寸大的情况，结构厚度不甚经济，衬砌变形较大，一般适用于道路两车道或轨道交通双线区间。②由于矩形盾构机盾尾间隙大，隧道上浮空间大；盾构推力、注浆压力对结构影响也较大。成型隧道易产生上浮、变形大等不良现象。③国内虽然已采用矩形盾构进行区间隧道施工，但总体来说，只是在周边环境特别复杂（主要为两侧建筑物密集）、地下空间受限的情况下才使用，并且只在上海、宁波等软黏土地层地区使用，尚未得到大范围的推广应用。④矩形盾构与圆形盾构相比，管片扭转后纠偏不易，盾构姿态和隧道轴线控制难度极大。如发生较大偏转后将侵入限界，影响列车运营。⑤矩形顶管适用于短距离、直线段隧道，矩形盾构虽然可以掘进较长距离，也可以小半径曲线转弯，但是掘进速度尚不能与圆形隧道相比，因此施工工期相对较长。⑥矩形隧道掘进机机械较复杂，衬砌结构厚度较大，综合造价相对较高。

三、对接隧道

（一）工法概况

盾构法隧道地中对接有两种情况：①2台盾构分别从两端相向掘进，在地中对接点进行正面对接；②从侧向将新建隧道接到已建隧道上。正面地中对接方法有两种：一种是辅助加固对接法，另一种是机械式地中对接法。20世纪举世瞩目的英法海峡隧道、日本东京湾公路隧道、丹麦斯多贝尔特铁路隧道及我国的广深港高铁狮子洋隧道都采用了辅助加固对接法。本节将主要介绍机械式地下对接工法。

机械式地下直接对接（MSD）工法是对2台盾构机作机械、正面接合的工法。MSD工法所有的作业都在地层中进行，不需要采用辅助工法，不影响地面交通和地下构筑物，地层适应能力较大。

采用MSD工法实施对接作业时，2台盾构机从两侧相向掘进到指定的对接处，缩小2台盾构机的切削刀盘直径，将贯入侧盾构机内的钢贯入环插入接受侧盾构机的受压橡胶止水条至贯入室，使2台盾构机机械地接合成为一个整体构造。对接作业可大致分为以下三个步骤。

1.盾构刀盘缩小

相向掘进的2台盾构机的盾构刀盘在指定地点停止切削转动，以盾构机密闭舱内泥土压力或泥水压力维持对开挖面的作用状态，同时缩小盾构刀盘的外径。

2.盾构对接

在盾构刀盘外径缩小后，将贯入侧盾构机的贯入环插入接受侧盾构机的受压橡胶止水条至贯入室内，进行机械对接，通过贯入环的贯入力和本身的构件强度抵抗水土压力。

3.闭合作业

在2台盾构机的对接部分，在贯入环内周焊接钢板，使2台盾构机壳体成为整体。最后对盾构内部设备进行解体后，进行二次衬砌或做内部整修。

（二）掘进机特点

贯入侧盾构机的主要装置是贯入环室，由贯入环、贯入环支承、止水密封、推出千斤顶等组成。贯入环的两个面采用止水密封填塞，成为防止向盾构机内漏水的构造。

接受侧盾构机的主要装置是贯入室，其由受压橡胶环、密封机构、牵引千斤顶所组成。贯入室和贯入环室一样，是防止向盾构机内漏水的构造。

盾构机作对接时，贯入环通过将伸缩轮辐部分推压出，伸缩轮辐可通过千斤顶实现伸缩。

不带有外周环的盾构机，是以具有切削刀盘滑动机构作为标准的。在进行接合时，2台盾构机的外壳钢板靠地越近越好，以使切削刀盘整体被收纳在盾构机密闭室内的机构。

（三）施工要点

1.可以施工的最小规格盾构机

MSD盾构机，由于要沿着盾构机外径配置贯入/接收装置，对于小直径规格盾构机而言，往往要受到驱动齿轮直径、马达安装位置、螺旋输送机直径、位置等制约。因此，不受普通性功能制约、可施工的盾构机最小直径标准为：泥水式盾构机φ2480mm，土压式盾构机φ2680mm。

2.路线线形

MSD盾构机和通常盾构机一样可以进行曲线施工。但施工小半径曲线段时，考虑到中间转弯装置和超挖量，MSD盾构机的机身比通常的盾构机长，因此盾构机选型需要结合隧道线形考虑。

3.MSD工法适用的地层

MSD盾构机原则上适用于冲积黏性土、砂质土、洪积黏性土、砂质土（硬黏土）和掺混有小砾块、中砾块的地层。

（四）适用范围和优缺点

1.适用范围

MSD工法用途广泛，可用于上、下水道工程、电力隧道、铁路隧道、共同沟等；地下接合位置可选择在路面交通量较多、地下管线多的主干道下方，或海底、具有较大覆土位置进行施工。

1992年9月，MSD工法首次成功应用于东京都水道局东南干线，迄今为止日本已有近20项地下工程采用了MSD工法。采用MSD工法的部分工程案例见表7-1。

表 7-1　工程案例表

序号	工程名称	工程位置	长度（m）	盾构	对接处的地质	对接时间
1	26号浪速共同沟工程	大阪府	2887	泥水式 φ8.10m	洪积黏性土、砂质土、沙砾	2003.6
2	26号住之江共同沟工程	大阪市	2830	泥水式 φ8.08m		
3	印旛沼流域下水道管道筑造千叶县（101工区）	千叶县船桥市	1724	泥水式 φ2.69m	砂质土	2003.4
4	印旛沼流域下水道管道筑造（301工区）		2430			
5	内径1650m米利美多引水管神奈川县布设工程（之2）	神奈川县厚木市	2276	泥水压力式 φ2.63m	细砂、沙砾	2003.9
6	内径1650m米利美多引水管布设工程（之3）		1963			
6	小田井贮留管筑造工程（之2）	爱知县名	2388	泥水压力式 φ5.24m	细砂、砂质土、	2003.2

续表

序号	工程名称	工程位置	长度(m)	盾构	对接处的地质	对接时间
7	小田井贮留管筑造工程（之3）	古屋市	1620			
8	町田市小山町2215号——八王子市献沢三段隧道筑造工程	东京都町田市	1360	泥水式 φ2.48m	黏性土	2004.5
9 9	小山给水站——町田市小山町2215号送水管道用竖井和隧道工程		1215			

以新名古屋火力发电厂7号系列煤气导管工程（2、3工区）为例。该工程采用泥水式盾构机施工，海中段施工长度约1.5km、隧道外径4.10m、内径3.20m。盾构段隧道分两个工区施工，其中2工区长808m、3工区长707m，在接合点采用MSD工法实现海底对接。隧道施工采用2台MSD盾构机。

工程区域位于海域围填区。盾构掘进深度处的土质：3工区位于第三纪常滑层，2工区则位于冲积层；而地下接合点位于稳定的第三纪常滑层中。

在地下对接工序之前，要对2台盾构机的相对位置作量测。为确保接合精度，须进行水平钻孔。在接合点靠近20m和3m处的进行2次贯通水平钻孔。在靠近20m处进行第1次钻孔，确认其误差、决定修正掘进量；在靠近3m处进行第2次钻孔，目的是最终确认对接点。测量结果表明2台盾构机的相对偏移在30mm左右。

对接作业中的主要工序是连结销的切削、盾构刀盘轮辐的缩小和贯入环的贯入。

（1）切削连结销。连结销是盾构刀盘外周环和盾构刀盘轮辐连结的销子。施工时采用岩芯钻机从盾构机内朝外切削连结销。在4根轮辐中，每根有2枚销子，总共要切削掉8枚。

（2）缩小盾构刀盘轮辐。为了确保贯入环的通过空间，用内藏的千斤顶缩小盾构刀盘轮辐。4根盾构刀盘滑动轮辐千斤顶，通过油量计的钢索控制轮辐回缩量。

（3）顶进贯入环。一方面，使用千斤顶将贯入环向着接受侧推进。另一方面，接受侧盾构机的受压橡胶材料，由贯入前伸出100mm回缩至50mm。受压千斤顶的冲程变为0mm后，贯入千斤顶的压力上升到指定值，贯入工序完成。

（4）确认止水后，打开密闭舱。将贯入环以14MPa的压力贯入受压橡胶体上，形成承受0.6MPa水压力状态。其后，进行密闭舱内的排水，在确认达到止水效果后，打开密闭舱门。密闭舱打开时的漏水量在100mL/min左右，不久便几乎不漏水了。

（5）对接作业的天数。从到达对接地点开始，至压入贯入环，确认达到止水效果，包括休息天数在内共为10d。

2.优缺点分析

（1）优点。①不受地面上条件的限制，可以自由地选择接合的地点。②无须采用地基加固或降低水位的辅助工法。③作为接合工序，地面上没有配合性作业，也就不妨碍地面交通，对居民环境无影响。④可适用于广大范围的土质地层中。⑤由于以钢制圆环直接支承地层的土压力、水压力，施工方法安全、可靠。⑥接合时，对地面上和地层中已有的构筑物，没有影响。⑦接合作业可在短期内完成，由此可减少整个掘进工期。⑧钢制的贯入环可以作为隧道构造的一部分。⑨可以适用在泥水式或者土压式任意一种盾构机工法。

（2）缺点。MSD工法作为可靠的机械方式地下接合的工法已得到了广泛的验证。在迎接盾构机长距离化时代，需要提高地下接合盾构机装置的耐磨性、耐久性。

四、合体、分离隧道

（一）工法概况

城市中构筑物密集，为了有效利用地下空间，日本在1989年研发了H&V盾构工法，拟通过合理的断面形状、分岔、自由的线形（螺旋形）等在城市地下空间中建设高自由度的隧道。

H&V（horizontal variation & verticalvariation）盾构工法通过使用特殊铰接机构，能够将二联型、三联型和大小不同的圆形断面在竖向和横向叠合，从而构筑起具有单圆以外的多样化断面的隧道；同时，通过盾构机分离，从双圆形隧道分岔成单圆形断面隧道；还能够将2条超邻接隧道，从竖向至横向，或者从横向至竖向，扭转成螺旋形。

（二）隧道衬砌结构设计要点

H&V盾构工法使用的管片，分为传统圆形隧道所采用的分离型管片和整体型管片两种类型。

分离型管片能够建造超邻近的隧道，可以从二联圆形断面隧道向着单圆断面隧道做分岔，能通过标准管片和楔形管片组合构筑螺旋形隧道。分离型管片使用传统的圆形结构，由A型、B型、K型管片构成。

整体型管片可用于合体隧道、螺旋形隧道区段，也可以用于隧道之间的联络通道等结构。

整体型管片由W型、S型、A型、B型、K型分块组成。在螺旋形区段，隧道中心轴不平行，环间连接方向是各自不同的方向。由此，在中央部分的接合部（W型、S型管片）需要作扭曲加工。

（三）工法应用

根据H&V盾构工法的特征，可以施工以下隧道。

1.超邻近隧道

使用单圆盾构机施工超邻近隧道时，需充分考虑后建隧道对先建隧道的不利影响。而对于H&V盾构工法，消除了2台单圆盾构机作同时掘进时所存在的问题，可以实现邻近和超邻近隧道施工。

2002—2005年建设完成的吉见净水厂引水隧道工程，长约为2564m，采用横向二联型分离式盾构机（φ2090mm×2联型）施工。隧道覆土9~18m，两条隧道中间间隔仅为190mm。

2.分岔隧道

对于1999—2000年建成的南台干线工程来说，由于采用了H&V盾构工法而省去了分岔工作井。工程主线隧道长728m，覆土15~24m；支线隧道923m，覆土18~27m。

竖向二联型盾构机从始发工作井开始掘进约150m之后，在分岔点处分成主线（完工后内径φ2400mm）和支线（完工后内径φ2200mm），分别施工了574m、769m。在竖向二联型状态下还进行了R=15m小半径曲线段的施工。

3.螺旋形隧道

H&V盾构工法的特征是通过交错连接机构和用于辅助此机构的螺旋千斤顶，提供盾构机的旋转力，并且使用仿形切削器掘削旋转方向的地层土，就可以构筑成螺旋形隧道。

2016年6月，立会川干线雨水放流管2期工程开始建设。该工程全长1512m、覆土11.4~23.7m，拟建成2条内径5000mm的雨水隧道。

由于工程邻近品川综合管廊等诸多重要地下构筑物，纵断面上需要与胜岛运河护岸基础桩保持最小1.5m的间距；同时，工程下游670m的樱桥附近S形弯两侧为私有土地，也必须确保一定间距。

基于以上纵断面和平面两方面的条件，立会川雨水隧道可施工规模受到限制。最终，决定采用H&V横纵螺旋式掘进、双圆铰接式泥水式盾构，并实施螺旋掘进的方式，克服隧道线型上的局限。

五、暗挖MMST工法及工程应用

（一）工法概况

MMST（multi mico shield tunnel）工法是通过多台小断面矩形微型盾构机，预先掘削主体隧道的外壳部位（外围的围护部位），逐次形成由钢壳、钢筋混凝土复合成的单体隧道，然后把它们相互连接起来，围合成地下主体结构的外壳（相当于主体结构外围的封闭围护结构），再在其内暗挖土砂，构筑所需大断面隧道主体结构的方法。

（二）工法特征

本工法与明挖法和传统盾构法相比具有以下特征：

（1）与明挖法相比，本工法不需要从地面进行支护结构施工，可减少对地面交通的影响，地下管线迁改量也大幅减小。

（2）隧道掘进机断面较小，工作井规模也相应减少，可适应覆土厚度较小的区段。

（3）通过调整小断面盾构间连接部分的间距，就可以增大或缩小隧道断面。

（4）内部土体采用挖掘机挖掘，可以大大减少废弃泥浆量。

（三）工程实例

由日本首都高速道路公团承担的"纵贯高速川崎线"的隧道区间中，经对施工条件、用地可能、环境影响评估后，对无法采用明挖法或通常非明挖工法的大师隧道区间采用了MMST工法。

1.大师隧道概况

日本高速神奈川6号川崎线大师隧道建于靠近川崎大师的大师河原。高速川崎纵贯线的施工需确保宽25m的409号国道的交通，因此不能使用以往的明挖法，且工程断面为上下两层布置，埋深也较浅，因而很难使用常规的圆形盾构机进行施工。故从高速川崎纵贯线的大师立交枢纽到殿町的540m区间采用了MMST工法。

大师隧道受用地宽度（最小宽幅29m）、浅覆土（最小覆土4.8m）和道路线形等多种条件的制约，通过MMST施工法的开发使用，成功构筑了内净最大高度约18m、最大宽幅约23m的矩形大断面隧道。

隧道断面面积594~671m²，隧道内掘削断面积353~413m²；覆土厚度4.8~12.6m；平面线形：$R=280\sim\infty$m，纵断面线形：$R=700\sim\infty$m。工程于2010年建成。

2.盾构机械

在正线工程中为满足矩形单体盾构施工之需，制作了竖向型盾构和横向型盾构各2台。盾构盾尾空隙为45mm，采用壁后同步注浆。

横向型盾构机由前机体、中机体、后机体所组成，竖向型盾构机由前机体上部、下部和后机体部分组成，装备有各种姿态控制装置。

3.钢壳设计

单体隧道采用钢壳结构，如图7-1所示。1环钢壳的宽度为1.2m，由3根主梁、纵肋板、面板及中柱组成，有卧式（高3.0 m×横向宽8.2 m）及立式（高8.2 m×横向宽2.5 m）两种矩形断面。1环钢壳分割成6块，为了尽量减少接头数量、提高混凝土的充填性，纵肋板配置间隔进行了加宽设定。外壳结构顶板、底板厚3.0 m、侧墙厚2.5m。

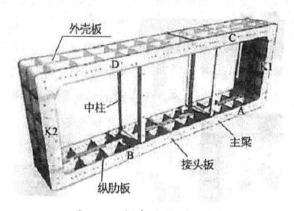

图 7-1　钢壳结构（卧式）

4.外壳构筑

掘削邻近钢壳之间的连接段时，先对连接段周边的止水辅助注浆进行地基改良，到达土体的稳定。随后，拆除部分钢壳端部的钢板，并进行连接段内部土砂的掘削（总掘削土砂量13000m³）、配筋（异形钢筋D41mm×4根～D51mm×6根），并采用环氧树脂充填。

钢壳内则完全充填密实的混凝土。由于顶板、底板及拐角部位无法捣实，故使用了充填性较好的高流动性混凝土。除此以外的侧墙部位使用高性能AE减水剂混凝土。

5.壳内开挖及隧道主体结构构筑

采用一般的掘削机械进行内部空间的土方开挖。由于大师隧道是由上下2层结构向左右并列的结构过渡，故道路的纵横断面线形及断面形状发生了复杂的变化。主结构中采用钢制梁、立柱及半预制的结构，确保坑内作业空间及施工用通道，并能展开数个工作面同时施工。

六、局部扩大隧道

（一）工法概况

所谓局部扩大盾构法就是在隧道的任意位置对局部断面进行扩大的一种施工方法。其施工原理如下：

（1）正常段施工：首先进行等断面正常段隧道的施工，在局部断面扩大部分设置特殊管片，在正常段和特殊段管片之间同时设置导向环。

（2）圆周盾构反力支墩施工：拆除特殊段下部的预制扇形衬砌块，设置围护结构后进行土体开挖，必要时可对局部土体进行加固，浇注圆周盾构掘进时的反力支墩。

（3）扩大部盾构的反力承台制作：在扩大部基础内的导向环上安装圆周盾构后，边掘进边拼装圆周管片，最后形成扩大部盾构的反力承台（始发基地）。

（4）扩大部盾构安装和掘进：在始发基地内安装扩大部盾构，进行扩大部隧道的开挖。

根据隧道扩大段的长度可以选择如下三种方法中的一种进行施工。

第一种：圆周盾构机结合扩大盾构机施工。

第二种：圆周盾构机结合断面扩大开挖施工。

第三种：仅使用圆周盾构机。

（二）施工要点

（1）应尽可能缩短盾构机长以缩小始发基地的规模。

（2）应合理划分开挖面作业空间，一般需确保30cm以上的最小开挖空间，以提高盾构开挖作业效率。

（3）应配备效率较高的原有特殊管片拆卸装置和扩大断面管片组装设备，从而提高施工效率，保证施工安全。因为在拆除原有管片修建扩大断面盾构始发基地时，将导致原有隧道的结构作用荷载和应力发生改变，所以除需在原有隧道开孔部及其附近加固隧道外，还需通过监测掌握衬砌应力，以监测数据指导施工。

（三）适用范围和工法特点

1.适用范围

局部扩大盾构法可运用于各种地下工程的扩大开挖，从施工实例看，工程扩大段断面均比较小，见表7-2。

表 7-2　施工实例一览表

工程序号（m）	隧道外径（m）		扩大段施工延长（m）	用途
	普通段	扩大段		
1	6.60	7.80	24.10	电力线人孔
2	2.00	3.15	6.55	电力线人孔
3	6.60	9.20	29.50	共同沟分岔段
4	2.00	3.15	2.62	管路合流段
5	1.90	3.90	8.50	电力线人孔
6	1.95	3.90	8.50	电力线人孔
7	2.75	3.90	25.35	电缆连接段
8	6.00	8.71	11.25	输水隧道合流段
9	4.65	7.20	40.50	共同沟分岔段

2017 年开通的日本横滨环线道路北段工程中，采用圆周盾构机结合管幕工法施工隧道匝道，扩大段断面最大面积达到 125m²，接近盾构主隧道。

（1）横滨环线道路北段工程概况。日本横滨环线道路北段工程长 8.2km，连接 Keihin 三路 Kohoku 立交和横滨—羽田机场线的 Namamugi 交通枢纽。在北段工程中，70% 的线路采用盾构法施工。两管平行隧道长 5.5km，且大多位于私人用地下方，其间共设置了 4 个分合流区段。工程概要见表 7-3。

表 7-3　工程概要

项目		性能参数
工程名称		横滨环状北线盾构隧道工程
盾构隧道全长		约 5.5km
盾构机		外径 12490mm、泥水平衡盾构
管片外径		12300mm
管片类型	盾构区间	钢筋混凝土管片：宽 2000mm、厚 400mm 钢管片：宽 2000mm、1500mm、1200mm、1000mm；厚 400mm 复合（钢筋混凝土+合成+钢制）管片：宽 2000mm、厚 400mm 钢管片：宽 2000mm、厚 400mm
	扩大区段	
扩大区段长度		（内环）A匝道：约 205m；B匝道：约 157m （外环）C匝道：约 212m；D匝道：约 149m

（2）工程地质。隧道的覆土深度为 16~56m。隧道主要穿越土层为泥岩（Km）、砂质泥岩（Kms）、砂和砂岩（Ks），这些地层的 N 值均大于或等于 50。泥岩和砂质泥岩的单轴抗压强度大于等于 1000kN/m²。以上均为硬土层。靠近 Tsurumi河和1号国道处，隧道顶部冲积层的N值约等于3。砂岩（Ks）层的承压水最大水压力为0.5MPa，渗透系数1×10⁻³cm/s。

盾构隧道上、下行线在Kohoku、Namamugi两地各设置2个分合流区段。Ko-hoku处覆土深度为32~54m；Namamugi处覆土深度为28~43m。需开挖的土体为硬土，主要是泥岩（Km）、砂质泥岩（Kms）、砂和砂岩（Ks）。砂岩（Ks）层的承压水最大水压力为0.5 MPa。Namamugi侧砂岩（Ks）层的水压与Iriegawa冲积层连通。如果降低砂岩（Ks）层的孔隙水压力可能会导致Iriegawa冲积层发生沉降。

（3）分合流段工程结构。由于分合流区段位于私人土地下方，故从地面开挖不可行，只能采取在盾构隧道内部进行开挖拓宽的方法。分合流段结构一般会采用衬砌环作为一部分框架的做法。这种结构断面最大的优点是开挖量小。但是，在衬砌环与矩形框架连接部位，结构受力和防水复杂。衬砌环局部位置会发生应力集中，受力以弯矩为主，因此需要加大构件的厚度。由于本工程位于私人土地下方且地下水压力为0.5 MPa，故本工程衬砌结构设计中，基本原则是要求结构耐久、防水可靠。因此，本工程采用了椭圆形断面，这样就能避免发生应力集中，受力以轴力为主。如果框架厚800mm，框架顶部变形也能控制在17mm。而在对应的传统结构中，即使框架厚度达到2500mm，框架顶部变形仍将达到36mm。

（4）分合流段施工。在隧道内部开挖可以采取新奥法，但是为了控制土体变形、地下水位下降，需要采用更为安全、可靠的施工方法。具体的施工对策是：①通过增加土体支撑材料的刚性来控制土体变形，从而减少隧道变形；施工过程中在土体围护施工前，减少地面应力释放。②不完全依赖地基改良来确保防水，若发生渗漏情况尽早采取措施。分合流段的施工步骤。通过计算分析，隧道拱顶处土体变形可减小至10mm。

地下扩大段开始部分采用局部扩大盾构机施工，挖掘主线隧道外周，以此作为管幕施工顶管始发基地。在主线盾构隧道下方修建圆周盾构反力支墩，然后在其中组装圆周盾构机，在主线隧道外围进行圆周式挖掘。在圆周盾构机进行施工的部分，事先进行化学注浆保证防水性。

圆周盾构机每一片圆周为10°，由36片组成一圆环，在反力支墩内一环一环拼接，一边控制方向一边用推进千斤顶推进。

以圆周盾构机挖掘完成的空间作为管幕施工顶管始发基地，用大直径管幕（27根φ1 200mm）进行施工。从顶管内对管幕之间的土体进行化学注浆，主线盾构隧道、形成管幕的顶管内、管幕之间加固后的土体，以及加固后的地下扩大尾部和止水墙构成防水区域。

防水区域完成后，进行宽度4m的扩大挖掘施工。在扩大挖掘部分采用钢筋混凝土管片，在确保必要的强度后对下一个区域进行挖掘。

2.工法特点

局部扩大盾构法具有以下特点：

（1）可根据用途在任何位置以任意长度对隧道进行局部扩大。

（2）局部扩大后的断面形状仍然是圆形，故其力学性能可以保持圆形断面的良好特性。

（3）也可进行左右和上下全方位偏心局部扩大。

（4）与开挖式施工法相比，工程费用和工期都可以在一定程度上减少。

（5）无须设置施工场地和工作井，对周边环境的影响小。

参考文献

［1］马少坤著.地铁盾构隧道施工对邻近桩基和地埋管线的影响研究［M］.北京：机械工业出版社，2022.09.

［2］孙海霞，李明飞著.砂卵石地层盾构法施工地层变形理论与实践：以沈阳地铁工程为例［M］.北京：化学工业出版社，2022.01.

［3］黄力平，孙波，龙宏德编.盾构下穿运营隧道与建筑施工技术及应急管理指南［M］.北京：中国铁道出版社，2022.06.

［4］胡如盛，程思齐，顾靖，李新航，陈雷著.软土含浅层气地层盾构隧道施工关键技术研究［M］.北京：中国建筑工业出版社，2022.04.

［5］刘波，李涛，陶龙光著.城市地下空间工程施工技术［M］.北京：机械工业出版社，2021.01.

［6］蒋雅君，郭春编.城市地下空间规划与设计［M］.成都：西南交通大学出版社，2021.08.

［7］衡瑜编.地铁工程建设风险与对策［M］.北京：中国建筑工业出版社，2021.12.

［8］陈晓明，罗鑫.城市地下空间互联互通施工技术与装备［M］.北京：中国建筑工业出版社，2021.05.

［9］林岩松，毛宇飞，李围，马健军，韩志虎等著.严寒地区复杂环境地铁区间隧道盾构施工关键技术［M］.北京：中国铁道出版社，2020.

［10］任英伟著.地铁暗挖区间多工作面快速施工组织与管理实践［M］.北京：中国铁道出版社，2020.12.

［11］张斌，李智慧，乔艺主编.地铁工程与隧道施工［M］.长春：吉林科学技术出版社，2020.04.

［12］辛杰主编.深圳地铁建设管理探索与创新［M］.中国铁道出版社，

2020.03.

[13] 任英伟.地铁暗挖区间多工作面快速施工组织与管理实践［M］.北京：中国铁道出版社，2020.12.

[14] 段军朝，吴贤国，贾锐奇编.城市轨道交通工程BIM技术应用［M］.成都：西南交通大学出版社，2020.10.

[15] 袁大军，刘树亚，金大龙，等著.盾构隧道群近距离穿越地铁运营隧道工程理论与实践［M］.北京：中国铁道出版社，2019.11.

[16] 中铁隆工程集团有限公司著.隧道及地铁工程明挖结构和特殊地层施工管理［M］.北京：中国建筑工业出版社，2019.07.

[17] 任八锋编著.地铁隧道施工技术与工程管理［M］.北京：中国石化出版社，2019.10.

[18] 胡鹰著.地铁前期工程技术与管理实务［M］.北京：人民交通出版社，2019.05.

[19] 广州地铁设计研究院有限公司著.深圳地铁9号线工程技术创新与实践［M］.北京：中国建筑工业出版社，2019.05.

[20] 申玉生等著.富水圆砾地层地铁车站超深基坑施工关键技术［M］.北京：中国铁道出版社，2019.12.

[21] 宋卫强著.地铁车站岩溶高承压强富水带处理关键技术［M］.中国铁道出版社，2019.09.

[22] 黄宏伟，薛亚东，邵华等著.城市地铁盾构隧道病害快速检测与工程实践［M］.上海：上海科学技术出版社，2019.01.

[23] 黄力平，雷江松，王成著.复杂环境条件下地铁土建施工技术创新与实践 深圳地铁7号线工程技术研究成果总结［M］.2018.02.

[24] 郝哲，王来贵著.地铁工程的开挖稳定性与环境地质问题研究［M］.沈阳：辽宁大学出版社，2017.07.

[25] 陈克济主编.地铁工程施工技术［M］.北京：中国铁道出版社，2014.06.